HERBERT SCHUI

Geld- und Kreditpolitik in einer planifizierten Wirtschaft

Untersuchungen über das Spar-, Giro- und Kreditwesen

Abteilung A: Wirtschaftswissenschaft

Schriften des Instituts für das Spar-, Giro- und Kreditwesen an der Universität Bonn

Herausgegeben von Prof. Dr. Dr. Dr. h. c. Fritz Voigt

Band 88

Geld- und Kreditpolitik in einer planifizierten Wirtschaft

Das französische Beispiel

Von

Herbert Schui

DUNCKER & HUMBLOT / BERLIN

CIP-Kurztitelaufnahme der Deutschen Bibliothek

Schui, Herbert
Geld- und Kreditpolitik einer planifizierten Wirtschaft: d. franz. Beispiel. - 1. Aufl. - Berlin: Duncker und Humblot, 1977.
(Untersuchungen über das Spar-, Giro- und Kreditwesen: Abt. A, Wirtschaftswiss.; Bd. 88)
ISBN 3-428-03860-6

Redaktion: Dr. Stefan Jokl

Gedruckt 1977 bei Zippel-Druck in Bürotechnik GmbH, Berlin 36
Printed in Germany
ISBN 3 428 03860 6

Inhaltsverzeichnis

Teil I: Das erklärende Modell 19

1. Das analytische Konzept 19

1.1 Einführung 19

1.2 Definition der Geldbasis 20

1.3 Definition der Geldmenge 30

2. Der Geld- und Depositenmultiplikator 30

2.1 Definition 30

2.2 Die Bestimmungsfaktoren der Allokationsparameter des Publikums und der Banken 32

2.21 Inlandspublikum 32

2.22 Ausland 34

2.23 Die Reservehaltung der Banken und der Sparkassenorganisation 36

2.3 Geld- und Depositenmultiplikator in Abhängigkeit von den Allokationsparametern und deren Bestimmungsfaktoren 43

3. Die Geldbasis 52

3.1 Die Auswirkungen der Leistungs- und langfristigen Kapitalverkehrsbilanzüberschüsse und Defizite 52

3.2 Das Kassendefizit des Trésor Public 53

3.3 Das von den Spezialkreditinstituten initiierte Rediskontvolumen 57

3.4 Das von den Geschäftsbanken initiierte Rediskontvolumen 60

3.41 Der Kreditmarkt 61

3.411 Die geld- und kreditpolitischen Maßnahmen ... 62

3.412 Die Nachfrage der Banken nach verzinslichen Aktiva ... 70

3.413 Die Nachfrage nach Refinanzierungstiteln der Banken ... 78

3.4131 Die Depositennachfrage ... 78

3.4132 Die Nachfrage der Banque de France nach rediskont- und offenmarktfähigen Titeln ... 79

3.414 Das Aggregat der Depositen-, Rediskont- und Offenmarktnachfrage ... 80

3.415 Das Angebot an verzinslichen Aktiva ... 85

3.4151 Das Angebot des Staates an Wertpapieren ... 85

3.4152 Das Asset-Angebot der Privaten ... 87

3.42 Das Gleichgewicht auf dem Kreditmarkt ... 88

3.421 Der herrschende Kreditzins ... 88

3.422 Der Plafonds d'Escompte Ordinaire und die Minimalkoeffizienten ... 95

3.423 Das gleichgewichtige Assetvolumen ... 103

3.424 Das bankeninduzierte Rediskontvolumen als Ergebnis des Finanzierungsdefizites auf dem Kreditmarkt ... 107

3.5 Die Auswirkungen der geld- und kreditpolitischen Maßnahmen: die Dominanz des für das Bankenverhalten exogenen Teiles der Geldbasis ... 111

4. Die Kontrollierbarkeit der Geldmenge; Zusammenfassung der Multiplikator- und Basisanalyse ... 123

Teil II: Empirische Ergebnisse 130

1. Analytisch-institutionell determinierte Elastizitäten ... 132

1.1 Die Allokationsparameter ... 132

1.2 Die Geldbasis ... 140

1.3 Die Geldmenge ... 140

2. Die Verhaltensfunktionen ... 144

2.1 Allokationsparameter der Multiplikatoren ... 144

2.2 Bestimmungsfaktoren der Geldbasis ... 152

2.21 Basiskomponenten ... 152

2.22 Die bankgängigen verzinslichen Aktiva 158

3. Analyse ausgewählter Perioden 175

Zusammenfassung 184

Summary 186

Résumé 188

Literaturverzeichnis 190

Sachwortverzeichnis 192

Verzeichnis der Tabellen

Tabelle 1: Definition der Allokationsparameter des Publikums und der Banken .. 31

Tabelle 2: Elastizitäten der Allokationsparameter des Publikums und der Banken in bezug auf die jeweiligen Argumente 41

Tabelle 3: Die Elastizität des Geldschöpfungsmultiplikators m in bezug auf die Allokationsparameter P des Publikums und der Banken 44

Tabelle 4: Die Elastizität des Geldschöpfungsmultiplikators m in bezug auf die jeweiligen Argumente p 48

Tabelle 5: Die Elastizität des Depositenmultiplikators m^d in bezug auf die Allokationsparameter des Publikums und der Banken P. 50

Tabelle 6: Die Elastizität des Depositenmultiplikators m^a in bezug auf die jeweiligen Argumente p. 51

Tabelle 7: Die Elastizität der Geldmenge M in bezug auf die Allokationsparameter des Publikums und der Banken und die quantitativen Regulierungen π_x .. 126

Tabelle 8: Die Elastizität des Geldschöpfungsmultiplikators m in bezug auf die Allokationsparameter des Publikums und der Banken P, numerische Werte, Zeitreihen (Jahr, Quartalswert) 134

Tabelle 9: Die Elastizität des Depositenmultiplikators m^d in bezug auf die Allokationsparameter des Publikums und der Banken (p), numerische Werte, Zeitreihen 137

Tabelle 10: Durchschnittliche Elastizitäten von m, m^d, m^1 und m^{d1} in bezug auf die Allokationsparameter 140

Tabelle 11: Elastizität der Basis in bezug auf die Haupteinflußgrößen (Zeitreihe für die Untersuchungsperiode) 141

Tabelle 12: Durchschnittselastizitäten von m, m^d. EA^B, EX^B, B und M in bezug auf die Multiplikator-, Basis- und Assetkomponenten 143

Tabelle 13: Anteil von A_B^{ct} an D_B in v. H. 149

Tabelle 14: Parameterschätzungen für $\Delta ln\ C_2^e$ 162

Tabelle 15: Die Veränderungsrate des Multiplikators m und die Beiträge der Multiplikatorkomponenten in ausgewählten Perioden 177

Tabelle 16: Die Veränderungsrate des Multiplikators m^d und die Beiträge der Multiplikatorkomponenten in ausgewählten Perioden 178

Tabelle 17: Wachstumsraten der Geldbasis und Beiträge der Komponenten 179

Tabelle 18: Wachstumsrate der Geldmenge und Beiträge von Multiplikator und Basis 179

Tabelle 19: Prozentualer Anteil der Multiplikator-, Basis- und Assetkomponenten an der Entstehung der Geldmenge in ausgewählten Perioden 181

Tabelle 20: Absoluter Anteil der Multiplikator-, Basis- und Assetkomponenten an der Entstehung der Geldmenge in ausgewählten Perioden 182

Verzeichnis der Graphiken

Graphik 1: T-Régime und Kreditzinsbandbreiten 90

Graphik 2: Interventionssatz der Banque de France und Eurogeldsatz (Dreimonats-Dollardepositen, London) 94

Graphik 3: Der Geldschöpfungsmultiplikator und seine Komponenten, Periode 63 iv bis 70 iv 145

Graphik 4: m^{+} und Allokationsparameter ohne Berücksichtigung der Auslandsparameter 146

Graphik 5: Der Depositenmultiplikator und seine Komponenten, Periode 63 iv bis 70 iv 147

Graphik 6: Die Wachstumsraten des Geld- und Depositenmultiplikators 148

Graphik 7: Pflichtreservesatz und beobachteter Reservesatz der Banken und Einflußgrößen 152

Graphik 8: Die Geldbasis und ihre Komponenten (kummuliert) 153

Graphik 9: Entwicklung der Geldbasis und ihrer Komponenten (prozentuale Anteile) 154

Graphik 10: Wachstumsraten des exogenen und des endogenen Teiles der Geldbasis 156

Graphik 11: Wachstumsraten der Geldbasis und ihres exogenen Teiles, Wachstumsrate des Kreditvolumens 157

Graphik 12: Die bankfähigen verzinslichen Aktiva EA^{B} und Komponenten (kummuliert) 159

Graphik 13: Die bankfähigen verzinslichen Aktiva und Komponenten (prozentuale Anteile) 160

Graphik 14: Entwicklung des Buchkreditvolumens C^{e} 164

Graphik 15: Indexreihe des C_2^{e}-Kreditvolumens 167

Graphik 16: Wachstumsrate der bankgängigen, verzinslichen Aktiva und ihrer Komponenten in v. H. 169

Graphik 17: Von den Banken erworbene (C^T) und rediskontierte (E_B^T) Bons du Trésor, taux d'adjudication (i_{BTB}) und Interventionssatz der Banque de France für Bons du Trésor (i_{dNFBTB}) 170

Graphik 18: Coefficient de trésorerie und Plancher d'effets publics............... 171

Graphik 19: Coefficient de trésorerie, coefficient de retenu und plafonds d'escompte ordinaire 173

Graphik 20: Wachstumsrate der Geldmenge, der Geldbasis und des Multiplikators 176

Verzeichnis der Figuren

Figur 1: Die Depositennachfrage des In- und Auslandes 78

Figur 2: Grenzkosten der Refinanzierung der Banken........................... 81

Figur 3: Angebot des Trésor public und taux d'adjudication..................... 87

Figur 4: Kreditzinsbandbreiten und Kreditnachfrage 92

Figur 5: Gleichgewicht auf dem Kreditmarkt.................................. 106

Verzeichnis der verwendeten Symbole

Allokationsparameter des Publikums und der Banken (Definition) s. Tabelle 1, S. 31.

A	Bereinigte internationale Reserven der Banque de France
A	$= A' - R^A - A_B^{ct} - BT_A$
A'	Gold und Devisen im Portefeuille der Bance de France
A_B^{ct}	kurzfristige Nettokapitalimporte der Banken
AV	Avances à l'Etat, Vorschüsse an den Staat
d_B^0	Restriktion, nach der die kurzfristige Position der Banken dem Ausland gegenüber ausgeglichen sein muß
q	Allokationsparameter der Banken und des Publikums (Multiplikatorkomponenten) Tabelle 1. S. 31
B_s	Entstehungsseite der Geldbasis $B_s = A + LT + OT + O + E_{os}^e + E_B^e$
B_u	Verwendungsseite der Geldbasis
β	Definition S. 34 ff.
BT_{os}	Bons du Trésor im Portefeuille der Spezialkreditinstitute
BT_B	Bons du Trésor im Portefeuille der Banken
BT_p	Bons du Trésor im Portefeuille der Privaten = Bons sur Formule *BF.*
BT_A	Bons du Trésor im Portefeuille ausländischer Zentralbanken
C_B	von den Banken im Portefeuille gehaltene verzinsliche Aktiva
C^T	von den Banken ursprünglich erworbene Bons du Trésor
C^e	von den Banken ursprünglich vergebene Buchkredite
C_B^e	Buchkredite an die Wirtschaft im Portefeuille der Banken
C^{nb}	nicht rediskontierbare Kredite im Portefeuille der Banken
C_1^e	rediskontierbare mittelfristige Kredite
C_2^e	alle nicht rediskontierbaren und alle kurzfristigen Kredite
C_{ct}^b	kurzfristige Handelswechsel mit einer Laufzeit von drei Monaten
C^{oc}	kurzfristige Kredite mit Aval des Office Interprofessionel des Céréales
C_{ct}^{ex}	Handelswechsel aus Exportgeschäften mit einer Laufzeit bis zu 2 Jahren
C^{av}	Vorschüsse an mittlere und kleine Unternehmen
C_{mt}^{con}	Spezialkredite für den sozialen Wohnungsbau (Prêts spéciaux à la Construction)
C_{mt}^b	andere mittelfristige rediskontierbare Kredite
C_{mt}^{ex}	mittelfristige Kredite aus Exportgeschäften
C^{ed}	Nachfrage nach Buchschuldtiteln der Banken
C^{T^d}	Nachfrage nach Bons du Trésor der Banken

C^z	verzinsliche Aktiva, die den Kriterien des coefficient de trésorerie entsprechen
C^n	verzinsliche Aktiva, die den Kriterien des coefficient de retenu entsprechen
C^e_{pol}	kreditpolitisch fixiertes Buchkreditvolumen der Banken
C^e_{2pol}	kreditpolitisch fixiertes Volumen kurzfristiger Kredite
CCP^{BdF}	Postscheckeinlagen der Banque de France
D_B	gesamtes Bankdepositenvolumen $D_B = D^v_{BI} + D^v_{BA} + D^t_{BI} + D^t_{BA} + D^l_B$
D^v_p	Postscheckeinlagen des Publikums
D^v_{BI}	Sichtdepositen bei Banken in inländischer Währung
D^v_{BA}	Sichtdepositen bei Banken in ausländischer Währung
D^t_{BI}	Termineinlagen bei Banken in inländischer Währung
D^t_{BA}	Termineinlagen bei Banken in ausländischer Währung
D^l_B	Spareinlagen bei Banken
D_{CE}	Spareinlagen bei Sparkassen
D^d_{EU}	Nachfrage der Banken nach Eurogelddepositen
D^d_{BI}	Nachfrage der Banken nach Inlandsdepositen
DB	Budgetausgaben des Staates
DP	Schuldendienst des Staates, Rückzahlung der öffentlichen Schuld
EOC	Escompte des Obligations Cautionnées (vorzeitige Mobilisierung von Steuerschuld)
E^T	rediskontierte Bons du Trésor
E^e	rediskontierte private Schuldtitel
E_B	das von den Banken initiierte Rediskontvolumen $E_B = E^e_B + E^T Y$
E^e_B	von den Banken bei der Banque de France rediskontierte Kredite an die Wirtschaft
E^T_B	von den Banken rediskontierte Bons du Trésor
E^o_B	von den Banken rediskontierte andere Aktiva
E^B	von den Banken initiiertes Rediskontvolumen
E^T	von den Banken rediskontierte Bons du Trésor
E^e_{BV}	von den Banken rediskontierte Kredite an die Wirtschaft
E^e_{1B}	von den Banken rediskontierte mittelfristige Kredite
E^e_{2B}	von den Banken rediskontierte kurzfristige Kredite
E^{pl}_{2B}	kurzfristige, von den Banken innerhalb des Plafonds d'Escompte ordinaire rediskontierte Kredite
E^{eNF}_{2B}	kurzfristige, von den Banken im Zuge der Offenmarktoperationen rediskontierte Kredite
E^{Td}_B	zum Rediskontsatz von den Banken rediskontierte Bons du Trésor
B^{TNF}_B	zum Offenmarktsatz (Interventionssatz) von den Banken mobilisierte Kredite
E^e_{os}	das von den Spezialkreditinstituten initiierte Rediskontvolumen bei der Banque de France
EX^B	für das Bankenverhalten in der kurzen Frist exogener Teil der Geldbasis

EA^B	von den Banken ursprünglich erworbene verzinsliche Aktiva
EX^B	$EX^B = B - E_B^e$
EA_B^d	Nachfrage der Banken nach verzinslichen Aktiva
EA_B^s	Angebot des Staates und der Privaten an bankgängigen Aktiva
e	plancher d'effets publics
i_v	Verzinsung der Sichteinlagen bei Banken
i_t	Verzinsung der Termineinlagen bei Banken
i_l	Verzinsung der Spareinlagen bei Banken und Sparkassen
i_{EU}^v	Eurogeldsatz für Callgeld
i_{EU}^t	Eurogeldsatz für Termingeld
i_k	Kreditzins der Banken
i_{dNF}	Interventionssatz (Offenmarktsatz) der Banque de France
i_{EU}	Eurogeldsatz allgemein
i_{dPA}	Rediskontsatz Plafonds d'Escompte en pension
i_{dPE}	Rediskontsatz, Plafonds d'Escompte en pension *B;* ab 1967 Rediskontsatz Escompte en pension allgemein
i_{DI}	Inlandsdepositenzins, durchschnittlich
i_{DI}^o	geldpolitisch fixierter Inlandsdepositenzins
i_{GR}	Grenzkostensatz der Refinanzierung der Banken
ksk	Kurssicherungskosten der Banken auf dem Eurogeldmarkt
i_{BTB}	Verzinsung der Bons du Trésor, taux d'adjudication
i_{cNFBTB}	Interventionssatz der Banque de France für Bons du Trésor am Offenmarkt
i_{kmt}	Kreditzins der Banken für mittelfristige Kredite
i_r	Realverzinsung
I_{os}	durch die Spezialkreditinstitute finanzierte Investitionen
kdv	Kostendifferenz zwischen Refinanzierung der Banken bei der Banque de France oder im Ausland durch Callgeld
kdt	Kostendifferenz zwischen Refinanzierung der Banken bei der Banque de France oder im Ausland durch Eurotermingeld
LT	Kassendefizit des Trésor public 1.6b
MC_p	Vom Publikum gehaltenes Zentralbankgeld
M	Geldmenge
	$= i_k / i_{dNF}$
m	Geldmultiplikator
m^d	Bankdepositenmultiplikator
m^T	Multiplikator Bons du Trésor
m^c	Buchkreditmultiplikator
m^o	Multiplikator der anderen verzinslichen bankgängigen Aktiva
m^a	Gesamtkreditmultiplikator
MD	Münzgeld im Umlauf
MC	Banknoten im Umlauf

MD^{BdF}	Münzen im Portefeuille der Banque de France
n	coefficient de retenu
OA	Von den Banken erworbene andere verzinsliche Aktiva
OA_B	andere verzinsliche Aktiva im Portefeuille der Banken
OA^d	Bankennachfrage nach anderen verzinslichen Aktiva
OT	$= R_B^T + MD + O + MD_{BdF}$ 1.6a
PZ	Nettoproduktionsziffer (Indexziffer der industriellen Nettoproduktion)
P	Darlehen an den Staat seitens der Banque de France
PLA	höchstzulässiges Volumen des Escompte en pension A
P^{exp}	erwartetes Preisniveau
q	$= E_B / B$
q_1	$= E_B^e / B$
q_2	$= E_B^T / B$
q	$= q_1 + q_2$
q_1^1	$= E_{1B}^e / B$
q_1^2	$= E_{2B}^e / B$
q_1^{2PL}	$= E_{2B}^{PL} / B$
q_1^{2NF}	$= E_{2B}^{eNF} / B$
q_2^o	$= (E_B^{eNF} + E_B^{TNF}) / E_B$
R_B^{oe}	laufende Konten der reservepflichtigen Institutionen bei der Banque de France
R_A	Einlagen ausländischer Banken, Institutionen und Einrichtungen bei der Banque de France
R_P^T	Sicht- und Termineinlagen des Publikums beim Trésor public
R_B^{CCP}	Einlagen der Banken beim Postscheck
$R_B^{T'}$	Einlagen der Banken beim Trésor public
R_{os}^T	Einlagen der Spezialkreditinstitute (Sparkassenorganisation beim Trésor public)
R_B^T	Einlagen der Banken beim Postscheck und beim Trésor public
r^e	Überschußreservequotient der Banken (Zentralbank)
r^T	Überschußreservequotient der Banken (Postscheck, Trésor)
r^t	Pflichtreservesatz der Banken auf Termineinlagen
r^v	Pflichtreservesatz der Banken auf Sichteinlagen
r^a	Pflichtreservesatz der Banken auf Einlagen in ausländischer Währung
r^o	Pflichtreservesatz allgemein
r^{oe}	beobachteter Reservequotient der Banken (Zentralbank)
r	beobachteter Reservequotient der Banken (Banque de France, Postscheck, Trésor public)
RE_B^s	Angebot der Banken an Refinanzierungstiteln (Depositenangebot und Angebot an Schuldtiteln für die Banque de France)
RE_B^d	Nachfrage nach Refinanzierungstiteln der Banken
S^d	kumulierter, nicht durch Steuereinnahmen finanzierter Budgetdifizit des Staates, gesamte ausstehende Staatsschuld

S	nicht konsolidierte Staatsschuld (1.4, 1.5)
s	$= 1 - r$
T^{cr}	langfristige Darlehen des Trésor public
T^{deb}_{net}	langfristige Verschuldung des Trésor public bei Privaten, Banken und Spezialkreditinstituten, Nettobetrag
T^{deb}	langfristige Anleihen des Trésor public und andere langfristige Passiva des Trésor public
TR	Steuereinnahmen des Staates
TA	gesamtes Disagio des Trésor public bei der Versteigerung von Bons du Trésor (= Nennwert der versteigerten Bons du Trésor minus taux d'adjudication)
T	Kreditleitzins der Banque de France
y	Bruttosozialprodukt, real
z	Coefficient de trésorerie

TEIL I

Das erklärende Modell

1. Das analytische Konzept

1.1 Einführung

Die Entwicklung der Geldmenge in einer Volkswirtschaft wird bestimmt durch die Klasse der in diesem Zeitraum gültigen geldpolitischen Maßnahmen der öffentlichen Entscheidungsträger, durch die Reaktion der privaten Entscheidungsträger hierauf und durch eine Reihe von Faktoren, die in bezug auf die laufenden Entscheidungen der öffentlichen und privaten Entscheidungsträger exogen sind. Zu diesen letztgenannten Bestimmungsfaktoren gehört die Entwicklung von Bruttosozialprodukt und Zahlungsbilanz, (bereinigt um den kurzfristigen Kapitalverkehr) die Inflationsrate und ähnliche Gegebenheiten.

Die Hypothese lautet nun, daß jede Wachstumsrate der Geldmenge durch ein genau determiniertes Bündel dieser exogenen Faktoren und durch eine spezifische Kombination geldpolitischer Maßnahmen bedingt ist. Dies impliziert die Regelmäßigkeit des Verhaltens der Banken und des Publikums, also des privaten Sektors, der in eine bestimmte institutionelle Situation eingebettet ist, entsprechend ökonomischer Kosten-Nutzen-Kalküle.

Auf diese Weise kann die Wachstumsrate der Geldmenge in einer Periode bei gegebenen systematischen Reaktionen des privaten Sektors und bei gegebenen exogenen Faktoren als Funktion der Entscheidungen der geldpolitischen Instanzen dargestellt werden. Hieraus sind Aussagen über die Kontrollierbarkeit der Geldmenge ableitbar.

Die Untersuchung dieser Frage erfolgt im Rahmen des analytischen Konzeptes von Geldbasis und Multiplikator. Die Verwendungsseite der Geldbasis reflektiert in ihrer Zusammensetzung das Allokationsverhalten des Publikums und der Banken in bezug auf die bestehende Geldmenge, d. h. die Portfoliowahl des Publikums zwischen Zentralbankgeld und verschiedenen Formen des Giralgeldes und weiterhin die Reaktion der Banken auf dieses Allokationsverhalten des Publikums, indem diese den verschiedenen Depositentypen entsprechend unter Berücksichtigung der Reservehaltungsvorschriften (Zwangsallokation der Banken) Einlagen bei der Zentralbank oder beim Schatzamt halten.

Dieses Allokationsverhalten des Publikums und der Banken geht in den Geldschöpfungsmultiplikator ein. Aber nicht nur durch die Allokation des Money-

Wealth sind die Banken und das Publikum an der Geldschöpfung beteiligt. Die Kreditnachfrage des Publikums hat darüberhinaus einen entscheidenden Einfluß auf die Höhe der Geldbasis. Dies um so mehr, als das Portefeuille d'Escompte der Banque de France - über lange Perioden hinweg die dominierende Komponente der Geldbasis - auf dem Kreditmarkt unter den verschiedenen kreditpolitischen Restriktionen bestimmt wird.

Im ersten Teil der Arbeit wird das erklärende Modell dargestellt. Mit seiner Hilfe lassen sich die Auswirkungen der geldpolitisch relevanten Maßnahmen unter der Restriktion der besonderen institutionellen Gegebenheiten in Frankreich bestimmen. Die Restriktionen werden durch Zitieren der jeweiligen rechtsverbindlichen Vorschriften belegt (Loi, Décrét, Décision de Charactère Général, Instruction, Lettre du Gouverneur de la Banque de France).

Das erklärende Modell ist demnach auf die französische Wirklichkeit zugeschnitten: neben dem ausdrücklichen Verweis auf diese Rechtsvorschriften wird es notwendig, bereits im ersten Teil der Arbeit einige grundlegende empirisch fundierte Tendenzen darzustellen. So wird beispielsweise dem kurzfristigen Kapitalverkehr der Banken mit dem Ausland vergleichsweise wenig Beachtung geschenkt, nachdem klargestellt ist, daß entsprechende gesetzliche Vorschriften und geldpolitische Maßnahmen dies unterbunden haben. Dafür gilt den Möglichkeiten der Banken, sich stattdessen bei der Banque de France zu refinanzieren, erhöhte Aufmerksamkeit. Der gesamte Komplex der Kreditpolitik greift in diesem Sektor ein. Demzufolge können die Interaktionen zwischen der Banque de France und den Geschäftsbanken nicht allein etwa durch die Differenz zwischen Eurogeldsatz und Rediskontsatz oder durch diesen allein erklärt werden: bei Verwenden lediglich dieser beiden Argumente wird das Phänomen der Kreditpolitik als Kern der traditionellen französischen Notenbankpolitik exhauriert.

Auf diese Weise ergeben sich eine Reihe von Hypothesen zur Geldpolitik und den Auswirkungen des institutionellen Rahmens allgemein, die im zweiten Teil der Arbeit mit entsprechendem Zahlenmaterial belegt werden.

1.2 Definition der Geldbasis

Für den französischen Fall wird die Geldbasis durch Konsolidieren der Bilanz der Banque de France und des Kontos des Trésor public bestimmt.

Zunächst die Bilanz der Banque de France (vgl. S. 21).

Der Posten Gold und Devisen, A', ist die Summe aller bis zum betreffenden Zeitpunkt realisierten Zahlungsbilanzüberschüssen resp. Defizite. Internationalen Normen entsprechend ergeben sich diese Salden aus der Bewegung von

- Gütern und Diensten,
- unentgeltlichen Leistungen,
- langfristigen Darlehen und Investitionen der Banken, der Privaten und des Staates,

- kurzfristigen Forderungen und Verbindlichkeiten (Avoirs et Engagements à vue et à court terme) der Banken, Privaten und des Staates.

Bilanz der Banque de France

A'	Gold und Devisen	MC	Banknoten im Umlauf
MD^{BdF}	Münzen	R_B^{oe}	laufende Konten der reservepflichtigen Institutionen
CCP^{BdF}	Postscheckeinlagen der BdF		
P	Darlehen an den Staat	R_T	Einlagen des Trésor public
AV	Vorschüsse an den Staat	R_A	Einlagen ausländischer Banken, Institutionen und Einrichtungen
EOC	vorzeitige Mobilisierung von Steuerschuld		
E^T	rediskondierte Bons du Trésor	R_P	Einlagen von Privaten
E^e	Rediskontierte private Schuldtitel		

Der Posten Darlehen an den Staat, P, ist auf 5,45 Mrd. F. seit 1962 fixiert und variiert nicht. Er entstand zwischen 1940 und 1944, um die Kosten der deutschen Okkupation zu decken.

Die Vorschüsse an den Staat, AV, sind auf 3,855 Mrd. F. begrenzt seit 1. 2. 68. Sie schwanken beträchtlich, worin sich die Kassenlage des Schatzamtes ausdrückt. Beim Posten vorzeitige Mobilisierung von Steuerschuld, EOC, handelt es sich um Steuerforderungen des Trésor public, deren konkreter Rechtsgrund bereits besteht, die allerdings erst in spätestens 3 Monaten fällig werden. Die Banque de France mobilisiert diese Forderungen zugunsten des Trésor public. Die gesamte Höhe des Postens EOC darf 4 Mrd. F. nicht übersteigen. Die Diskontierung dieser Obligations Cautionnées hat eine Verminderung der Postscheckeinlagen der Banque de France um denselben Betrag zur Folge, d. h. immer dann, wenn höhere Postscheckeinlagen der Banque de France beim Trésor public notwendig wären, um ein begrenztes Kassendefizit des Trésor public abzudecken, nimmt die Banque de France Obligations Cautionnées ins Portefeuille. Es handelt sich hier um eine Kreditierung des Staates. Die übrigen rediskontierten Schuldtitel E^e und E^T beinhalten gleichfalls Offenmarkttitel, was tatsächlich lediglich eine Sonderform der Rediskonte zu variablen Diskontsätzen darstellt. Die Passivseite der Bilanz der Banque de France enthält neben den Einlagen der reservepflichtigen Institutionen Einlagen ausländischer Stellen, die im folgenden als kurzfristige Forderungen des Auslandes mit den kurzfristigen Verbindlichkeiten des Auslandes im Posten Gold und Devisen saldiert werden. Die Verbindlichkeiten der Banque de France gegenüber dem Trésor public stellen die Kasse des Trésor dar, die trotz rascher Ein-und Ausflüsse stets gleichbleibend etwa eine Million beträgt. Dies wird durch den Rediskont der Obligations Cautionnées gewährleistet.

Das weitere, zur Bestimmung der Geldbasis relevante Zahlenwerk ist das Konto des Trésor public. Es läßt sich zusammenstellen aus der Statistik des Conseil National du Crédit, die die Darlehen und Anleihen des Staates zum Gegenstand hat[1].

Die linke Seite des Kontos des Trésor public ist bestimmt durch die Veränderung der langfristigen Darlehen und der übrigen, nicht näher spezifizierten Aktiva des Trésor public, ΔT^{cr}, und durch die Staatsausgaben der laufenden Periode, die nicht durch Steuereinnahmen finanziert worden sind. Die kummulierte Summe all dieser spezifischen Staatsausgaben in allen vorangegangenen Perioden ergibt eine Bestandsgröße, nämlich den bis zum augenblicklichen Zeitpunkt realisierten definitiven Staatsdefizit, S^d. Der Ab- oder Zugang zu S^d, der in einer einzelnen Periode beobachtbar ist, wird mit ΔS^d bezeichnet. Diese nicht durch Steuereinnahmen finanzierten Staatsausgaben in einer Periode, ΔS^d, sind nun notwendigerweise gleich den gesamten Staatsausgaben dieser Periode, unterteilt in den Schuldendienst in der Periode, *DP*, (d. h. Rückzahlung öffentlicher Schuld zuzüglich der Zinszahlungen auf öffentliche Schuldtitel) und alle übrigen budgetären Ausgaben des Staates, *DB*, die nicht in Zusammenhang mit dem Schuldendienst stehen – vermindert um die Steuereinnahmen dieser Periode, *TR*. Wird die in Betracht genommene Periode mit *t* bezeichnet, so gilt für das Staatsdefizit in dieser Periode:

$$\Delta S^d\,(t) = DB(t) + DP(t) - TR(t) \tag{1.1}$$

Die linke Seite des Kontos des Trésor public verzeichnet die verschiedenen Einnahmekategorien, die die Finanzierung des Staatsdefizits in der laufenden Periode, ΔS^d, und des Postens ΔT^{cr} ermöglicht haben.

Es fällt auf, daß im Konto des Trésor public die Einlagen des Publikums beim Postscheck, D_p^v, unmittelbar als Einnahmenkategorie auf der Passivseite verbucht werden: der Postscheck ist rechtlich und faktisch lediglich eine Dépendance des Trésor public. Die französische Post erhält vom Trésor 1,5 % jährlich der Einlagensumme als Vergütung für die Kontoführung.

Die Konsolidierung des Kontos des Trésor public mit der Bilanz der Banque de France macht die Transformation der im Konto des Trésor public enthaltenen Strömungsgrößen in Bestandsgrößen notwendig.

Wie bereits ausgeführt, ergibt die Kummulation aller in den einzelnen Perioden realisierten Staatsdefizite der Art ΔS^d den gesamten, zu einem bestimmten Zeitpunkt realisierten Staatsdefizit, $S^d\,(to)$. Es gilt demnach:

$$S^d\,(to) = \sum_{t=-\infty}^{to} \Delta S^d\,(t)$$

Für die langfristigen Darlehen des Trésor und die übrigen, nicht näher spezifizierten Aktiva gilt entsprechendes: Das bis zum Zeitpunkt *to* seitens des Trésor public

[1] Conseil National du Crédit.

vergebene Volumen langfristiger Darlehen und kummulierter anderer Aktiva T^{tr} *(to)* ist bestimmt durch die Formulierung:

$$T^{tr}\ (to) = \sum_{t=-\infty}^{to} \Delta T^{tr}\ (t)$$

Das Konto des Trésor public
(sämtliche Veränderungen in der Periode Δt)

$\Delta\ S^d$	nicht durch Steuereinnahmen finanzierte Staatsausgaben der laufenden Periode	$\Delta\ MD$	Münzgeld im Umlauf
$\Delta\ T^{tr}$	Veränderungen der langfristigen Darlehen des Trésor und anderer Aktiva	$\Delta\ P$	Darlehen der Banque de France
		$\Delta\ AV$	Vorschüsse der Banque de France
		$\Delta\ MD_{BdF}$	Münzgeld im Portefeuille der *BdF*
		$\Delta\ EOC$	vorzeitige Mobilisierung von Steuerschuld
		$\Delta\ CCP_{BdF}$	Postscheckeinlagen der *BdF*
		$\Delta\ E^T$	Bons du Trésor im Portefeuille der *BdF*
		$\Delta\ D_p^v$	Postscheckeinlagen des Publikums
		$\Delta\ R_P^T$	Sicht- und Termineinlagen-des Publikums beim Trésor public
		$\Delta\ R_B^{CCP}$	Einlagen der Banken beim Postscheck
		$\Delta\ R_B^{T'}$	Einlagen der Banken beim Trésor public
		ΔR_{OS}^T	Einlagen der Spezialkreditinstitute beim Trésor public
		$\Delta\ BT_{OS}$	Bons du Trésor im Portefeuille der Spezialkreditinstitute
		ΔBT_B	Bons du Trésor im Portefeuille der Banken
		ΔBT_p	Bons du Trésor im Portefeuille der Privaten
		ΔBT_A	Bons du Trésor im Portefeuille ausländischer Zentralbanken
		ΔT^{deb}	langfristige Anleihen des Trésor und andere Passiva

Für alle Passivposten des Kontos des Trésor können analoge Operationen durchgeführt werden. So ist beispielsweise die Summe aller Veränderungen von Bons du Trésor im Portefeuille der Banken, ΔBT_B, gleich dem Bestand der ausstehenden Bons du Trésor, die bei Banken plaziert worden sind, $BT_B\,(to)$.

Gleichung (1.1) läßt sich nun für Bestandsgrößen formulieren.

$$S^d\,(to) = \sum_{t=-\infty}^{to} \Delta S^d\,(t) = \sum_{t=-\infty}^{to} DB\,(t) + \sum_{t=-\infty}^{to} DP\,(t) - \sum_{t=-\infty}^{to} TR\,(t) \tag{1.2}$$

Das Volumen der Bestandsgröße $S^d\,(to)$ kann beziffert werden durch die Kummulation der in den vorangegangenen Perioden vorgenommenen unterschiedlichen Finanzierungsoperationen, also durch die Bestände in *to* der auf der rechten Seite des Kontos des Trésor public ausgewiesenen Posten. Zur Vereinfachung wird der Posten „langfristige Darlehen des Trésor public und andere Aktiva" mit dem Posten „langfristige Anleihen und andere Passiva" saldiert.

$$T^{deb}\,(to) - T^{cr}\,(to) = T^{deb}_{net}\,(to)$$

Für die kummulierten Staatsdefizite gilt dann:

$$\begin{aligned} S^d\,(to) = {} & MD\,(to) + MD_{BdF}\,(to) + P\,(to) + \\ & AV\,(to) + CCP_{BdF}\,(to) + E^T\,(to) + \\ & EOC\,(to) + BT_{os}\,(to) + BT_p\,(to) + \\ & BT_A\,(to) + BT_B\,(to) + R^T_{os}\,(to) + \\ & R^{CCP}_B\,(to) + R^{T'}_B\,(to) + D^v_p\,(to) + \\ & R^T_P\,(to) + T^{deb}_{net}\,(to) \end{aligned} \tag{1.2a}$$

Nachdem nun die im Konto des Trésor public ausgewiesenen Strömungsgrößen in Bestandsgrößen transformiert worden sind, lassen sich das Konto des Trésor public und die Bilanz der Banque de France konsolidieren.

Die Ableitung der Geldbasis kann aus diesem konsolidierten Konto durch Saldierung verschiedener Posten erfolgen. Welche Elemente des konsolidierten Kontos nun explizit in der Geldbasis ausgewiesen werden, ist einzig eine Frage der analytischen Zweckmäßigkeit: mit Hilfe der Geldbasis als spezifisch formuliertem analytischem Satz sind Aussagen zu erbringen, die nachhaltig zur Erklärung der Realität beitragen. Genügen die Ergebnisse diesem Gütekriterium, rechtfertigt sich die Verwendung eines bestimmten analytischen Systems im nachhinein.

Wird eine bestimmte Definition der Geldbasis gewählt und mit ihrer Hilfe ein brauchbares Resultat erzielt, so schließt dies gewiß nicht aus, daß auch ein anderes

Procedere zu ähnlich brauchbaren Resultaten führt. Diese nicht auszuschließende Möglichkeit („Es gibt ein analytisches System, das zu ähnlichen - besseren - Ergebnissen führt.“) kann jedoch nicht als Argument zur Kritik des hier verwendeten Systems zugelassen werden.

Konsolidierte Bilanz der Banque de France und des Trésor public

A'	Gold und Devisen	MC	Banknoten im Umlauf
E^e	rediskontierte private Schuldtitel	MD	Münzen im Umlauf
S^d	ausstehende Staatsschuld	R_B^{oe}	laufende Konten der reservepflichtigen Institutionen bei der Banque de France
O	andere Aktiva	R_P	Einlagen von Privaten bei der Banque de France
		R_B^{CCP}	Einlagen der Banken beim Postscheck
		$R_B^{T'}$	Einlagen der Banken beim Trésor public
		R_P^T	Sicht- und Termineinlagen des Publikums beim Trésor public
		D_p^v	Einlagen des Publikums beim Postscheck
		R_{OS}^T	Einlagen der Spezialkreditinstitute beim Trésor public
		BT_B	Bons du Trésor im Portefeuille der Banken
		BT_P	Bons du Trésor im Portefeuille der Privaten (Bons sur formulare)
		BT_{OS}	Bons du Trésor im Portefeuille der Spezialkreditinstitute
		BT_A	Bons du Trésor im Portefeuille ausländischer Zentralbanken
		T_{net}^{deb}	langfristige Verschuldung des Trésor public bei Privaten. Banken und Spezialkreditinstituten, Nettobetrag
		R_A	Einlagen ausländischer Banken, Institutionen und Einrichtungen bei der Banque de France

Als Kritik ist vielmehr der Nachweis zulässig, daß diese spezifische Basiskonzeption eine Reihe relevanter Zusammenhänge exhauriert und somit eine geschlossene Klasse von Aussagen über das Geld- und Kreditsystem unmöglich macht.

Diesen Überlegungen entsprechend werden folgende Saldierungen vorgenommen:

Um die kurzfristigen Transaktionen der Banken mit dem Ausland als Allokationsverhalten in den Geldschöpfungsmultiplikator zu inkorporieren, wird der Posten Gold und Devisen, A', (internationale Reserven) um A_B^{ct}, den Saldo aus kurzfristigen Forderungen und Verbindlichkeiten der Banken dem Ausland gegenüber, bereinigt. A_B^{ct} wird dann als positiv definiert, wenn die Banken bezüglich Auslandsaktiva und -passiva per Saldo Kapitalimport betrieben haben, ihre Passiv- also ihre Aktivposition übersteigt. Diese kurzfristige Nettoposition der Banken unterliegt - sofern freier Kapitalverkehr mit dem Ausland zugelassen ist - erheblichen Schwankungen, die durch die Differenz zwischen Inlands- und Auslandszins determiniert sind. Weiterhin wird A' um die kurzfristigen Verbindlichkeiten der Banque de France ausländischen Stellen gegenüber, R^A, und um den geringfügigen Betrag der bei ausländischen Zentralbanken untergebrachten Bons du Trésor, BT_A, bereinigt.

(1.3) $$A = A' - R^A - A_B^{ct} - BT_A$$

Der Posten „Kumulierte Staatsdefizite“, S^d, kann gleichfalls insgesamt nicht als Element der Entstehungsseite der Geldbasis interpretiert werden. Ein Kriterium für die Zuordnung zur Geldbasis ist, welche der in (1.2a) ausgewiesenen Posten unmittelbar Zentralbankgeld sind und welche nur mittelbar über eine Reihe von Transmissionsmechanismen letztendlich die Zentralbankgeldmenge beeinflussen. Zu diesen letztgenannten Posten gehören die Einlagen des Publikums beim Postscheck und beim Trésor public selbst, die *nicht* bei der Banque de France plazierten Bons du Trésor und die Nettoposition der langfristigen Forderungen und Verbindlichkeiten des Trésor public. Diese Posten führen nur insofern zu einer Vermehrung der Zentralbankgeldmenge, als die hieraus resultierenden Einkünfte des Staates nicht richtig antizipiert werden, so daß sich der Trésor public letztlich bei der Zentralbank verschulden muß, um die geplanten Budgetausgaben tätigen zu können. Die Emission von Bons du Trésor z. B. kann die Zentralbankgeldmenge nur insofern beeinflussen, als die Banken sich zum Rediskont dieser Schuldtitel entschließen bzw. - sofern für die Banken Abnahmeverpflichtungen für Bons du Trésor bestehen - insofern, als die Banken andere Schuldtitel zum Rediskont bei der Zentralbank anbieten. Ähnlich verhält es sich mit den Einlagen der Privaten beim Postscheck und unmittelbar beim Trésor public. Diese Einlagen selbst sind nicht Zentralbankgeld, sondern lediglich vom staatlichen Budgetplan falsch antizipierte Veränderungen dieser Einlagen haben letztlich einen Einfluß auf die Geldmenge.

Durch Saldierung des kumulierten Staatsdefizits mit diesen Posten wird schließlich das Basiselement S isoliert:

(1.4) $$S = S^d - (D_p^v + BT_B + BT_{OS} + BT_P + BT_A + T_{net}^{deb} + R_P^T)$$

Die S konstituierenden Elemente allerdings sind für die weitere Analyse nach ökonomischen und nicht nach buchungstechnischen Kriterien zusammenzufassen. Wie aus der Identität (1.2a) hervorgeht, drückt S^d (t_0) die gesamte, zum Zeitpunkt t_0 ausstehende Staatsschuld aus, S^d ist für den Staat ein Aktivum, nämlich die Erfüllung seiner Budgetverpflichtungen. Diesem ist als Passivum die gesamte Finanzierung gegengebucht. Die Passivposten informieren darüber, wer dem Staat gegenüber eine Gläubigerposition einnimmt. Hierbei handelt es sich um die Banque de France, das Publikum, die Spezialkreditinstitute und die Banken. Die Zuordnung der einzelnen Elemente der rechten Seite von (1.2a) den jeweiligen Gläubigern ergibt demnach:

1. Banque de France

MD_{BdF}	Münzgeld im Portefeuille
CCP_{BdF}	Postscheckeinlagen
P	Darlehen an den Staat
AV	Vorschüsse an den Staat
EOC	Vorzeitige Mobilisierung von Steuerschuld
E^T	rediskontierte Bons du Trésor

2. Publikum

BT_P	Bons du Trésor im Portefeuille
D_p^v	Postscheckeinlagen
R_P^T	Sicht- und Termineinlagen beim Trésor
MD	Münzgeld im Portefeuille

3. Spezialkreditinstitute

BT_{os}	Bons du Trésor im Portefeuille
R_{os}^t	Sichteinlagen

4. Banken

BT_B	Bons du Trésor im Portefeuille
R_B^T	Einlagen beim Postscheck und beim Trésor

S, wie in (1.4) definiert, enthält die gesamte Gläubigerposition der Banque de France dem Staat gegenüber, weiterhin die Sichteinlagen der Spezialkreditinstitute R_{os}^T und der Banken R_B^T.

Infolgedessen läßt sich die in (1.4) ausgewiesene Differenz S ausdrücken durch die diesem Element gegengebuchten Passiva.

(1.5)
$$S = MD_{BdF} + CCP_{BdF} + P + MD + AV + EOC + E^T + R^T_{os} + R^T_B$$

Dieses so definierte S ist als nicht konsolidierte Staatsschuld zu interpretieren. Es ist allerdings verfehlt, anzunehmen, daß S die Budgetpolitik des Staates widerspiegelt. Vielmehr bestehen Substitutionsbeziehungen zwischen S und E^e, oder exakter, zwischen den bei der Banque de France rediskontierten öffentlichen Schuldtiteln E^T und den rediskontierten privaten Schuldtiteln E^e, die durch die jeweiligen Rediskontsätze und die vorgeschriebenen Mindestportefeuilles an öffentlichen und privaten Schuldtiteln bestimmt sind[2].

Um die S und E^e konstituierenden Elemente in ökonomisch determinierte Kategorien einteilen zu können, wird zunächst E^e in das von den Banken initiierte Volumen rediskontierter privater Schuldtitel, E^e_B, und das von den Spezialkreditinstituten[3] initiierte Volumen rediskontierter privater Schuldtitel, E^e_{os}, unterteilt.

$$E^e = E^e_B + E^e_{os}$$

Es folgt:

(1.6)
$$S + E^e = MD_{BdF} + MD + CCP_{BdF} + P + AV + EOC + R^T_{os} + R^T_B + E^T + E^e_B + E^e_{os}$$

Die rechte Seite von (1.6) kann nun unter ökonomischen Gesichtspunkten zusammengefaßt werden:

1. Sammelposten Münzerlös u. a.

(1.6a)
$$OT = R^T_B + MD + P + MD_{BdF}$$

Die OT formierenden Elemente können insofern unter dieselbe analytische Kategorie subsumiert werden, als sie sich der politischen Beeinflussung durch den Trésor public entziehen, so insbesondere P als ewiger Posten in der Bilanz der Banque de France in Höhe von 5,45 Mrd. F., MD und MD_{BdF} als Münzerlös, der sich kontinuierlich aus den Zahlungsgewohnheiten des Publikums ergibt, und schließlich R^T_B als Einlagen der Banken beim Postscheck und beim Trésor public, die der Abwicklung des Zahlungsverkehrs der Banken mit diesen Institutionen dienen.

---

2 Eine eingehende Analyse der Auswirkungen dieses gesetzlich vorgeschriebenen Mindestportefeuilles findet sich in Abschnitt 3.4222.

3 Vgl. Abschnitt 3.3 und 3.411.

2. Das Kassendefizit des Trésor public LT

(1.6b) $$LT = AV + EOC + CCP_{BdF} + R^{T}_{os}$$

Die in LT ausgewiesenen Finanzierungmöglichkeiten ermöglichen dem Trésor public die Synchronisation von Einnahme- und Ausgabeströmen. Dies gilt für den Kassensaldo der täglichen Operationen in gleicher Weise wie für saisonal bedingte Einnahmelücken.

3. Das von den Banken initiierte Rediskontvolumen E_B

(1.6c) $$E_B = E^T + E^e_B$$

Bons du Trésor werden, von geringen Ausnahmen abgesehen, nur von Banken rediskontiert; entsprechend ist eine Zusammenfassung der Elemente E^T und E^E_B notwendig, um E_B als Ergebnis des Bankenverhaltens und der unterschiedlichen kreditpolitischen Maßnahmen der geldpolitischen Instanzen darstellen zu können. Eine isolierte Untersuchung von E^T und E^e_B würde die Portfoliowahl der Banken zwischen öffentlichen und privaten Schuldtiteln, resp. die Wahl der jeweiligen Rediskonte nicht hinreichend berücksichtigen; dies um so mehr, als Mindestvorschriften zur Proportion der von den Banken zu haltenden und zu finanzierenden rediskontfähigen Bons du Trésor und Kredite ausdrücklich eine Portfolioentscheidung bezüglich dieser beiden Elemente zulassen.

4. Das von den Spezialkreditinstituten initiierte Rediskontvolumen E^e_{os}

Hier handelt es sich ausnahmslos um mittelfristige Kredite, die von diesen Institutionen bei der Banque de France rediskontiert werden.

Nachdem nun die S und E^e konstituierenden Elemente ökonomisch zweckmäßig zusammengefaßt worden sind, sollen nun weiterhin auf der rechten Seite des konsolidierten Kontos von Trésor public und Zentralbank einige Posten zusammengefaßt ausgewiesen werden:

$$MC + MD + R_P = MC_P \text{ (vom Publikum gehaltenes Zentralbankgeld),}$$

$$R^{CCP}_B + R^{T'}_B = R^T_B \text{ (Einlagen der Banken beim Postscheck und beim Trésor public).}$$

Entstehungs- (B_s) und Verwendungsseite (B_u) der Geldbasis können nun definiert werden:

(1.7) $$B_s = A + LT + OT + O + E^e_{os} + E_B$$

(1.8) $$B_u = MC_P + R_B^T + R_{os}^T + R_B - A_B^{ct}$$

$$B_u = B_s$$

Bevor die Entstehungsseite der Geldbasis funktional bestimmt werden kann, sind zunächst die Basis und die alternativen Geldmengen analytisch miteinander zu verbinden.

1.3 Definition der Geldmenge

Analytischen Erfordernissen entsprechend ist es zweckmäßig, zwei unterschiedlich definierte Geldmengen einzuführen. Die erste umfaßt alles Zentralbankgeld in Händen des Publikums MC_P und alle Sichteinlagen bei Banken, D_B^v, die in Sichteinlagen in inländischer D_{BI}^v und ausländischer D_{BA}^v Währung unterteilt werden können, und die Sichteinlagen beim Postscheck, die fast ausnahmslos in inländischer Währung bestehen. Die zweite Definition umfaßt alle Bankdepositen, also die Sicht-, Termin- und Spareinlagen bei Banken, D_B^v, D_B^t und D_B^l, wobei die Termineinlagen wiederum in solche in inländischer D_{BI}^t und ausländischer D_{BA}^t Währung unterteilt werden können.

(1.9) $$M = MC_p + D_p^v + D_{BI}^v + D_{BA}^v$$

(1.10) $$D_B = D_{BI}^v + D_{BA}^v + D_{BI}^t + D_{BA}^t + D_B^l$$

2. Der Geld- und Depositenmultiplikator

2.1 Definition

Die einzelnen Komponenten der Geldmenge, des Bankdepositenvolumens und der Entstehungsseite der Geldbasis reflektieren in ihren Relationen zueinander das Allokationsverhalten des Publikums und der Banken. Reflektiert wird diese Portfoliowahl in der Verwendungsseite der Geldbasis zum einen unmittelbar, da MC_P Element von B_u ist, und zum anderen mittelbar, da den jeweiligen Depositenarten bestimmte Reservehaltungen der Banken bei der Banque de France oder beim Trésor public entsprechen.

Die Definition des Verhältnisses der einzelnen Komponenten zueinander erfolgt mit Hilfe der nachgestellten Tabellen. Als numéraire ist das Sichtdepositenvolumen bei Banken in inländischer Währung, D_{BI}^v, gewählt. Als weiteres Symbol ist D_{BI}, das gesamte Bankdepositenvolumen in inländischer Währung, eingeführt. Die obere Zeile in der Tabelle weist den jeweiligen Divisor aus, die erste Spalte den Dividenden.

Unter Benutzung der so ermittelten Parameter und des Niveaufaktors D_{BI}^v lassen sich dann die Alternativen Geldmengen und die Verwendungsseite der Geldbasis in dieser Weise ausdrücken:

(2.1) $$M = (1 + k + p + a_v)\, D^v_{BI}$$

(2.2) $$D_B = [1 + a_v + v\,(1 + v_1 + a_t)]\, D^v_{BI}$$

(2.3) $$B_u = [k + (r^{oe} + r^T - a_B)\; [1 + a_v + v\,(1 + v_1 + a_t) + r_{CE}]]\, D^v_{BI}$$

Wird nun die Geldmenge zur Geldbasis in Beziehung gesetzt, so gilt:

(2.4) $$M = m\, B$$

(2.4a) $$D_B = m^d\, B$$

Für die beiden Multiplikatoren ergibt sich:

(2.5) $$m = \frac{1 + k + p + a_v}{k + (r^{oe} + r^T - a_B)\,[1 + a_v + v\,(1 + a_v + v(1 + v_l + a_t)] + r_{cE}}$$

(2.6) $$m^d = \frac{1 + a_v + v(1 + v_1 + a_t)}{k + (r^{oe} + r^T - a_B)[1 + a_v + v(1 + v_1 + a_t)] + r_{cE}}$$

Die diese Multiplikatoren konstituierenden 11 Parameter, nämlich $k, p, v, v_1, v_s, a_v, a_t, a_B, r^T, r^{oe}, r_{CE}$, bedürfen als Allokationsparameter des Publikums und der Banken, einer eingehenderen funktionellen Bestimmung.

Tabelle 1

Definition der Allokationsparameter des Publikums und der Banken

Divisor

Dividend	D^v_{BI}	D^t_{BI}	D_{CE}	D_{BI}	D^v_{BI}
MC_p	k				
D^v_p	p				
D^v_{BA}	a_v				
D^t_{BI}	v				
D^t_{BA}		a_t			
D^t_B		v_1			
D_{BI}	$1 + v\,(1 + v_1)$				
D_{CE}				v_s	
R^T_B					$r^T\,[1 + a_v + v\,(1 + v_1 + a_t)]$
R_B					$r^{oe}\,[1 + a_v + v\,(1 + v_1 + a_t)]$
R^T_{OS}	r_{CE}				
A^{ct}_B					$a_B\,[1 + a_v + v\,(1 + v_1, a_t)]$

2.2 Die Bestimmungsfaktoren der Allokationsparameter des Publikums und der Banken

2.21 Inlandspublikum

Die in k ausgedrückte Bargeldvorliebe des Publikums ist maßgeblich eine Funktion der Zahlungsgewohnheiten. Bei zunehmender Dichte der Poststellen (Postscheckverkehr) und der Bankfilialen nimmt k im Zeitablauf ab. Weiterhin ergeben sich leichte saisonelle Schwankungen, so in den Urlaubsmonaten Juni bis September und um die Jahreswende. Die k-Ratio verminderte sich von 1951 bis 1969 kontinuierlich von 1.279 auf .666.

Die Postscheckeinlagen des Publikums und die Sichteinlagen bei Banken entwikkelten sich fast parallel, der Parameter p weist folglich nur geringfügige Bewegungen um einen Mittelwert von etwa .264 auf. Im Zeitraum 1958 bis 1969 betrug der höchste Wert .286, der niedrigste .251. Diese geringfügigen Schwankungen sind weniger auf eine Diskontinuität in der Wachstumsrate der Postscheckeinlagen zurückzuführen, als vielmehr auf Umschichtungen innerhalb des Depositenvolumens der Banken zugunsten von Zeiteinlagen, sofern p oberhalb des Mittelwertes liegt, resp. umgekehrt.

Die Parameter k und p können folglich weniger durch eine herrschende Zinsstruktur, als vielmehr im Falle von k durch die Vorzüge des bargeldlosen Zahlungsverkehrs und im Falle von p durch die offensichtlich sich kaum verschiebende Proportion Postschecksektor/Bankensektor und durch die Einheitlichkeit der Dienstleistungen beider Sektoren erklärt werden.

Die Ratios v und v_1 dagegen reagieren auf Zinsunterschiede. Weiterhin ist eine Reagibilität auf die Wachstumsrate der ausstehenden, einzig für Nicht-Banken bestimmten, vom Trésor Public emittierten Bons sur Formule und deren Verzinsung in Rechnung zu stellen.

Werden die Zinsen auf Sichteinlagen mit i_v, die auf Termineinlagen mit i_t, die Wachstumsrate der austehenden Bons sur Formule mit $d\ ln\ BF$ bezeichnet, so gilt:

$$v = v\ [(i_t - i_v),\ d\ ln\ BF] \qquad (2.7)$$

Die Reaktion von v auf die Zinsdifferenz ist positiv.

$$E\ [v,\ (i_t - i_v)] > 0$$

Es ist in diesem Zusammenhang hervorzuheben, daß der Depositenzins nicht Aktionsparameter der Banken ist. i_v und i_t werden von den geldpolitischen Instanzen festgelegt, wobei im allgemeinen die Verzinsung der Sichteinlagen untersagt ist.

Bei der Verwendung des Argumentes $d\ ln\ BF$ ist folgendes zu beachten:

Normalerweise korrespondieren Verzinsung von Bons und Emissionsvolumen miteinander. Da aber der Trésor public den Zins für Bons sur Formule fixiert und die sich unter diesen Konditionen absetzbare Menge frei auf dem Markt herausbildet, und da dieser Zins nur selten geändert wird, bemüht sich das Schatzamt vornehmlich durch intensive Werbung und nicht etwa durch adäquate Zinsdifferenzierung gegenüber dem Bankdepositenzins, den Absatz von Bons sur Formule auszuweiten.

Diese Werbung vollzieht sich durch eingehende Information seitens der staatlichen Rundfunk- und Fernsehgesellschaft. Darüberhinaus erfolgt der Verkauf der Bons sur Formule bei den Geschäftsbanken im Kommissionsgeschäft, bei den Zweigstellen des Trésor in der Provinz und bei jedem Postamt. Auf diese Weise gelingt es zum einen, Bons sur Formule bei Leuten zu plazieren, die vorzugsweise privat Gold oder Bargeld horten, und zum anderen tritt der Trésor trotz der relativ unattraktiven Verzinsung der Bons in harte Konkurrenz zum Depositenangebot der Banken.

Infolgedessen ist die auf diese Weise manipulierte Wachstumsrate der ausstehenden Bons zur Formule ein entscheidendes Argument zur Bestimmung von v. Soweit dennoch eine Funktionalbeziehung zwischen Verzinsung (i_{BF}) und Wachstumsrate der Bons $(d \ln BF)$ besteht, ist das Zinsargument in $d \ln BF$ eingeschlossen, da ja $di_{BF}/d \ln BF > 0$.

$$E(v, d \ln BF) < 0$$

v_l reagiert auf ähnliche Bestimmungsfaktoren wie v. Hier ist die Differenz der Zinssätze für Spar- und Termineinlagen, $i_l - i_t$, maßgeblich. Gleichfalls ist $d \ln BF$ von Bedeutung. i_l ist wie i_t ein politisch gesetzter Zins; er ist in der Regel höher als der Zins für Zeiteinlagen und beinhaltet überdies alle Prämien und Subventionen der staatlichen Sparförderung. Die Substitutionsbeziehung zwischen Spar- und Termineinlagen ist nicht stark ausgeprägt, da Spareinlagen lediglich von natürlichen Personen gehalten werden dürfen, Termineinlagen dagegen vornehmlich eine Anlageform juristischer Personen (Unternehmen) sind.

$$v_1 = v_1 \; [i_1 - i_t, d \ln BF] \tag{2.8}$$

Für die Elastizitäten gilt:

$$E(v_1, (i_1 - i_t)) > 0$$

$$E(v_1, d \ln BF) < 0$$

k, p, v und v_1 sind Allokationsparameter des Publikums, die zwar auf die geldpolitisch gesetzte Zinsstruktur reagieren, jedoch nicht unmittelbar Gegenstand geldpolitischer Fixierung sind. Die Auslandsparameter der Banken a_v, a_t und a_B und die Reservesätze r^T, r^{oe}, r_{CE} dagegen werden häufig unmittelbar durch die geldpolitischen Instanzen festgelegt.

2.22 Ausland

Besteht für die Banken die Möglichkeit des ungehinderten Kapitalverkehrs mit dem Ausland, so beschreiben a_v und a_t die Refinanzierung der Banken durch Ressourcen aus dem Ausland, die in einem engen Substitutionsverhältnis zum Rediskont- und Offenmarktgeschäft mit der Banque de France stehen. Entscheidend für die beiden Parameter ist daher der Eurosatz für Call- und Termingeld, i_{EUv} und i_{EUt}, die Kosten der Kurssicherung ksk und der Interventionssatz der Banque de France am Geldmarkt für private Schuldtitel, i_{dNF}. Weiterhin ist der Pflichtreservesatz auf Depositen in fremder Währung auf den Namen von Non-Residents, r^e_a, von Bedeutung. Denn je höher der auf a_v resp. a_t zu haltende Reservesatz, umso geringer ist der Profit, der aus der Zinsdifferenz $(i_{EUv} + ksk - i_{dNF})$ bzw. $(i_{EUt} + ksk - i_{dNF})$ gezogen werden kann.

Die gesamten Kosten ka, die durch Aquisition einer Einheit Depositen in fremder Währung entstehen, setzen sich zusammen aus dem Eurogeldsatz plus Kurssicherungskosten ksk und den Opportunitätskosten der Reservehaltung, die dem Kreditzins i_k entsprechen.

$$ka = i_{EU} + ksk + r^o_a\, i_k$$

Wird nun unterstellt, daß zwischen Kreditzins und den Grenzkosten der Refinanzierung der Banken bei der Banque de France, i_{dNF}, eine feste Relation besteht in der Weise, daß

$$i_k = \eta\; i_{dNF}$$ [4]

wobei $\eta > 1$, so gilt für die Kostendifferenz kd, die bei wahlweiser Refinanzierung durch Eurodepositen oder Rediskont bei der Banque de France besteht,

$$kd = i_{dNF} - ka$$

oder:

$$kd = i_{dNF} - i_{EU} - ksk - r_a\, \eta\, i_{dNF}$$

$$= i_{dNF}\,(1 - r_a\, \eta) - (i_{EU} + ksk)$$

Bei freiem Kapitalverkehr der Banken gilt infolgedessen:

(2.9) $$a_v = a_v\,(kd_v)$$

und 2.10

$$a_t = a_t\,(kd_t)$$

---

[4] η ist eine Funktion des Konkurrenzgrades am Kapitalmarkt, der allgemeinen Operationskosten der Banken und der antizipierten Schwankungen des Interventionssatzes der Banque de France. Vgl. Abschnitt 3.421.

wobei

$$kd_v = [i_{dvF}(1 - r_a\,\eta) - (i_{EUv} + ksk)]$$

und

$$kd_t = [i_{dNF}(1 - r_a\,\eta) - (i_{EUt} + ksk)]$$

kd_v ist die Kostendifferenz zwischen der Refinanzierung einer Krediteinheit durch Eurosichteinlagen und der Refianzierung einer Krediteinheit durch Refinanzierung bei der Banque de France. Bei kd_t handelt es sich analog um die Differenz zwischen Refinanzierung durch Rediskont und Aquisition von Eurotermineinlagen.

Für die Elastizitäten gilt:

$$E(a_v, kd_v) > 0$$

$$E(a_t, kd_t) > 0$$

Erhalten die Banken jedoch die Auflage, dem Ausland gegenüber eine ausgeglichene Position einzunehmen, was sich in $a_B = 0$ ausdrückt, so sind beide Parameter, a_v und a_t, durch das Volumen des so vom Inlandsgeschäft der Banken abgegrenzten Auslandsgeschäft bestimmt. Abgesehen von Effekten, die in der Anpassungsphase von einem $a_B \neq 0$ zu einem $a_B = 0$ ausgehen, verringert sich das Volumen des Auslandsgeschäftes und weiterhin die Höhe der Parameter a_v und a_t; denn hohe Auslandsforderungen resp. Verbindlichkeiten des Bankensektors kommen zustande, wenn zwischen In- und Ausland eine bestehende Zinsdifferenz ausgeschöpft werden kann. Ist diese Transformation von Auslandspassiva in Inlandsaktiva und umgekehrt wegen $a_B = 0$ nicht möglich, beschränkt sich die Rolle der französischen Banken lediglich auf eine Mittlerfunktion zwischen verschiedenen ausländischen Märkten. Da nun ein entscheidendes Motiv für die Auslandstätigkeit der Banken ausscheidet, das weitere Motiv aber sich deswegen nicht notwendigerweise verstärkt, ist ein Sinken von a_v und a_t bei einem erzwungenen $a_B = 0$ die Folge.

Der Parameter a_B (kurzfristige Nettoverbindlichkeiten der Banken dem Ausland gegenüber) wird dominiert durch die internationalen Zinsdifferenzen. Für den Fall, daß die Refinanzierungskosten mit ausländischen Mitteln, $i_{EU} + ksk$ die mit inländischen Mitteln i_{dNF} übertreffen, also $i_{EU} + ksk > i_{dNF}$, sind die Auslandsforderungen höher als die Verbindlichkeiten, d. h. $a_B < 0$. Dies, da in diesem Falle der Kapitalexport für die Banken eine gewinnbringende Operation darstellt. Für $i_{EU} > i_{dNF}$ gilt umgekehrt $a_B > 0$.

(2.11) $$a_B = a_B\,[i_{dNF} - i_{EU} + ksk]$$

und

$$E\,[a_B, i_{dNF} - i_{EU} + ksk] > 0$$

$a_B = 0$ ist erreicht bei einer entsprechenden gesetzlichen Vorschrift und bei $i_{EU} + ksk = i_{dNF}$.

Ein $a_B = 0$ und entsprechend geringe Werte für a_v und a_t stellen sich demnach ein, wenn für die Banken eine entsprechende Vorschrift besteht[5], die mit a_B^0 gekennzeichnet ist, oder wenn durch die Zinspolitik der Banque de France ein $kd_v = kd_t = 0$ herbeigeführt wird.

Während die a_B^0-Regelung seit 27. 8. 68 in Kraft ist, läßt die Zentralbank seit Mitte 1960 zwischen Eurogeldsatz und Interventionssatz nur äußerst geringfügige Differenzen zu[6]. Überdies war bis Anfang 67 der Kapitalverkehr der Banken mit dem Ausland genehmigungspflichtig, was auf Fall-zu-Fall-Regelungen hinausläuft[7]. Der Nettoeffekt all dieser Regelungen besteht darin, daß während des Untersuchungszeitraumes der Saldo der kurzfristigen Forderungen und Verbindlichkeiten der Banken dem Ausland gegenüber Null beträgt ($a_B = 0$).

2.23 Die Reservehaltung der Banken und der Sparkassenorganisation

Bis zu Beginn des Jahres 1967 existiert in Frankreich kein Pflichtreservesatz. Alle beim Postscheck, beim Trésor public und bei der Banque de France seitens der Geschäftsbanken gehaltenen Einlagen sind daher Überschußreserven. Der Reservequotient r^T, der die Proportion der Einlagen der Banken beim Postscheck und die verschwindend geringen Einlagen beim Trésor public zum Bankdepositenvolumen beschreibt, spiegelt die Verzahnung zwischen Postscheck- und Bankensektor wider. Es handelt sich hier um einen Kassensaldo als Ergebnis der Anzahl und des Volumens der Transaktionen zwischen beiden Bereichen. Hierfür ist p, das Verhältnis der Postscheckeinlagen zu den Sichtdepositen der Banken, ein brauchbarer Indikator.

Weiterhin ist r^T von der Zinsstruktur abhängig. Diese Zinsstruktur ergibt sich aus den Opportunitätskosten der Reservehaltung in Relation zu den Kosten der Zentralbankgeldbeschaffung. Während die Opportunitätskosten im Kreditzins $\eta\, i_{dNF}$ bestehen, sind die Kosten der Zentralbankgeldbeschaffung identisch mit dem Interventionssatz der Banque de France für private Schuldtitel, i_{dNF}.

Folglich gilt:

(2.12) $$r^T = r^T\,(\eta\, i_{dNF},\ i_{dNF},\ p)$$

Die Ableitung nach den Opportunitätskosten sind negativ, $dr^T d\eta\, i_{dNF} < 0$, die Ableitung nach den Kosten der Zentralbankgeldbeschaffung positiv, $dr^T/di_{dNF} > 0$.

---

[5] Rundlauf der Banque de France vom 29. 7. 68 und Décret N° 68-1022 vom 24. 11. 68 Journal Officel du 25 Nov. 1968, Art 1er: „Les créances en francs et en devises étrangères que les établissements bancaires et financières établis en Franc détiennent sur l'étranger et les engagements en francs et en devises qu'ils ont à l'égard de l'étranger sont soumis au contrôle du ministre de l'économie et des finances.“

[6] Le Problème du réglage de la liquidité en France, Banque de France, Direction des études et dur crédit, Paris 1967. S. 10.

[7] Note sur les méthodes suivies, depuis 1945, pour l'établissement de la balance des payements, in: Balance des Payements de l'Année 1968 entre la France et l'extérieur, S. 89.

Da η wegen einer Reihe institutioneller Gegebenheiten (vgl. Abschnitt 3.421) Eins nicht wesentlich übersteigt, der herrschende Kreditzins den Interventionssatz also nur geringfügig übersteigen kann, entsprechen die Opportunitätskosten der Reservehaltung in etwa den Kosten der Zentralbankgeldbeschaffung. Die von einer Variation von i_{dNF} auf r^e ausgehenden Effekte neutralisieren sich daher vermutlich.

Für die Ableitungen gilt demnach:

$$dr^T/di_{dNF} \sim 0$$

$$dr^T/d\eta < 0$$

$$dr^T/dp > 0$$

Für die Reservehaltung der Banken bei der Zentralbank, r^e, gelten entsprechende Überlegungen. Hier ist die Zinsstruktur gleichfalls von erheblicher Bedeutung. Weiterhin ist die Anzahl und das Volumen der Umschichtung von Sichtdepositen in Bargeld (Noten und Münzen) ein wesentlicher Faktor. Ein Indiz für die Höhe dieser Transaktionen ist der Bargeldquotient k, wobei weniger seine absolute Höhe, als vielmehr die Oszillationen um den Trend, also die zweite Ableitung nach der Zeit, von Bedeutung ist. Eine etwa saisonbedingte überdurchschnittlich hohe Bargeldvorliebe des Publikums, $ddk/dt > 0$, übt demnach einen negativen Einfluß auf den Überschußreservequotienten aus.

(2.13) $$r^e = r^e\ (i_{dNF},\ i_{dNF},\ ddk/dt)$$

Für die Ableitungen gilt:

$$dr^e/di_{dNF} \sim 0$$

$$dr^e/ddk/dt < 0$$

$$dr^e/d\eta < 0$$

Nach Einführung der Pflichtreserven durch Dekret vom 9. 1. 67[8] wird der Quotient r^{oe} durch die neuen gesetzlichen Vorschriften und durch die in der r^e Funktion enthaltenen Argumente bestimmt.

Reservepflichtig sind gemäß Art. 3 dieses Dekretes die folgenden Institutionen:

1. Banques inscrites
2. Banques populaires
3. Crédit agricole
4. Crédit mutuel, Crédit maritime mutuel

---

8 Décret N° 67-27 du 9 janvier 1967 portant institution de réserves obligatoires epplicable aux établissements bancaires. Journal Officiel du 10 Janvier 1967, Ausführungsbestimmungen in der Décision de caractère général N° 67-01 du 10 Janvier 1967.

5. Organismes de crédit coopérativ
6. Banque française du commerce extérieur
7. Crédit social

Die dem Trésor public unterstellten Sparkassen, also die Caisses d'Epargne Ordinaire und die Caisse d'Epargne Postale, sind an die Reservepflicht nicht gebunden.

Die Reservepflicht erstreckt sich gemäß der Décision de caractère général N° 67 –01, Art. 2, auf folgende Verbindlichkeiten dieser Institutionen:

1. Comptes de Chèques
   Comptes courantes
   Comptes créditeurs
2. Comptes de Banques correspondantes à l'étranger
3. Comptes sur livrets à l'exeption des comptes d'épargne logement
4. Bons et comptes à échéance fixe dont le terme initial est inférieur à trois ans.

Die Reservesätze werden in den Jahren 1967 bis 70 des häufigeren geändert, wobei der Satz auf Sichteinlagen (1. und 2.) stets höher ist als der auf Termin- und Spareinlagen (3. und 4.).

Reservepflichtig waren in der Regel nur die Einlagen in inländischer Währung. (Instruction N° 63 du 10 janvier 1967, Prise en application de la Décision de caractère général N° 67 - 01, Art. 2) Um in Zuge der Abwertungsspekulation im Sommer 1968 den massiven Umtausch von Einlagen in Francs in Einlagen in fremder Währung zu verhindern, wurde am 4. 7. 68 durch die Instruction N° 74 ein Reservesatz für Depositen in ausländischer Währung gehalten von Résidants, in Höhe von 10 % eingeführt. Diese Vorschrift wurde annuliert am 20. 9. 68 durch die Instruction N° 77, so daß abgesehen von dieser Zeitspanne lediglich Depositen in Francs reservepflichtig sind. Verbindlichkeiten jeder Art, die 10 Mill. nicht überschreiten, sind zur Hälfte reservepflichtig. Dies begünstigt insbesondere Banken mit einem geringen Bilanzvolumen. Die Mindestreserveregelung läßt Banken relativ viel Spielraum bei ihrer Liquiditätspolitik: Die Mindestreserveverpflichtungen der Banken gelten als erfüllt, wenn ihre durchschnittlichen Guthaben bei der Banque de France zwischen dem 21. des Vormonats und dem 20. des folgenden Monats den Erfordernissen aus Reservesatz und Depositenvolumen entsprechen.

Werden die Guthaben einer individuellen Bank bei der Banque de France beim täglichen Geschäftsschluß mit $R^B(d)$ bezeichnet, die reservepflichtigen Sichtdepositen zu diesem Zeitpunkt mit $D_B^v(d)$ und die entsprechenden Termineinlagen mit $D_B^t(d)$, so gelten die Reserveverpflichtungen als erfüllt, wenn bei unverändertem Reservesatz auf Sichtdepositen r^v und auf Termin- und Spardepositen r^t gilt:

$$\frac{1}{T}\sum_{d=1}^{T} R^B(d) \geqq r^v \frac{1}{T}\sum_{d=1}^{T} D_B^v(d) + r^t \frac{1}{T}\sum_{d=1}^{T} (D_B^t + D_B^1)(d) \tag{2.14}$$

d symbolisiert die Nummer des jeweiligen Tages in der Periode vom 20. bis zum 20. T ist die Anzahl der Tage innerhalb der Periode, also 28. bis 31. Ist in der Formel oben das Gleichheitszeichen erfüllt, so handelt es sich bei

$$\frac{1}{T} \sum_{d=1}^{T} R^B (d)$$

um die Reserven, die durchschnittlich pro Tag zu halten sind, um die Reserveverpflichtungen zu erfüllen. Wird diese Reserveverpflichtung im Tagesdurchschnitt mit $R^{B\emptyset} (d)$ bezeichnet, und das durchschnittliche reservepflichtige Depositenvolumen der Banken mit $D_B^\emptyset (d)$, so folgt:

$$\frac{R^{B\emptyset}}{D_B^\emptyset \text{ (d)}} = r^{o\emptyset}$$

Diesem durchschnittlichen Pflichtreservequotienten $r^{o\emptyset}$ steht der am Monatsultimo beobachtete Reservequotient der Banken

$$r^{oe} (du) = \frac{R^B (du)}{D_B (du)}$$

gegenüber. Da das Depositenvolumen der Banken jedoch kontinuierlich wächst, folgt, daß in der Regel

$$D_B^\emptyset < D_B (du)$$

Diese Ungleichheit wird noch dadurch verstärkt, daß erfahrungsgemäß in den letzten Tagen des Monats eine Umschichtung innerhalb des Depositenvolumens der Banken stattfindet. Dies, da die Unternehmen in diesem Zeitabschnitt häufig kurzfristige Termineinlagen auflösen, um Überweisungen auf Sichtguthaben der Einkommensbezieher durchzuführen. Insofern ist auch die Zusammensetzung der Bankdepositen am Monatsende nicht repräsentativ für den Monatsdurchschnitt. Abgesehen von diesen temporären Umschichtungen sind langfristige Umschichtungsprozesse, also Veränderungen von v, von Bedeutung.

Berechnet man nun aufgrund der geltenden Reservesätze, des Depositenvolumens und seiner Zusammensetzung am Monatsende einen durch die Allokationsparameter gewichteten Pflichtreservesatz

$$\text{(2.15)} \qquad r^o (du) = \frac{r^v + r^t\, v\, (1 + v_1)}{1 + v\, (1 + v_1)} \; (du)$$

so ergibt sich wegen $D^\emptyset{}_B < D_B (du)$ selbst dann, wenn der beobachtete Reservequotient $r^{oe} (du)$ zu diesem Zeitpunkt gleich dem durchschnittlich geforderten $r^{o\emptyset}$ ist, ein

$$r^o (du) > r^{oe} (du)$$

Weiterhin wird am Monatsende erfahrungsgemäß die Liquidität der Banken durch Bargeldabhebungen stark beansprucht, so daß die Banken am Ultimo das Niveau der durchschnittlichen Reserven $R^{r\emptyset}$ unterschreiten, also $R^{r\emptyset} > R^B \ (du)$. Unter Berücksichtigung der beiden Argumente

$$D_B^{\emptyset} > D_B \ (di)$$

$$R^{r\emptyset} > R^B \ (du)$$

ergibt sich, daß

$$\frac{r^{oe} \ (du)}{r^o \ (du)} = \beta < 1$$

Weiterhin gehen die Bestimmungsfaktoren der Überschußreserven in die Funktion von β ein.

(2.16) $$\beta = \beta \ (d \ ln \ D_B, \ ddk/dt, \ i_{dNF})$$

$$E \ (\beta, \ dln \ D_B) < 0$$

$$E \ (\beta, \ ddk/dt) < 0$$

$$E \ (\beta, \ e_{dNF}) < 0$$

Der Funktionalzusammenhang zwischen Reservesatzpolitik und beobachtetem Reservequotienten zum Monatsende ist nun klar bestimmt.

$$r^{oe} = \beta r^o$$

und

(2.17) $$r^o = \frac{r^v + r^t \ v \ (1 + v_1)}{1 + v \ (1 + v_1)}$$

(2.18) $$r^{oe} = \beta \frac{r^v + r^t \ v \ (1 + v_1)}{1 + v \ (1 + v_1)}$$

Für die jeweiligen Elastizitäten gilt:

$$E \ (r^{oe}, \ r^v) = \frac{r^v}{r^v + r^t \ v \ (1 + v_1)}$$

$$0 < E \ (r^{oe}, \ r^v) < 1$$

$$E \ (r^{oe}, \ r^t) = \frac{r^t}{r^v + r^t \ v \ (1 + v_1)}$$

$$0 < E \ (r^{oe}, \ r^t) < 1$$

Tabelle 2: **Elastizitäten der Allokationsparameter des Publikums und der Banken in bezug auf die jeweiligen Argumente**

	i_v	i_t	i_{dNF}	i_{EU}^v	i_{EU}^t	ksk	η	kdv	$i_t - i_v$	$i_1 - i_t$	$i_{dNF} - i_{EU} - ksk$	β	r^t	r^v	t	r^a	$\frac{d\,dk}{dt}$	LT	$dln\ BF$	$dln\ D_B$	kdt	i_1	p
k															-								
p															0								
v	-	+	-						+	+									-			-	
v_1	-	-	+																-			+	
a_v			+	-		-	-	+			+												
a_t			+	-	-	-	-				+										+		
a_B			+								+												
r^e			~0				-										-						
r^T			~0				-																+
r^{oe}												+	+	+									
r_{CE}																		+					
β			-				-										-			-			
m	+	-	-																				
m^d	+	+	+																				
kdv				+	-	-	-									-							
kdt				+	-	-	-									-							

Die Reservehaltung der Sparkassenorganisation beim Trésor public, ausgedrückt durch die Ratio r_{CE}, ist in der Hauptsache durch die Liquiditätsbedürfnisse des Trésor public determiniert, da wegen der Eigenart der Spardepositen der Transaktionsmittelbedarf der Sparkassen äußerst gering ist.

Liquiditätsengpässe des Trésor public werden zunächst durch die in der Bilanz der Banque de France ausgewiesenen Vorschüsse an den Staat, *AV*, und den Escompte des Obligations Cautionées, *EOC*, abgedeckt. Droht der Liquiditätsbedarf des Trésor public die zulässige Gesamthöhe von $EOC + AV$, d. h. das Limit von rund 8 Mrd. F. zu übersteigen, so veranlaßt der Trésor die Dachorganisation der Sparkassen, nämlich die Caisse de Dépôts et de Consignation, *CDC*, die notwendigen Mittel bereitzustellen. Für die *CDC* bestehen in diesem Zusammenhang zwei Möglichkeiten. Zunächst werden neu zuwachsende Spareinlagen unmittelbar an den Trésor weitergeleitet. Darüberhinaus kann die *CDC* bei der Banque de France mittelfristige Kredite rediskontieren. Das Ergebnis beider Operationen hält die *CDC* beim Trésor als Sichteinlagen, R^T_{os}.

R^T_{os} ist demnach eine Funktion der Liquiditätsengpässe des Trésor public, *LT*- bzw. seiner Bestimmungsfaktoren, so wie sie im Abschnitt über die „Liquiditätslage des Trésor public" abgehandelt werden.

Wegen der spezifischen Bestimmungsfaktoren von R^T_{os} ist es nicht zweckmäßig, diesen Posten zum Spardepositenvolumen in Beziehung zu setzen, da sich R^T_{os}, ganz im Gegensatz zur Reservehaltung der Banken, nicht am Spardepositenvolumen orientiert. Aus diesem Grunde wird auch R^T_{os} unmittelbar zum Numéraire D^v_{Bl} (Tabelle 1) in Beziehung gesetzt. r_{CE} mißt R^T_{os} also lediglich in Einheiten D^v_{Bl}; ein Funktionalzusammenhang zwischen R^t_{os} und D^v_{Bl} wird nicht postuliert. Auf diese Weise bleibt R^t_{os}, gemessen in Einheiten D^v_{Bl}, politischer Parameter des Trésor public.

Nachdem nun die Bestimmungsfaktoren der Allokationsparameter des Publikums und der Banken im einzelnen herausgearbeitet und Hypothesen in bezug auf die Auswirkungen ihrer Veränderungen formuliert worden sind, ist nun die Reaktion der Multiplikatoren m und m^d auf die Allokationsparameter zu determinieren. Während es sich bei den ersteren Reaktionsmustern um Verhaltensfunktionen handelt, die noch im einzelnen des empirischen Tests bedürfen, (s. Teil 2, Abschnitt 2.1), sind die Reaktionen von m bzw. m^d auf die Allokationsparameter analytisch-institutionell bestimmbar. Die Kombination beider Reaktionsmuster erlaubt es dann, die Multiplikatoren in ihrer Abhängigkeit von den zunächst die Allokationsparameter bestimmenden Argumente zu analysieren.

Der besseren Übersichtlichkeit halber sind die Hypothesen zu den Verhaltensfunktionen – soweit sie das Vorzeichen der Ableitung betreffen – in Tabelle 2 zusammengefaßt.

2.3 Geld- und Depositenmultiplikator in Abhängigkeit von den Allokationsparametern und deren Bestimmungsfaktoren

Die expliziten Ergebnisse der jeweiligen Elastizitäten werden in der nachgestellten Tabelle zusammengefaßt. Hierbei ist folgendes zu beachten:

Das Symbol z_1 bezeichnet den Zähler von m, also:

$$z_1 = 1 + k + p + a_v$$

Das Symbol z_2 bezeichnet den Zähler von m^d, also:

$$z_2 = 1 + a_v + v\,(1 + v_1 + a_t)$$

Das Symbol Δ ist für den gemeinsamen Nenner der beiden Multiplikatoren verwendet.

$$\Delta = r_{CE} + k + (r^{oe} + r^T - a_B)$$
$$[1 + a_v + v\,(1 + v_1 + a_t)]$$

Bei der Bestimmung der Elastizitäten $E\,(m, a_v)$, $E\,(m, a_t)$, $E\,(m^d, a_v)$ und $E\,(m^d, a_t)$, muß bedacht werden, daß ein Ansteigen der Depositenarten D^v_{BA} und D^t_{BA} ein Ansteigen der kurzfristigen Nettoverbindlichkeiten der Banken dem Ausland gegenüber um denselben Betrag zur Folge hat, sofern nicht gesetzlich $a_B = 0$. Wird die kurzfristige Aktivposition der Banken dem Ausland gegenüber mit AKT^{vt}_B bezeichnet, so gilt:

$$A^{ct}_B = D^v_{BA} + D^t_{BA} - AKT^{vt}_B$$

Durch Division dieses Ausdruckes durch den Numéraire D^v_{BI} ergibt sich:

$$a_B = \frac{a_v + va_t}{1 + a_v + v\,(1 + v_1 + a_t)} - \frac{AKT^{v\,t}_{DBI}}{D_{BI}}$$

Für die Ableitungen gilt:

$$\frac{da_B}{da_v} = \frac{z_2 - (a_v + va_t)}{z_2^2}$$

$$\frac{da_B}{da_t} = \frac{vz_2 - (a_v + va_t)}{z_2^2}$$

Für die Ableitungen von m nach a_v und a_t ergibt sich dann:

$$\frac{dm}{da_v} = \frac{\partial m}{\partial a_v} + \frac{\partial a_B}{\partial a_v}\,\frac{\partial m}{\partial a_B}$$

$$\frac{dm}{da_t} = \frac{\partial m}{\partial a_t} + \frac{\partial a_B}{\partial a_t}\,\frac{\partial m}{\partial a_B}$$

Tabelle 3

Die Elastizität des Geldschöpfungsmultiplikators *m* in bezug auf die Allokationsparameter *P* des Publikums und der Banken

Parameter P		Vorzeichen
k	$k(\frac{1}{z_1} - \frac{1}{\Delta})$	–
p	$+ p\frac{1}{z_1}$	+
r_{CE}	$- r_{CE} \frac{1}{\Delta}$	–
r^T	$- r^T m^d$	–
r^{oe}	$- r^{oe} m^d$	–
a_B	$a_B m^d$	+
a_v	$\frac{a_v}{\Delta} [\frac{\Delta - z_1 (r^{oe} + r^T - a_B)}{z_1} + \frac{z_2 - (a_v + a_t v)}{z_2}]$	+
a_t	$\frac{a_t}{\Delta} [\frac{v z_2 - (a_v + v a_t)}{z_2} - v (r^{oe} + r^T - a_B)]$	+
$a_v \mid a_B^o$	$a_v [\frac{1}{z_1} - \frac{r^{oe} + r^T - a_B}{\Delta}]$	+
$a_t \mid a_B^o$	$- a_t \frac{v (r^{oe} + r^T - a_B)}{\Delta}$	–
$v \mid r^o$	$- v [\frac{(r^{oe} + r^T - a_B)(1 + v_1 + at)}{\Delta} - v (1 + v_1) \beta m^d \frac{r^t - r^{oe}}{1 + v (1 + v_1)}]$	–
$v_1 \mid r^o$	$- v_1 v [\frac{r^{oe} + r^T - a_B}{\Delta} - v_1 \beta m^d \frac{r^t - r^{oe}}{1 + v (1 + v_1)}$	–
v	$- v \frac{(r^{oe} + r^T - a_B)(1 + v_1 + a_t)}{\Delta}$	–
v_1	$- v_1 v \frac{r^{oe} + r^T - a_B}{\Delta}$	–

Die Aktivposition der Banken dem Ausland gegenüber, AKT_B^{tt}, wird im Zuge dieser partiellen Ableitung als konstant angenommen.

Für ein gesetzlich dekretiertes $a_B = 0 = a_B^o$ dagegen gilt:

$$\frac{dm}{da_v} \mid a_B^o = \frac{\partial m}{\partial a_v} \text{ und } \frac{dm}{da_t} \mid a_B^o = \frac{\partial m}{\partial a_t}$$

Unter der Bedingung von Pflichtreserven r^o seit 1. 1. 67 ist bei $E\ (m, v \mid r^o)$, $E\ (m, v_1 \mid r^o)$, $E\ m^d, v \mid r^o)$ und $E\ (m^d, v_i \mid r^o)$ zu beachten, daß

$$r^{oe} = \beta \frac{r^v + r^t v\ (1 + v_1)}{1 + v\ (1 + v_1)}$$

Das Vorzeichen von $E\ (m, v \mid r^o)$, $E\ (m, r_1 \mid r^o)$, $E\ (m, v)$ und $E\ (m, v_1)$ kann nur unter spezifischen Bedingungen bestimmt werden. Der Quotient aus z_2, dem Zähler von m^d, und dem Ausdruck $1 + v\ (1 + v_1)$ kann durch den Parameter α ausgedrückt werden. $\alpha > 1$, da

$$z_2 = 1 + a_v + v\ (1 + a_t + v_1)$$

Dies allerdings nur solange, wie a_v, $a_t > 0$. Für die Elastizitäten gilt dann:

$$E\ (m, v \mid r^o) = -\frac{v}{\Delta}\ [(r^{oe} + r^T - a_B)\ (1 + v_1 + a_t) + \alpha\beta\ (1 + v_1)\ (r^T - r^{oe})]$$

$$E\ (m, v_1 \mid r^o) = -\frac{r_1}{\Delta}\ [vr^{oe} + r^T - a_B + \alpha\beta\ (r^t - r^{oe})]$$

$$E\ (m, v) = -\frac{v}{\Delta}\ [r^e + r^T - a_B)\ (1 + v_1 + a_t)]$$

$$E\ (m, v_1) = -\frac{v_1 v}{\Delta}\ [(r^e + r^T - a_B)]$$

Die jeweiligen Ausdrücke in Klammern können vereinfacht werden, wenn wegen des ohnehin kleinen v_1 dieses gleich Null gesetzt wird.

$$E\ (m, v \mid r^o) = -\frac{v}{\Delta}\ [\alpha\beta r^t + (1 + a_t)\ (r^T - a_B) + r^{oe}\ (1 + a_t - \alpha\beta)]$$

$$E\ (M, v_1 \mid r^o) = -\frac{v_1\ v}{\Delta}\ [\ r^T - \alpha\beta r^t - a_B + r^{oe}\ (1 - \alpha\beta)]$$

$$E\ (m, v) = -\frac{v}{\Delta}\ [(r^e + r^T - a_B)\ (1 + a_t)]$$

$$E\ (m, v_1) = -\frac{v_1\ v}{\Delta}\ [(r^e + r^T - a_B)]$$

Alle Elastizitäten nehmen dann ein negatives Vorzeichen an, wenn

$$a_B = 0 \text{ und } a_v,\ a_t = 0$$

und somit

$$\alpha = 1,$$

was dann der Fall ist, wenn der Interventionssatz der Banque de France, e_{dNF} kleiner ist als der Eurogeldsatz plus Kurssicherungskosten, wenn also gilt

$$i_{dNF} < i_{EU} + ksk$$

Gleichfalls sind die Elastizitäten dann negativ, wenn durch gesetzliche Regelungen ein $a_B = 0$ erzwungen wird. (So ab August 68 durch Décret N° 68-1022)

Positive Vorzeichen können sich dagegen bei $i_{dNF} > i_{EU} + ksk$ und bei Fehlen der $a_B = 0$-Regulierung einstellen. Da aber jeder der Parameter r^{oe}, r^T, r^t a_B, a_t und r^e den Wert 1 mit Sicherheit nicht übersteigt, und weiterhin sich in den eckigen Klammern ergebenden Differenzen mit v/Δ bzw. mit vv_1/Δ multipliziert werden, und diese Ausdrücke jeweils wesentlich unter Eins liegen, ist eine sich unter diesen Bedingungen ergebende positive Elastizität nur geringfügig von Null verschieden. Wie in Teil 2 gezeigt wird, sind die Bedingungen für positive Elastizitäten in der Empirie nicht erfüllt, so daß im folgenden stets von negativen Vorzeichen ausgegangen wird.

Weiterhin zeigen sich in Tabelle 3 unterschiedliche Ergebnisse für die Elastizitäten von m in Bezug auf a_v, a_t, v und v_1 nach Maßgabe der Restriktionen r^o und a_B^o.

Ein Vergleich dieser Elastizitäten ergibt das Folgende:

$$E\,(m,\ a_v \mid a_B^o) < E\,(m,\ a_v)$$

$$E\,(m,\ a_t \mid a_B^o) < E\,(m,\ a_t)$$

$$E\,(m,\ v \mid r^o) > E\,(m,\ v)$$

$$E\,(m,\ v_1 \mid r^o) > E\,(m,\ v_1)$$

Tabelle 4 kombiniert die Ergebnisse von Tabelle 2 und 3. Die totalen Elastizitäten von m in Bezug auf die in der oberen Zeile der Tabelle 2 angegebenen Argumente werden entsprechend den jeweiligen Differenzierungsregeln ermittelt. Die in Tabelle 2 verzeichneten partiellen Elastizitäten von m und m^d in Bezug auf i_v, i_t und i_1 sind in Tabelle 4 ausdrücklich berücksichtigt und mit $E_p\,(\ldots)$ gekennzeichnet.

Bei der Bestimmung der Elastizitäten

$$E\,(m,\ i_{EU}^v),\ E\,(m,\ i_{EU}^t),\ E\,(m,\ i_{dNF}) \text{ und}$$

$$E\,(m,\ i_{dNF} \mid r^o)$$

wird von folgenden Überlegungen ausgegangen:

Der Einfluß der relevanten Zinssätze auf m erfolgt über zwei Kanäle: Zum einen wird die Passivposition der Banken dem Ausland gegenüber (a_v und a_t) beeinflußt und zum anderen die Nettopassivposition (a_B). Bei der Bestimmung der Elastizitäten von m in Bezug auf diese Zinssätze kann nun nicht mehr davon ausgegangen werden, daß - wie im Falle der partiellen Betrachtung, d. h. der Bestimmung von $E(m, a_v)$ und $E(m, a_t)$ in Tabelle 3, eine Änderung der Passivposten der Banken eine ebenso große Änderung der *Netto*passivposition zur Folge hat. Vielmehr ist die Bankenreaktion hier durch zwei getrennte Verhaltensgleichungen bestimmt; die eine Verhaltensfunktion gibt die Reaktion von a_v und a_t auf die relevanten Zinssätze an, wobei die Auswirkungen von a_v und a_t auf m ohne Berücksichtigung der Effekte auf a_B determiniert werden, also ganz so, als ob die $a^{eo}{}_B$-Restriktion bestünde. Die andere Verhaltensfunktion gibt die Reaktion von a_b auf die Zinssätze an; die Auswirkungen von a_b auf m werden getrennt ausgewiesen und nicht wie im Falle der Tabelle 3 in $E(m, a_v)$ bzw. $E(m, a_t)$ inkorporiert.

Aus diesem Grunde tauchen in den vier genannten totalen Elastizitäten jeweils zunächst die partiellen Elastizitäten

$$E(m, a_v \mid a_B^0) \text{ und } E(m, a_t \mid a_B^0)$$

auf, in die die Auswirkungen der erstgenannten Elastizitäten eingehen. Ergänzend hierzu nimmt $E(m, a_B)$ die Auswirkungen der zweiten Verhaltensfunktion auf.

In Tabelle 4 ist es gleichfalls notwendig, die Auswirkungen der r^0 und a_B^0-Restriktionen auf die jeweiligen Elastizitäten darzustellen.

(2.19) $$E(m, i_v \mid r^0) > E(m, i_v)$$

(2.20) $$E(m, i_t \mid r^0) > E(m, i_t)$$

(2.21) $$E(m, i_1 \mid r^0) > E(m, i_e)$$

(2.22) $$E(m, i_{EU}^v \mid a_B^0) = 0 > E(m, i_{EU}^v)$$

(2.23) $$E(m, i_{EU}^t \mid a_B^0 = 0 > E(m, i_{EU}^t)$$

(2.24) $$E(m, i_{dNF} \mid a_B^0) \sim E(m, i_{dNF} \mid a_B^0, r^0) < E(m, i_{dNF}) \sim E(m, i_{dNF} \mid r^0)$$

(2.25) $$E(m, dln\, BF \mid r^0) > E(m, dln\, BF)$$

(2.26) $$E(m, \eta \mid a_B^0) \sim E(m, \eta \mid r^0, a_B^0) > E(m, \eta) \sim E(m, \eta \mid r^0)$$

Tabelle 5 enthält explizite die Elastizitäten von m^d in Bezug auf die jeweiligen Allokationsparameter gleichfalls unter Berücksichtigung der Restriktionen r^0 und a_B^0.

Tabelle 6 faßt die Ergebnisse von 2 und 5 zusammen.

Tabelle 4

Die Elastizität des Geldschöpfungsmultiplikators *m* in bezug auf die jeweiligen Argumente *p*.

Argument p		Vorzeichen
$i_v \mid r^o$	$E(v, i_v)\, E(m, v \mid r^o) + E_p(m, v)$	+
i_v	$E(v, i_v)\, E(m, v) + E_p(m, v)$	+
$i_t \mid r^o$	$E(v, i_t)\, E(m, v \mid r^o) + E_p(m, i_t)$	–
i_t	$E(v, i_t)\, E(m, v) + E_p(m, i_t)$	–
$i_1 \mid r^o$	$E(v_1, i_1)\, E(m, v_1 \mid r^o) + E_p(m, i_1)$	–
i_1	$E(v_1, i_1)\, E(m, v_1) + E_p(m, i_1)$	–
$i^v_{EU} \mid a^o_B$	-	0
i^v_{EU}	$E(a_v, i^v_{EU})\, E(m, a_v \mid a^o_B) + E(a_B, i^v_{EU})\, E(m, a_B)$	–
$i^t_{EU} \mid a^o_B$	-	0
i^t_{EU}	$E(a_t, i^t_{EU})\, E(m, at \mid a^o_B) + E(a_B, i^t_{EU})\, E(m, a_B)$	–
$i_{dNF} \mid a^o_B$	$E(r^e, i_{dNF})\, E(m, r^e) + E(r^T, i_{dNF})\, E(m, r^T)$	+
$i_{dNF} \mid a^o_B, r^o$	$E(\beta, i_{dNF})\, E(r^{oe}, \beta)\, E(m, r^{oe})$ $+ E(r^T, i_{dNF})\, E(m, r^T)$	+
$i_{dNF} \mid r^o$	$E(m, i_{dNF} \mid a^o_B, r^o) + E(a_v, i_{dNF})\, E(m, a_v \mid a^o_B)$ $+ E(a_t, i_{dNF})\, E(m, a_t \mid a^o_B) + E(a_B, i_{dNF})\, E(m, a_B)$	+
i_{dNF}	$E(m, i_{dNF} \mid a^o_B) + E(a_v, i_{dNF})\, E(m, a_v \mid a_v \mid a^o_B)$ $+ E(a_t, i_{dNF})\, E(m, a_t \mid a^o_B) + E(a_B, i_{dNF}) + E(m, a_B)$	+

Tabelle 4 (Fortsetzung)

Argument p		Vorzeichen
η	$E(a_r, \eta)\, E(m, a_v) + E(a_p, \eta)\, E(m, a_t)$ $+ E(r^e, \eta)\, E(m, r^e)\; t\, E(r^T, \eta)\, E(m, r^T)$	–
$\eta \mid r^e$	$E(a_v, \eta)\, E(m, a_v) + E(a_p, \eta)\, E(m, a_t)$ $+ E(\beta, \eta)\, E(r^{oe}, \beta)\, E(m, r^{oe})$	–
$\eta \mid a^o_B$	$E(a_v, \eta)\, E(m, a_v \mid a^o_B) + E(a, \eta)\, E(m, a_t \mid a^o_B)$	
$\eta \mid r^o_o, a^o_B$	$E(m^d, \eta \mid a^o_B) + E(\beta, \eta)\, E(r^{oe}, \beta)\, E(m, r^{oe})$	–
$dln\ BF$	$E(v, dln\ BF)\, E(m, v) + E(v_1, dlnBF)\, E(m, v_1)$	–
$dln\ BF \mid r^o$	$E(v, dln\ BF)\, E(m, vr^o) + E(v_1, dln\ BF)\, E(m, v_1\ r^o)$	–
$dln\ D_B$	$E(r^{oe}, dln\ BF)\, E(m, r^{oe})$	+
r^t	$E(r^{oe}, r^t)\, E(m, r^{oe})$	–
r^v	$E(r^{oe}, r^v)\, E(m, r^{oe})$	–
ksk	$E(a_v, ksk)\, E(m, a_v) + E(a_p, ksk)\, E(m, a_t)$	–
ksk	-	0
p	$E(r^T, p)\, E(m, r^T) + E(m, p)$	+
ddk/dt	$E(r^e, ddk/dt)\, E(m, r^e)$	+
$ddk/dt \mid r^o$	$E(\beta, ddk/dt)\, E(r^{oe}, \beta)\, E(m, r^{oe})$	+
LT	$E(r_{CE}, LT)\, E(m, r_{CE})$	–

Tabelle 5

Die Elastizität des Depositenmultiplikators m^d in bezug auf die Allokationsparameter des Publikums und der Banken P

Parameter P		Vorzeichen
k	$-k\frac{1}{\Delta}$	−
r_{CE}	$-r_{CE}\frac{1}{\Delta}$	−
r^{oe}	$-r^{oe}\,m^d$	−
r^t	$-r^T\,m^d$	−
a_B	$a_B\,m^d$	+
a_v	$\frac{a_v}{\Delta z_2}\,[z_2\,(1-r^{oe}-r^T+a_B)+\Delta-(a_v+va_t)]$	+
a_t	$\frac{a_t}{\Delta z_2}\,[z_2\,(v-r^{oe}-r^T+a_B)+v\,(\Delta-a_t)-a_v]$	+
$a_v \mid a_B^o$	$a_v\,[\frac{1}{z_2}-\frac{r^{oe}+r^T-aB}{\Delta}]$	+
$a_t \mid a_B^o$	$a_t v\,[\frac{1}{z_2}-\frac{r^{oe}+r^T-aB}{\Delta}]$	+
$v \mid r^o$	$+v\,[\frac{(1+v_1+a_t)\,[\Delta-z_2\,(r^{oe}+r^T-a_B)]}{\Delta z_2}-$	
	$\beta\,vm^d\,(1+v_1)\frac{r^t-r^{oe}}{1+v\,(1+v_1)}]$	+
$v_1 \mid r^o$	$+v_1\,v[\frac{\Delta-z_2\,(r^{oe}+r^T-a_B)}{\Delta z_2}-\beta v_1\,m^d\frac{r^t-r^{oe}}{1+v\,(1+v_1)}]$	+
v	$+\frac{v}{\Delta z_2}\,(1+v_1+a_t)\,[\Delta-z_2\,(r^{oe}+r^T-a_B)]$	+
v_1	$+\frac{vlv}{\Delta z_2}\,[\Delta-z_2\,(r^{oe}+r^T-a_B)]$	+

Tabelle 6

Die Elastizität des Depositenmultiplikators m^a in bezug auf die jeweiligen Argumente p

Argument p		Vorzeichen
$i_v \mid r^o$	$E(v, i_v)\, E(m^d, v \mid r^o) + E_p(m^d, i_v)$	+
i_v	$E(v, i_v)\, E(m^d, v) + E_p(m^d, i_v)$	+
$i_t \mid r^o$	$E(v, i_t)\, E(m^d, r \mid r^o) + E_p(m^d, i_t)$	+
i_t	$E(v, i_t)\, E(m^d, v) + E_p(m^d, i_t)$	+
$i_1 \mid r^o$	$E(v, i_1)\, E(m^d, v) + E(v_1, i)\, E(m^d, v \mid r^o) + E_p(m^d, i_1)$	+
i_1	$E(v, i_1)\, E(m^d, v) + E(v_1, i)\, E(m^d, v_1) + E_p(m^d, i_1)$	+
$i^v_{EU} \mid a^o_B$	–	0
i^v_{EU}	$E(a_v, i_v)\, E(m^d, a_v)$	–
$i_{EU} \mid a^o_B$	–	0
a^t_{EU}	$E(a_t, i^t_{EU})\, E(m^d, a_t)$	–
ksk	$E(a_v, ksk)\, E(m^d, a_v) + E(a_t, ksk)\, E(m^d, a_t)$	–
ksk/a^o_B	–	0
$i_{dNF} \mid a^o_B$	$E(r^e, i_{dNF})\, E(m^d, r^e) + E(r^T, i_{dNF})\, E(m^d, r^T)$	+
$i_{dNF} \mid r^o\ a^o_B$	$E(\beta, i_{dNF})\, E(r^{oe}, \beta)\, E(m^d, r^{oe}) + E(r^T, i_{dNF})\, E(m^d, r^T)$	+
$i_{dNF} \mid r^o$	$E(m, i_{dNF} \mid a^o_B, r^o) + E(a_v, i_{dNF})\, E(m, a_v)$ $+ E(a_t, i_{dNF})\, E(m^t, a_t)$	+
i_{dNF}	$E(m^d, i_{dNF} \mid a^o_B) + E(a_v, i_{dNF}) \,.\, E(m^d, a_v)$ $+ E(a_t, i_{dNF}) \,.\, E(m^d\ a_t)$	+
$dlnBF$	$E(v, dlnBF)\, E(m^d, v) + E(v_1, dlnBF)\, E(m^d, v_1)$	–
$dlnBF \mid r^o$	$E(v, dlnBF)\, E(m^d, v \mid r^o) + E(v_1, dlnBF)\, E(m^d, v_1 \mid r^o)$	–
$dlnD_B$	$E(r^{oe}, dlnD_B)\, E(m^d, r^{oe})$	+
r^t	$E(r^{oe}, r^t)\, E(m^d, r^{oe})$	–
r^v	$E(r^{oe}, r^v)\, E(m^d, r^{oe})$	–
η	$E(a_v, \eta)\, E(m^d, a_v) + E(a_t, \eta)\, E(m^d, a^t)$ $+ E(r^e, \eta)\, E(m^d, r^e) + E(r^T, \eta)\, E(m^d, r^T)$	–
$\eta \mid r^o$	$E(a_v, \eta)\, E(m^d, a_v) + E(a_t, \eta)\, E(m^d, a^t)$ $+ E(\beta, \eta)\, E(r^{oe}, \beta) + E(m^d, r^{oe})$	–
$\eta \mid a^o_B$	$E(a_v, \eta)\, E(m^d, a_v \mid a^o_B) + E(a_t, \eta)\, E(m^d, a_t \mid a^o_B)$	–
$\eta \mid r^o, a^o_B$	$E(m^d, \eta \mid a^o_B)\, E(\beta, \eta)\, E(r^{oe}, \beta)\, E(m^d, r^{oe})$	–
p	$E(r^T, p)\, E(m^d, r^T)$	–
$\frac{ddk}{dt}$	$E(r^e, ddk/dt)\, E(m^d, r^e)$	+
$\frac{ddk}{dt} \mid r^o$	$E(\beta, ddk/dt)\, E(r^{oe}, \beta)\, E(m^d, r^{oe})$	+
LT	$E(r_{CE}, LT)\, E(m^d, r_{CE})$	–

Auch im Falle von m^d können die Elastizitäten - soweit sie den r^o und a_B^o Restriktionen unterworfen sind - ihrer Größenordnung nach klassifiziert werden.

$$(2.27)\quad E\,(m^d, i_v \mid r^o) > E\,(m^d, i_v)$$

$$(2.28)\quad E\,(m^d, i_t \mid r^o) < E\,(m^d, i_t)$$

$$(2.29)\quad E\,(m^d, i_1 \mid r^o X) < E\,(m^d, i_1)$$

$$(2.30)\quad E\,(m^d, i_{EU}^v \mid a_B^o) = 0 > E\,(m^d, i_{EU}^v)$$

$$(2.31)\quad E\,(m^d, i_{EU}^t \mid a_B^o) = 0 > E\,(m^d, i_{EU}^t)$$

$$(2.32)\quad E\,(m^d, ksk \mid a_B^o) = 0 > E\,(m^d, ksk)$$

$$(2.33)\quad E\,(m^d, i_{dNF} \mid a_B^o) \sim E\,(m^d, i_{dNF} \mid a_B^o, r^o) < E\,(m^d, i_{dNF}) \sim E\,(m^d, i_{dNF} \mid r^o)$$

$$(2.34)\quad E\,(m^d, dln\,BF \mid r^o) < E\,(m^d, dln\,BF)$$

$$(2.35)\quad E\,(m^d, \eta \mid a_B^o) \sim E\,(m^d, \eta \mid r^o, a_B^o) > E\,(m^d, \eta \mid r^o)\; E\,(m^d, \eta)$$

3. Die Geldbasis

Nachdem im vergangenen Abschnitt die Bestimmungsfaktoren der Veränderungsrate der jeweiligen Multiplikatoren determiniert sind, ist nun zu untersuchen, von welchen Einflußgrößen die Entstehungsseite der Geldbasis abhängt.

Entsprechend

$$(3.1)\quad B_S = A + LT + OT + O + E_{os}^e + E_B$$

hat sich nun die Analyse auf die einzelnen Elemente der Entstehungsseite der Geldbasis zu konzentrieren.

3.1 Die Auswirkungen der Leistungs- und langfristigen Kapitalverkehrsbilanzüberschüsse und Defizite

Da A bereits um die kurzfristigen Kapitalbewegungen bereinigt ist, ist dieses Element im Zuge der hier vorgenommenen Analyse kurzfristiger Geldzyklen als für diesen Prozeß exogen zu interpretieren. In der langen Frist hat die Entwicklung der heimischen Geldmenge und Inflationsrate, verglichen mit der der Haupthandelspartner, fraglos Auswirkungen insbesondere auf die Leistungsbilanz. Das langfristig herrschende Zinsniveau stimuliert entsprechend die längerfristigen Kapitalbewegungen. Für die kurze Frist jedoch können diese Feed Backs der heimischen Geldpolitik auf A kaum festgestellt werden.

3.2 *Das Kassendefizit des Trésor Public*

Die Möglichkeiten des Trésor public zur Abdeckung eines Kassendefizits entsprechen einem Puffersystem, das in der Lage ist, jeder Liquiditätsklemme gerecht zu werden. Da einzig die Banque de France die Kasse des Trésor public hält, und diese niemals Einlagen bei den Geschäftsbanken unterhält und dessen Finanztransaktionen durchführt, erfolgt die Abdeckung des Saldos der täglichen Operation über das Kreditkonto des Trésor public bei der Banque de France, d. i. der Posten Vorschüsse an den Staat (Avances à l'Etat) AV in der Bilanz der Banque de France. Diese Kreditlinie darf entsprechend der Konvention vom 29. 11. 59 3,855 Mrd. F. nicht übersteigen. Die Sollzinsen betragen lediglich 1,25 pro mille. Die Rückzahlung erfolgt durch etwaige Kassenüberschüsse und kontinuierlich durch die Gewinne des Fonds de Stabilisation des Changes, der die gesamten Devisenoperationen durchführt und weiterhin durch die Dividende, die die Banque de France an den Staat zu zahlen verpflichtet ist. Langfristig soll die Kreditlinie auf das zum Ausgleich der Tagesoperationen notwendige Maß reduziert werden[9]. Weitere Kassendefizite werden durch vorzeitige Mobilisierung von Steuerschuld, EOC, finanziert, d. h., der Trésor public rediskontiert bei der Banque de France Steuerforderungen, deren Höhe und Fälligkeitstermin bereits feststehen. Das Gesamtvolumen dieser Operationen ist auf 4 Mrd. F. beschränkt. Technisch wird dieser Rediskont so abgewickelt, daß das Postscheckguthaben der Banque de France CCP_{BdF} um den Betrag der von ihr hereingenommenen Obligations Cautionnées EOC vermindert wird, die Banque de France also einen Aktivtausch vornimmt durch den Ersatz von CCP_{BdF} durch EOC. CCP_{BdF} und EOC sind somit Substitute.

Übersteigen die Liquiditätsbedürfnisse des Trésor public dieses Limit von rd. 8 Mrd. F., so können weitere Mittel durch das Zusammenwirken von Caisse de Dépôts et de Consignation, CDC, Trésor public und Banque de France beschafft werden. Dies kann zunächst in der Weise geschehen, daß die CDC vom Trésor die Anweisung bekommt, ihre Einlagen R_{0S}^{T} beim Trésor public um die jeweils neu zuwachsenden Spareinlagen des Publikums vermehren. Weiterhin hält die CDC aufgrund einer Übereinkunft ständig ein Portefeuille von 4,5 Mrd. unmittelbar rediskontierbarer mittelfristiger Kredite (insbesondere Prêts spéciaux à la Construction). Diese werden im Bedarfsfall bei der Banque de France rediskontiert; den Erlös hält die CDC als Sichteinlagen beim Trésor public, also als R_{0S}^{T}[10].

Es ist hervorzuheben, daß der Trésor public auf diese Weise bilanztechnisch niemals ein Kassenguthaben erwirtschaftet. Übersteigen tatsächlich in einer Periode die realisierten Einnahmen die Ausgaben, reduziert sich automatisch ein LT formierendes Element im Portefeuille der Banque de France; die Einlagen des Trésor public sinken unmittelbar auf den Normalstand von 1 Mill. F. zurück – die Banque de

[9] La Banque de France, Texte d'un article publié sous la signature de Henri Koch dans la revue „Tendances", S. 30 f.

[10] Rapport sur le marché monétaire et les conditions du credit, Paris 1969, S. 29, Ziff. 15, S. 27, auch La Banque de France, S. 27.

France verkürzt in dieser Situation ihre Bilanz durch Reduzierung der Posten AV, EOC oder CCP_{BdF}.

Das Kassendefizit des Trésor public einer Periode ist das Ergebnis der geplanten, d. h. der erwarteten Einnahme- und Ausgabeströme des Staates in einer Periode und der Abweichungen von diesen Plangrößen in der betreffenden Periode. Diese Erwartungsgrößen setzen sich wie folgt zusammen:

antizipierte Einnahmen: erwartete Steuereinnahmen TR^*
erwartete Emissionserlöse aus Bons du Trésor BT^*
erwartete Einlagen des Publikums beim Postscheck und beim Trésor public D_p^{v*}
erwartetes Volumen des Sammelpostens OT^*

antizipierte Ausgaben: geplantes Staatsbudget DB^*
geplante Rückzahlung der öffentlichen Schuld DP^* und Verzinsung der öffentlichen Schuldtitel

Für ein bestimmtes Zeitintervall $\Delta t = t_1 - t_2$ ist dann das eingeplante Kassendefizit ΔLT^* (Δt) bestimmt:

$$(3.2) \qquad \Delta LT^* (\Delta t) = \sum_{t=2}^{1} DB^*(t) + \sum_{t=2}^{1} DP^*(t) - \left[\sum_{t=2}^{1} TR^*(t) + \Delta BT^*(\Delta t) + \Delta D_p^v (\Delta t) + \Delta OT^+ (\Delta t)\right]$$

Zu diesem geplanten Kassendefizit tritt der ungeplante Defizit oder Überschuß, d. h. die transitorischen Abweichungen der realisierten Größen von den auf der rechten Seite in (3.2) ausgewiesenen Plangrößen. Diese Abweichungen werden als Differenz zwischen den mit Stern versehenen Plangrößen und den tatsächlich realisierten Größen erfaßt.

Der tatsächlich realisierte Kassendefizit einer Periode, $\Delta LT(\Delta t)$, beläuft sich dann auf:

$$(3.3) \qquad \Delta LT(\Delta t) = \Delta LT^*(\Delta t) + \sum TR^*(t) - \sum TR(t) + \Delta BT^*(\Delta t) - \Delta BT(\Delta t) + \Delta D_p^{v*}(\Delta t) - \Delta D_p^v(\Delta t) + \Delta OT^*(\Delta t) - \Delta OT(\Delta t) + \sum DB(t) - \sum DB^*(t) + \sum DP(t) - \sum DP^*(t)$$

Die Differenz $\Delta OT^*(\Delta t) - \Delta OT(\Delta t)$ wird Null gesetzt, da dieser Posten - in seinem Volumen ohnehin sehr gering - durch die Emission des Münzgeldes dominiert wird und hierbei Planungs- und realisierte Größen kaum differieren können. Weiterhin wird davon ausgegangen, daß die geplante Rückzahlung der öffentlichen Schuld tatsächlich durchgeführt wird und die übrigen geplanten Budgetausgaben voll ausgeführt werden, so daß $\sum DB^*(t) = \sum DB(t)$ und $\sum DP^*(t) = \sum DP(t)$. Die Differenz $\Delta BT^*(\Delta t) - \Delta BT(\Delta t) = \Delta TA(\Delta t)$ wird bedingt einerseits durch die Anzahl und den Nominalwert der vom Trésor public emittierten Bons du Trésor $\Delta BT^*(\Delta t)$, was eindeutig eine allen politisch determinierte Maßnahme darstellt, und andererseits durch den erzielten Erlös $\Delta BT(\Delta t)$, der um den Taux d'adjudication $\Delta TA(\Delta t)$ multipliziert mit dem Nominalwert geringer ist als der Nominalwert der emittierten Bons du Trésor, soweit diese an die Banken abgesetzt worden sind.

Wird (3.2) in (3.3) eingesetzt, so ergibt sich:

$$(3.4) \qquad \Delta LT(\Delta t) = \sum DB^*(t) + \sum DP^*(t) - \sum TR(t) - \Delta D_p^v(\Delta t) - \Delta OT^*(\Delta t) - \Delta BT^*(\Delta t) + \Delta TA(\Delta t)$$

Werden die mit Stern versehenen Planwerte mit *pl* bezeichnet, also

$$\sum DB^*(t) + \sum DP^*(t) - \Delta BT^*(\Delta t) - \Delta OT^*(\Delta t) = \Delta pl(\Delta t)$$

und inhaltlich als politisch gesetzte Parameter interpretiert, so ist bei einmal konzipierten Plangrößen das Kassendefizit dann lediglich eine Funktion von

$$\sum_{t=2}^{1} TR(t),\ \Delta DT(\Delta t),\ \Delta TA(\Delta t).$$

$$(3.5) \qquad \Delta LT(\Delta t) = \Delta pl(\Delta t) - \left[\sum_{t=2}^{1} TR(t) + \Delta D_p^v(\Delta t) + \Delta TA(\Delta t)\right]$$

Der gewichtigste Bestimmungsfaktor für die Entwicklung des Kassendefizits ist zweifellos das Steueraufkommen der entsprechenden Periode, $\sum_{t=2}^{1} TR(t)$, das seinerseits - abgesehen von Änderungen der Steuergesetzgebung - maßgeblich durch den realen Sektor und insofern durch den Nettoproduktionsindex *PZ* bestimmt wird. Also

$$(3.6) \qquad \sum_{t=2}^{1} TR(t) = \sum_{t=2}^{1} TR(t)\ [\Delta PZ(\Delta t)],$$

wobei das Steueraufkommen fraglos um so geringer ist, um so geringer die Nettoproduktionsziffer ausfällt.

Die Veränderung der Postscheckeinlagen des Publikums, die in der Hauptsache $\Delta D_p^v(\Delta t)$ bestimmen, sind abhängig von einer etwaigen Veränderungen des Allokationsparameters p und vom Geldangebotsprozeß der laufenden Periode, d. i. $\Delta M(\Delta t)$; denn

$$\Delta D_p^v(\Delta t) \in \Delta M(\Delta t).$$

Da aber

$$\Delta M(\Delta t) = m(\Delta t)\ \Delta B(\Delta t)$$

und weiterhin

$$\Delta LT(\Delta t) \in \Delta B(\Delta t),$$

folgt, daß formal nicht auszuschließen ist, daß – da LT Element der Geldbasis – diese selbst endogen ist in Bezug auf den laufenden Geldversorgungsprozeß.

Soweit aber wegen $LT(D_p^v)$ und $D_p^v \in M$ gilt, daß $dLT/dM < 0$, andererseits jedoch wegen $M(B)$ und $LT \in B$ gilt, daß $dM/dLT > 0$, tendieren die Effekte, die von einer nicht vorhergesehenen Entwicklung der Postscheckeinlagen ausgehen, dazu, einander zu neutralisierren.

Demnach kann davon ausgegangen werden, daß der Nettoeffekt, von D_p^v auf LT von Null kaum signifikant verschieden ist.

Eine letzte Einflußgröße auf $\Delta LT(\Delta t)$ *ist* $\Delta TA(\Delta t)$, die ihrerseits wiederum entscheidend vom taux d'adjudication, d. h. dem Disagio des Trésor public beim Verkauf der Bons an Banken, bestimmt wird. Vor dem 10. 4. 63[11] wurde dieser taux d'adjudication vom Trésor public ungeachtet der Kreditmarktsituation auf einem sehr niedrigen Niveau festgesetzt; die Abnahme der emittierten Bons du Trésor war durch den plancher d'effects publics garantiert, der die Banken zu einem bestimmten Mindestportefeuille zwang. Nach dem 22. 1. 64[12] bildete sich dieser taux d'adjudication frei auf dem Markt, also nach Maßgabe des allgemeinen herrschenden Zinsniveaus, repräsentiert durch den Kreditmarktzins i_k.

Für den Zeitraum bis Ende 1963 gilt demnach, daß TA unmittelbar eine politisch bestimmte Variable ist. Für die Jahre 64 folgende hingegen ist TA einleuchtenderweise um so größer, um so höher der Zins ist.

Aufgrund der gemachten empirischen Annahmen und Klärung der Funktionalzusammenhänge kann 3.5 nun in dieser Weise geschrieben werden:

$$LT(\Delta t) = LT(\Delta t)\ [TR(\Delta t),\ TA(\Delta t)] \tag{3.7}$$

Wegen $TR(PZ)$ und $dTR/dPZ > 0$ und $dLT/dTR < 0$ gilt:

$$dLT/dPZ < 0.$$

Weiterhin gilt wegen $TA(i_k)$ und $dTA/di_k > 0$ und $dLT/dTA > 0$:

$$dLT/di_k > 0$$

---

[11] Arrêté du 10 avr. 1963, BdF, Exercise 1963, Compte rendu des opérations, Paris 1964, S. 83.

[12] Arrêté du 22 janv. 1964, S. 83.

3.3 Das von den Spezialkreditinstituten initiierte Rediskontvolumen

Bei der Beurteilung der Interaktion zwischen der Banque de France und den Spezialkreditinstituten ist davon auszugehen, daß diese sich nicht marktmäßig verhalten, sondern als quasi staatliche Institutionen die Aufgabe haben, die Finanzierung politisch erwünschter Projekte sicherzustellen. Ein Indiz für dieses nicht marktmäßige Verhalten ist die Zinspolitik dieser Institutionen: der den Kreditnehmern gesetzte Zins ist nicht durch den Rediskontsatz der Banque de France bestimmt, sondern liegt in der Regel weit darunter. Dies ist ohne Gesamtverlust möglich, da der Spardepositenzins politisch fixiert ist und relativ niedrig gehalten wird, die Verschuldung der Spezialkreditinstitute bei der Zentralbank dagegen nicht mehr als etwa 6 % im Verhältnis zum Depositenvolumen beträgt. Tatsächlich handelt es sich hier um eine Zinssubventionierung der jeweiligen Kreditnehmer, die allerdings nicht von öffentlichen Stellen etwa über das allgemeine Steueraufkommen, sondern durch die traditionellen Kleinsparer finanziert wird. Die so vergebenen Kredite kommen zum größten Teil den Gemeinden und Gebietskörperschaften zugute; konkret finanziert werden regionale Entwicklungspläne, so z. B. die Verbesserung der Wasserversorgung, der Ausbau des Elektrizitätsnetzes, der soziale Wohnungsbau usw. Weiterhin werden von diesen Instituten die Investitionen der nationalisierten Unternehmungen zum überwiegenden Teil finanziert, was ein beträchtliches Kreditvolumen erfordert, da 20 % der gesamten französischen Industrieproduktion von staatlichen Unternehmen erstellt wird. (Zu diesen Unternehmungen zählen das Eisenbahnwesen, die Kraftwerke, 30 % der Kraftwagenproduktion und gleichfalls 30 % des gesamten Wohnungsbausektors.)

Gerade die Expansion dieser Industrien und die adäquate Verbesserung der Infrastruktur ist Gegenstand der französischen Fünfjahrespläne, die einen Katalog politisch determinierter Ziele enthalten, deren Finanzierung durch die langfristigen Darlehen des Trésor public selbst und durch die Kredite der ihm unterstellten Spezialkreditinstitute (so insbesondere die Caisse de Dépôts et de Consignation, *CDC*, und der Crédit Foncier de France, *CF)* garantiert wird. Der *CF* konzentriert sich in diesem Zusammenhang vornehmlich auf den Wohnungsbau; ihm angeschlossen sind eine Reihe eng spezialisierter Kreditinstitute, deren Aufgabe etwa in der Modernisierung der Handelsflotte, in Kapitalhilfe für die mittelständige Wirtschaft usf. liegt. Die Refinanzierung des *CF* erfolgt durch „Obligations Foncières", die vornehmlich bei der *CDC*, aber auch bei Banken und Privaten und – da sie zu Offenmarktgeschäften zugelassen sind – bei der Banque de France plaziert werden.

Die Caisse de Dépôts et de Consignation refinanziert sich ihrerseits durch das Gesamtvolumen der Spareinlagen, die das Publikum bei der Caisse Nationale d'Epargne (Postsparkasse) und bei den Caisses d'Epargne Ordinaire (gewöhnliche Sparkassen) hält. Die Sparkassen sind lediglich Einzugstellen der *CDC;* die Aktivseite des konsolidierten Sparkassenkontos besteht fast einzig aus Einlagen bei der *CDC*, zu ihrer eigenen Verfügung steht ein Betrag zur Begleichung der Habenzinsen auf Spareinlagen und weiterhin eine geringfügige Kasse.

Die Caisse de Dépôts et de Consignation ihrerseits ist verpflichtet, einen taux de liquidité zu beobachten: wenigstens 20 % der Aktiva teilen sich auf in eine geringe Kasse, in Einlagen beim Trésor public, also R^T_{os} und in mittelfristige Kredite, die jederzeit bei der Banque de France rediskontiert werden können.

Wie bereits ausgeführt, hat das Halten dieser sekundären Liquiditätsreserve durch den *CDC* einen doppelten Effekt: Gerät der Trésor public in erhebliche Liquiditätsengpässe, wo der Bedarf an liquiden Mitteln größer ist als die Differenz zwischen dem höchstzulässigen Volumen an Vorschüssen an den Staat und der vorzeitigen Mobilisierung von Steuerschuld und dem bereits realisierten Betrag aus $AV + EOC$, so rediskontiert die Caisse de Depôts et de Consignation mittelfristige Baukredite (Prêts à la Construction) bei der Banque de France und unterhält den Erlös in Form von Sichtdepositen (R^T_{os}) beim Trésor public. Sofern vom Trésor public gewünscht, nimmt die *CDC* im Bedarfsfall einen Aktivtausch vor, d. h. die Sichteinlagen beim Trésor werden in Bons du Trésor umgewandelt.

Eine weitere Notwendigkeit, Kredite dieser Art zu rediskontieren, ergibt sich, wenn die Wachstumsrate der von den Privaten bei den Sparkassen gehaltenen Spareinlagen D_{CE} hinter dem vorausgeschätzten Wert zurückbleibt und die in den Fünfjahresplänen für die Spezialkreditinstitute vorgesehenen Aufgaben nicht finanziert werden können.

Allerdings sind der Refinanzierung der *CDC* durch Rediskonte bei der Banque de France Grenzen gesetzt. Das höchstzulässige, von den Spezialkreditinstituten insgesamt rediskontierte Volumen soll derzeit 8,4 Mrd. F. nicht übersteigen[13]. Dieses Limit wurde in der Vergangenheit i. d. R. bei weitem unterschritten; zeitlich begrenzte Überschreitungen sind zudem möglich, so im IV. Quartal 1963 mit einem Volumen von 8,68 Mrd. F.

Offensichtlich jedoch ist diese Höchstgrenze so gewählt, daß sie im Regelfall nicht erreicht wird und weiter - sofern dieser Fall tatsächlich eintritt - überschritten werden kann. Der Rediskontplafonds der Spezialkreditinstitute ist dementsprechend kein Argument in der Funktion zur Bestimmung des von den Spezialkreditinstituten initiierten Rediskontvolumens.

Das Ausmaß der Rediskonte der Spezialkreditinstitute E^e_{os} bei der Banque de France ist demnach maßgeblich durch zwei Argumente bestimmt, nämlich durch etwaige Liquiditätsengpässe des Trésor public wie in Gleichung 3.7 ausgewiesen und durch einen Finanzierungsdefizit der Spezialkreditinstitute bei der Durchführung der ihnen durch den Fünfjahresplan zugewiesenen Aufgaben. Dieses Defizit ergibt sich als Differenz zwischen dem Volumen der Spardepositen D_{CE} und den von den Spezialkreditinstituten geplanten Investitionsfinanzierungen I_{os}.

$$E^e_{os} = E^e_{os}\ (LT,\ I_{os} - D_{CE}) \tag{3.8}$$

---

13 Rapport sur le Marché Monétaire, S. 29.

Für die partiellen Elastizitäten gilt:

$$E(E^e_{os}, LT) > 0$$

$$E(E^e_{os}, I_{os} - D_{CE}) > 0$$

Zu analysieren sind nun noch die Bestimmungsfaktoren des Spardepositenvolumens D_{CE}, das bei den Sparkassen gehalten wird. Der Allokationsparameter v_s mißt das Volumen von D_{CE} im Vergleich zu den von Inländern gehaltenen Bankdepositen, d. h. das Allokationsverhalten des Publikums hinsichtlich des Banken- und Sparkassensektors, das - wie die Entwicklung zeigt - kaum Schwankungen unterworfen ist. Substitutionsbeziehungen zwischen beiden Sektoren bestehen in der Hauptsache im Bereich der Spardepositen bei Banken und Sparkassen, doch da der administrativ gesetzte Zins für beide Bereiche gleich ist, und weiterhin die Qualität der Dienstleistungen nicht unterschiedlich ist, ist es vornehmlich eine regionale Frage, ob Spareinlagen der Privaten bei der Sparkassenorganisation oder bei den Banken deponiert werden. Wegen ihres dichten Zweigstellennetzes (jede Poststelle nimmt Spareinlagen entgegen) dominiert in ländlichen Gebieten die Sparkassenorganisation, während in dicht besiedelten Gebieten die Banken einen Teil des Geschäftes an sich ziehen konnten.

Ferner ist die Emissionstätigkeit des Trésor public hinsichtlich der für Private bestimmten Bons sur formule, *BF*, d. h. deren Volumen und deren Verzinsung, für das Spardepositenvolumen von Bedeutung. Allerdings ist hervorzuheben, daß eine Substitution von D_{CE} durch *BF* für die monetären Gesamtsituation kaum von Bedeutung ist. Dies, da die Masse der Spareinlagen bei der Sparkassenorganisation ebenso wie der Erlös der aus der Emission von Bons sur Formule letztlich dem Trésor public, bzw. den ihm unterstellten Spezialkreditinstituten zufließt, die ihrerseits vornehmlich den Kreditbedarf öffentlicher Stellen (Gebietskörperschaften) und nationalisierter Unternehmen decken.

Der langfristige Trend von v_s jedoch deutet auf eine leicht sinkende Tendenz hin. Dies erklärt sich aus der allmählichen Umstrukturierung der französischen Wirtschaft, die durch wachsende Unternehmensgröße und zunehmende Konzentration gekennzeichnet ist. Der Aufgabenbereich der Banken nimmt entsprechend zu. Da diese Vorgänge mit einem Wachsen des Sozialproduktes verbunden sind, ist weiterhin das nominale Bruttosozialprodukt, *Y*, ein entscheidender Indikator für die Entwicklung von v_s.

Für die Bestimmung von v_s gilt folglich:

(3.9) $$v_s = v_s\,(i_1\,,\ d\ ln\ BF,\ Y)$$

Wegen der Administration des Spardepositenzinses für den Bank- und Sparkassenbereich wächst zwar das Spardepositenvolumen insgesamt bei Banken und Sparkassen bei einer Erhöhung von i_1, doch dürften die Relationen zwischen beiden Bereichen in etwa gleich bleiben.

$$E(v_s, i_1) \sim 0$$

$$E(v_s, d\ ln\ BF) < 0$$

$$E(v_s, Y) < 0$$

3.4 Das von den Geschäftsbanken initiierte Rediskontvolumen

In den Abschnitten 3.1, 3.2 und 3.3 sind die Bestimmungsfaktoren des Teiles der Geldbasis dargelegt, der für das Bankenverhalten zumindest in der kurzen Frist exogen ist. Dieser Teil der Geldbasis wird mit EX^B bezeichnet; er ist gemäß 1.7 in dieser Weise definiert:

(3.10) $$EX^B = A + LT + OT + O + E^e_{os}$$

Für das von den Banken initiierte Rediskontvolumen, E_B, also den für das Bankenverhalten endogenen Teil der Geldbasis gilt dann:

(3.11) $$E_B = B - EX_B$$

Bei den meisten empirischen Arbeiten zu monetären Prozessen, so Fratiani, Burger[14], wird die Geldbasis um E_B bereinigt; das Rediskontverhalten der Banken findet entsprechend seinen Niederschlag in der als borrowingratio definierten Proportion der Rediskonte zum Bankdepositenvolumen. Diese Ratio wird maßgeblich bestimmt durch den Rediskontsatz und den Eurosatz für Call- und Termingeld. Ein solches Vorgehen führt solange zu brauchbaren Ereignissen, wie der Anteil des Rediskontvolumens an der Geldbasis gering ist und weiterhin keinen großen Schwankungen unterworfen ist.

In Frankreich jedoch schwankt der Anteil von E_B an der Geldbasis zwischen 20 % und 45 %; hinzu kommt, daß 90 % des gesamten von den Banken ursprünglich erworbenen Assetvolumens rediskontierbar ist. Eine Bereinigung der *Geldbasis* um E_B impliziert notwendigerweise einen Geldschöpfungsmultiplikator mit einer äußerst großen Varianz, der dann zur Erklärung des Geldschöpfungsprozesses nur noch wenig beitragen kann.

Es ist daher analytisch vorteilhaft, im einzelnen aufzuzeigen, wie der für das Bankenverhalten endogene Teil der Geldbasis auf dem Kredit- und Bons-du-Trésor-Markt bestimmt wird, wobei die Auswirkungen der einzelnen kreditpolitischen

---

[14] M. Fratianni, Bank Credit and Money Supply Processes in an Open Economy: A Model Applicable to Italy, in: Metroeconomica, Vol. XXIV (1972), S. 24 ff.; A. E. Burger, The Money Supply Process, Belmont, Cal. 1971.

Maßnahmen expliziert werden können und wo weiterhin die entscheidende Rolle des exogenen Teiles der Geldbasis, EX_B, bei der Bestimmung von E_B deutlich wird.

3.41 Der Kreditmarkt

Die Aufgabe der Banken auf dem Kreditmarkt besteht in einer Mittlerfunktion, die das Angebot und die Nachfrage der Privaten, des Staates und der Zentralbank nach Schuldtiteln in Einklang zu bringen hat.

Die Nachfrage der Banken erstreckt sich auf Schuldtitel der Privaten und des Staates, die sie unmittelbar von diesen beiden Aggregaten erwerben. Ein Erwerb von Schuldtiteln aus dem Portefeuillie der Banque de France erfolgt wegen der Eigenart der französischen Offenmarktpolitik nicht.

Diese Nachfrage der Banken nach öffentlichen und privaten Schuldtiteln wird mit EA_B^d bezeichnet.

Die Privaten und der Staat treten auf dem Kreditmarkt als Anbieter von Schuldtiteln auf. Hierbei bieten die Privaten fast ausnahmslos Buchschuldtitel an, das Angebot öffentlicher Schuldtitel erfolgt durch die Emission von Bond du Trésor seitens des Trésor public. Das aggregierte Angebot der Privaten und des Staates an bankgängigen Schuldtiteln wird mit EA_B^s bezeichnet.

Die Nachfrage der Banken auf dem Kreditmarkt kann sich allerdings nur dann entfalten, wenn für die Banken die Möglichkeit besteht, sich ihrerseits zu refinanzieren, also Schuldtitel anzubieten. Das Angabot an Refinanzierungstiteln seitens der Banken erstreckt sich auf das Angebot an

- Bankdepositen für Inländer auf dem Inlandsdepositenmarkt
- Bankdepositen für Ausländer auf dem Eurogeldmarkt
- Schuldtiteln zum Rediskont- bzw. Offenmarktgeschäft gegenüber der Banque de France

Dieses Angebot der Banken an Refinanzierungstiteln wird mit RE_B^s bezeichnet.

Die Nachfrage nach Refinanzierungstiteln der Banken manifestiert sich in der Depositennachfrage von In- und Ausländern und in der Nachfrage der Banque de France nach Schuldtiteln im Zuge von Rediskont- und Offenmarktoperationen.

Die aggregierte Nachfrage nach Refinanzierungstiteln wird mit RE_B^d bezeichnet.

Der gesamte Kreditmarkt ist im Gleichgewicht, wenn gilt

$$EA_B^d = EA_B^s;$$

die hinreichende und notwendige Bedingung hierfür ist, daß

$$RE_B^d = RE_B^s.$$

Wird vom Nettovermögen der Banken abgesehen, so impliziert dieses Gleichgewicht bereits aus bilanztechnischen Gründen weiterhin, daß das Gesamtvolumen der Refinanzierungstitel, also das Bankdepositenvolumen plus Rediskont- und Offenmarktvolumen gleich ist dem Volumen der von den Banken erworbenen und von diesen und der Banque de France im Portefeuille gehaltenen verzinslichen Aktiva, zuzüglich der von den Banken gehaltenen Reserven R_B, daß also gilt:

$$RE_B = EA_B + R_B \tag{3.12}$$

Bevor nun der den alternativen Gleichgewichten zugeordnete Kreditzins determiniert werden kann, ist es zunächst notwendig, die Bestimmungsfaktoren des jeweiligen Angebots und der jeweiligen Nachfrage aufzuzeigen.

3.411 Die geld- und kreditpolitischen Maßnahmen

Die Diskont- resp. Kreditpolitik der Banque de France besteht in folgenden Aktionen:

- Definition der rediskontierbaren Schuldtitel
- quantitative Limitierungen und spezifische Diskontsätze für die jeweiligen Schuldtitel unter Berücksichtigung des Tatbestandes, ob diese Schuldtitel innerhalb oder außerhalb bestimmter Mengenkontingente rediskontiert werden
- Offenmarktoperationen
- Festsetzung der jeweiligen Diskont- und Interventionssätze.

Definition der rediskontierbaren Schuldtitel

Öffentliche Schuldtitel im Portefeuille der Banque de France: Hierbei handelt es sich um Bons du Tresor, die die Banque de France entweder endgültig erworben hat oder die in Form eines Termingeschäftes zeitweise von der Banque de France übernommen werden.

Im einzelnen kann unterteilt werden:

1. *Vorschüsse auf Bons du Trésor* für eine Zeit von 5 bis 30 Tagen. (Avances à trente jours contre effets publics) Dieses Verfahren wurde am 21. 12. 1967 abgeschafft. Der Mobilisierungssatz lag in der Regel unter dem Diskontsatz für normale private Handelswechsel. Das Volumen der Vorschüsse war nicht limitiert.
2. *Diskontierung von Bons du Trésor* mit einer Laufzeit von 3 Monaten und weniger. Der entsprechende Diskontsatz war im allgemeinen gleich oder geringfügig unter dem Mobilisierungssatz zu 1. Operationen dieser Art werden bis zum heutigen Tage durchgeführt; öffentliche Schuldtitel mit derselben Laufzeit in Händen von Privaten, die sogenannten Bons sur formule, werden ohne mengenmäßige Beschränkung von der Banque de France hereingenommen. Die Hereinnahme von Bons du Trésor aus dem Portefeuille der Banken kann je nach der allgemeinen konjunkturellen Situation verweigert werden[15].

---

[15] La Banque de France, Texte d'un article publié sous la signature de M. Henri Koch, dans la revue „Tendances", mis à jour à fin août 1969, S. 36.

3. *Ankauf von Bons du Trésor durch Offenmarktoperationen zu variablen Interventionssätzen.* Dieses Verfahren wird seit Januar 1968 in größerem Umfang von der Banque de France praktiziert. Bei diesen Offenmarktoperationen werden öffentliche Schuldtitel zu einem Vorzugssatz von $^1/_8$ % unter dem Satz für private diskontiert.

Allerdings kann unter diesen Konditionen die Rediskontierung von Bons du Trésor nicht unbegrenzt erfolgen: der plancher d'effets publics sorgt dafür, daß die Banken ein Mindestportefeuille an Bons du Trésor halten. Alle über dieses Minimum hinaus erworbenen Bons können jederzeit zu den o. g. Bedingungen an die Banque de France weitergegeben werden. Der *plancher d'effets publics* zwang die Banken, eine bestimmte Mindestproportion zwischen den Bons du Trésor in ihrem Portefeuille und ihrem gesamten Depositenvolumen D_B zu halten.

$$e + e^* = \frac{BT_B}{D_B}$$

e stellt die Mindestproportion dar, während e^* die Abweichung von der gesetzlichen Norm bedeutet. Dieser plancher d'effets publics wurde am 1. 10. 1948 eingeführt. Er blockierte zunächst 95 % der im Portefeuille der Banken befindlichen Bons du Trésor zu diesem Zeitpunkt und schrieb ferner vor, diesen Bestand in der Weise zu vermehren, daß eine Mindestproportion zwischen den neu hinzukommenden Bankdepositen ΔD_B und den zusätzlich akquirierenden Bons du Trésor ΔBT_B in Höhe von 20 % erreicht wird, also $\Delta BT_B/\Delta D_B = 0{,}2$. Im Juli 1956 wurde diese Vorschrift vereinfacht in der Weise, daß

$$BT_B/D_B = 0{,}25$$ [16, 17].

Gemäß der Decision de caractère général No. 60.08 en date du 6 oct. 1960 und der Instruction No. 23 wurde der plancher mit Wirkung von 31. 1. 61 auf 20 % festgesetzt. Gleichzeitig wurde in diesen beiden Erlassen der schrittweise Abbau des plancher beschlossen. Im September 1967 erfolgte seine völlige Abschaffung.

Private Schuldtitel im Portefeuille der Banque de France

Das Ziel der französischen Diskontpolitik ist neben einer quantitativen Regulierung des gesamten Kreditvolumens die Favorisierung bestimmter Wirtschaftszweige. Dieses doppelte Ziel wird zu erreichen versucht mit entsprechend differenzierten Diskontsätzen und mengenmäßigen Regulierungen.

Entsprechend ihrer Fristigkeit und branchenspezifischen Herkunft lassen sich die privaten, rediskontierbaren Schuldtitel folgendermaßen aufgliedern:

---

16 6ième Rapport annuel du Conseil National du Crédit Année 1951, Paris 1952, S. 40 f.

17 Banque de France, Direction Générale des Etudes et du Crédit, „Le Problème du Réglage de la Liquidité en France, Paris 1967, S. 18.

1. kurzfristige Titel:

C^{b}_{ct} Handelswechsel mit einer Laufzeit von 3 Monaten und weniger, aus üblichen Handelsgeschäften, ausgestellt in französischen Francs und versehen mit der Unterschrift des Bezogenen, des Ziehenden und der diskontierten Bank[18].

C^{oc} kurzfristige Kredite, die mit dem Aval des Office Interprofessionel des Céréales versehen sind und der vorzeitigen Mobilisierung des Erlöses der Getreideernte dienen[19].

C^{ex}_{ct} Handelswechsel aus Exportgeschäften mit einer Laufzeit bis zu zwei Jahren. Der Betrag kann auf ausländische Währung lauten. Die Banken nehmen diese Titel zum Diskontsatz des jeweiligen Importlandes herein. Zum Rediskont bei der Banque de France genügt in der Regel die Gegenzeichnung des Wechsels durch die Banque Française du Commerce Extérieur.

C^{av} Vorschüsse an mittlere und kleine Unternehmen; eine Kreditart, die nach den Maistreiks 1968 vorübergehend zur Stützung der mittelständischen Wirtschaft vergeben wurde und rediskontierbar ist.

2. Mittelfristige Kredite:

$C^{c\,on}_{mt}$ Spezialkredite für den sozialen Wohnungsbau. Diese Kredite werden vom Crédit Foncier vergeben, zur Caisse de dépôts et de consignation weitergegeben und von dieser zum Rediskont bei der Banque de France eingereicht.

C^{b}_{mt} andere mittelfristige Ausrüstungskredite mit einer Laufzeit bis zu 7 Jahren. Zum Rediskont zugelassen sind tatsächlich die letzten drei Annuitäten, so daß die Banque de France beim Rediskont letztlich ein Aktivum mit einer Laufzeit von höchstens drei Jahren erwirbt. Bedingung für den Rediskont ist, daß die entsprechende Bank sich vor Vergabe des Kredits der Zustimmung der Banque de France versichert, diese letzten drei Annuitäten zu rediskontieren[20]. Vor dem 13. 1. 66 betrug die Laufzeit lediglich 5 Jahre, wobei allerdings diese 5 Jahre en bloc rediskontiert werden konnten[21].

C^{ex}_{mt} mittelfristige Kredite aus Exportgeschäften, die sogenannten „grands ensembles" mit einer Laufzeit von 2 bis 5 Jahren, die en bloc rediskontierbar sind, wenn bereits bei der Vergabe durch die Banken die Zustimmung der Banque de France zum Rediskont gegeben wurde. Vor der endgültigen Rediskontierung durch die Banque de France durchlaufen diese Kredite die Portefeuille der Banque française du Commerce extérieur und des Crédit National.

Quantitative Regulierung und spezifische Diskontsätze

Die für die verschiedenen Schuldtitel gültigen Diskontsätze sind nun durch die Natur dieser Schuldtitel *und* in einigen Fällen durch die jeweiligen quantitativen

---

18 Henri Ardant, Technique de la Banque, Paris 1969, S. 49 f.

19 Marcel Netter, Les Institutions Monétaires, Paris 1969 S. 99.

20 Rapport sur le marché monétaire, S. 25, Ziff. 27.

21 Ebenda, S. 29, Ziff. 16.

Regulierungen bestimmt. Dies deswegen, weil für ein und dasselbe Wertpapier u. U. mehrere Diskontsätze gültig sein können, je nachdem, ob bestimmte Rediskontlimits bereits ausgeschöpft sind. Für die Zeit von 1958 bis 1969 waren für private Schuldtitel folgende Regulierungen in Kraft:

- plafonds d'escompte ordinaire,
- escompte en pension A,
- escompte en pension B,
- coefficient de trésorerie,
- coefficient de retenu,
- Kreditzuwachsbegrenzungen

Diese expliziten Rediskontbeschränkungen werden ergänzt dadurch, daß sich die Banque de France die Möglichkeit vorbehält,

- bei den mittelfristigen Krediten C^b_{mt} und C^{ex}_{mt} bereits bei der Vergabe durch die Banken einem etwaigen Rediskont nicht zuzustimmen, also den „accord préable" zu verweigern;
- bei den Bons du Trésor im Portefeuille der Banken den Rediskont aufgrund der allgemeinen konjunkturellen Situation zu verweigern.

Der *plafonds d'escompte ordinaire* bezieht sich auf Kredite der Art C^b_{ct}. Er wurde 1948 eingesetzt und sah für jede Bank ein individuelles Rediskontingent für gewöhnliche Handelswechsel zum normalen Diskontsatz vor. Die Summe dieser individuellen Kontingente, also der gesamte plafonds, variiert nur wenig um etwa 7 Mrd. F., so daß die Proportion des Plafonds zum Bilanzvolumen der Banken in der Zeit ständig abnimmt. In besonderen Situationen - so vom 21. 6. bis 20. 10. 68 - erfährt auch der Plafonds eine Änderung. Die Rigidität dieses Plafonds wurde 1951 insofern gemildert, als Termingeschäfte mit rediskontierbaren Handelswechseln zwischen Banken und der Banque de France möglich wurden (der sog. „escompte en pension"). Diese zeitweise Zession von Schuldtiteln konnte bei einem Volumen bis zu 10 % über dem individuellen Plafonds zu einem Diskontsatz von einem Punkt über normal abgewickelt werden, der *escompte en pension A*. Weiterer Bedarf an Zentralbankgeld konnte über den *escompte en pension B* abgedeckt werden; der entsprechende Diskontsatz wird vom Gouverneur der Banque de France unabhängig vom normalen Diskontsatz - jedoch in der Regel wenigstens 2,5 Punkte darüber - festgesetzt. Seit Januar 1967 besteht nur noch eine Art von escompte en pension zu einem Diskontsatz von 2,5 Punkten über dem Normalen. Seit jedoch die Banque de France in zunehmendem Maße Offenmarktpolitik zu variablen Interventionssätzen betreibt - etwa ab 1965 [22] -, hängt das Volumen des escompte en pension maßgeblich von der Differenz zwischen dem variablen Interventionssatz und dem fixen Diskontsatz auf escompte en pension ab.

Der *coefficient de trésorerie* wurde ebenfalls mit der Décision de caractère général No. 60.08 en date du 6 oct. mit Wirkung vom 31. 1. 61 eingesetzt. Er war bis zum

22 André Chaîneau, Mécanismes et Politque Monétaire, Paris 1969, S. 141.

31. 12. 66 gültig und machte den Banken die Auflage, zwischen ihrem Depositenvolumen D_B einerseits und folgenden von den Banken finanzierten Aktiva andererseits eine bestimmte Mindestproportion zu wahren:

- Einlagen der Banken beim Postscheck und beim Trésor public R_B^T
- Kasse und Einlagen der Banken bei der Banque de France R_B
- mittelfristige, rediskontierbare Kredite C_{mt}^b
- Kredite mit einer Garantie des Office Nationale Interprofessionel des Céréales *ONIC* C^{oc}
- kurzfristige Kredite zur Exportfinanzierung C_{ct}^{ex}
- mittelfristige Kredite zur Exportfinanzierung „grands ensembles" C_{mt}^{ex}
- Bons du Trésor BT_B[23].

Wird der coefficient de trésorerie mit z bezeichnet, so gilt:

$$z + z^* = \frac{R_B^T + R_B + C_{mt}^b + C^{oc} + C^{ex} + BT_B}{D_B} \tag{3.13}$$

z^* stellt auch hier wiederum die Abweichung von der gesetzlichen Norm dar. Wie die Definition zeigt, schließt der coefficient de trésorerie den plancher d'effets publics ein, d. h. der plancher d'effets publics e ist innerhalb des coefficients de trésorerie besonders geregelt. Eine Variation von z bedeutet also nicht notwendigerweise eine Änderung von e. Die über die Erfordernisse des plancher d'effets publics hinaus gehaltenen Bons du Trésor, also e^*, dienen zur Erfüllung der Erfordernisse von $z - e$, was im hypothetischen Grenzfalle folgende Struktur des Porteteuilles der Banken bedeuten kann:

$$e + e^* = z + z^*$$

so daß

$$z + z^* - e = e^*$$

Es ist hervorzuheben, daß die Bons du Trésor, auf die Vorschüsse im Sinne von 1. gewährt worden sind, nicht den Erfordernissen des coefficient de trésorerie entsprechen[24].

Der coefficient de retenu. Um nach der Abschaffung des coefficient de trésorerie und der Einführung der Pflichtreserven durch die Décision de caraktère général No. 62.01 vom 10. 1. 67 einen massiven Rediskont der bis dahin von den Banken zwangsweise finanzierten Kredite C_{mt}^b, C^{oc}, C_{mt}^{ex} und C_{ct}^{ex} zu verhindern, wurde zunächst im Sinne einer Übergangsregelung der coefficient de retenu durch die Décision de caractère général No. 67.02 en date du 10 janv. 1967 eingesetzt. Dieser coefficient verpflichtet die Banken zur Einhaltung einer Mindestproportion zwischen ihrem Bankdepositenvolumen in französischen Francs einerseits und mittelfristigen, ihrer Natur nach unmittelbar jederzeit rediskontierbaren Krediten andererseits.

---

23 Instruction No. 22 du 23. 12. 60.

24 Instruction No. 22, Art. 2 vom 23. 12. 60, CNC Annexe 1960, S. 13.

$$(3.14) \qquad n + n^* = \frac{C^b_{mt} + C^{e\,x}_{mt}}{D_{BF}}$$ [25]

n stellt den coefficient de retenu dar, n^* die Abweichung von der gesetzlichen Norm. D_{BF} ist das Depositenvolumen der Banken in Francs. Als Übergangsregelung wurde den Banken für das Jahr 1967 gestattet, bis zum 20. 4. 67 $^1/_2$, bis zum 20. 7. 67 $^1/_3$ und bis zum 20. 10. 67 $^1/_6$ der wegen zu langer Restlaufzeit noch nicht unmittelbar rediskontierbaren Kredite für den coefficient de retenu in Anrechnung zu bringen.

Es ist hervorzuheben, daß die Diskontsätze für die durch die beiden Koeffizienten angesprochenen öffentlichen und privaten Schuldtitel wiederum unterschiedlich festgesetzt werden, so daß die Portfoliostruktur der Banken durch die Höhe der Koeffizienten selbst und durch die Diskontsätze für die verschiedenen, durch sie betroffenen Wertpapierarten bestimmt wird.

Offenmarktoperationen

Neben Kontingentvariationen und Veränderungen der Diskontsätze besteht für die Banque de France die Möglichkeit von Offenmarktoperationen, deren Ergebnis in der Bilanz der Banque de France unter dem Titel „Effets négociable achetés en France“ figuriert. Zugelassen sind[26] zu diesen Operationen öffentliche kurzfristige Schuldtitel - in der Hauptsache Bons du Trésor - und folgende, besonders ausgewählte halböffentliche und private Schuldtitel: Schuldscheine der *SNCF*, Wechsel, Schuldscheine, die durch die Caisse Nationale des Marchés de l'État garantiert sind, ferner Kredite aus dem Exportgeschäft, also $C^{e\,x}_{mt}$ und $C^{e\,x}_{ct}$, und Kredite, die vom Crédit Foncier de France gegengezeichnet sind. Ein Unterschied zum Rediskont besteht insofern, als deren Mobilisierungssatz bei Offenmarktoperationen den Tageserfordernissen entsprechend festgesetzt wird, der Diskontsatz der Banque de France dagegen für verhältnismäßig längere Zeiträume gilt. Seit Dezember 1966[27] sind weiterhin Bons und Obligations mit einer Laufzeit von bis zu 7 Jahre zugelassen, die von Spezialkreditinstituten emittiert werden[28]. Der Mobilisierungssatz für private Schuldtitel liegt $^1/_8$ Punkt über dem für öffentliche.

---

[25] Instruction No. 63 du 13. janvier 1967, CNC Annexe 1966, S. 25.

[26] André Chaîneau, Mechanismes et Politique Monétaire, Paris 1969, S. 141 ff. Marcel Netter, Les Institutions Monétaires en France, Paris 1969, S. 105 f.

[27] Décret du 2 décembre 1966, 21ième Rapport du CNC, Année 1966, S. 54.

[28] Die Spezialkreditinstitute sind nicht, wie die Banken, dem CNC unterstellt, sondern dem Finanzministerium. Eine weitere Besonderheit ist, daß sie keine Sichteinlagen des Publikums hereinnehmen. Die beiden bedeutendsten sind folgende Institutionen:
- Caisse de Dépôts et de consignation; sie ist die Dachorganisation aller gewöhnlichen und Postsparkassen. Die Passivseite ihrer Bilanz besteht aus diesem Grunde fast ausschließlich aus den Spareinlagen des Publikums bei den Sparkassen. Das Aktivgeschäft erstreckt sich insbesondere auf Kredite an Gebietskörperschaften, öffentliche oder nationalisierte Unternehmen und auf Kredite zum Wohnungsbau.
- Crédit Foncier de France; er refinanziert sich hauptsächlich durch börsengängige Obligationen, die zu Offenmarktoperationen zugelassen sind. Das Aktivgeschäft besteht in der Hauptsache aus Krediten an öffentliche Körperschaften und aus Krediten für Bau- und Ausrüstungsvorhaben.

Im Falle von C_{ct}^{ex} und $C_{mt}^{e\,x}$ ist zu bemerken, daß diese Schuldtitel zum Offenmarktsatz jederzeit mobilisiert werden können, zum günstigen Rediskontsatz dagegen die Banque de France den Rediskont, d. h. im Falle von $C_{mt}^{e\,x}$ den „accord préalable" verweigern kann.

All diese unterschiedlichen Maßnahmen stellen keineswegs eine rigide mengenmäßige Beschränkung dar. Der von der Banque de France initiierte Effekt ist vielmehr ein bei steigendem Rediskontvolumen steigender Diskontsatz, also progressive Diskontsätze, die steigende Grenzkosten für die Geschäftsbanken bei der Beschaffung von Zentralbankgeld bedeuten. Diese doppelte Beeinflußbarkeit des Grenzkostenverlaufs über Mengen- und Preisregulierungen für gewöhnliche kurzfristige Handelswechsel kann in ihren Auswirkungen auf das gesamte Rediskontvolumen allerdings nur unter Berücksichtigung der übrigen Maßnahmen voll erkannt werden, die sich auf spezielle, nicht von Rediskontkontingenten betroffene Kreditarten bezieht, also nur unter Beachtung der Minimalkoeffizienten.

Weiterhin ist hervorzuheben, daß stets ein beachtlicher Teil der von den Banken vergebenen kurzfristigen Kredite über Offenmarktoperationen in das Portefeuille der Banque de France gelangt. Dies, da einerseits der Anteil der kurzfristigen, gewöhnlichen Handelswechsel am gesamten Kreditvolumen einen erheblichen Anteil ausmacht, auf der anderen Seite jedoch der Plafonds d'escompte ordinaire und der escompte en pension *A* mit zusammen rund 7,7 Mrd. F. vergleichsweise gering ist, und da weiterhin die Minimalkoeffizienten, also der plancher d'effets publics, der coefficient de retenu und der coefficient de trésorerie den Diskont anderer Kredite in großem Ausmaß nicht gestatten.

Rechtlich besteht für die Banken die Möglichkeit, Schuldtitel der genannten Art an die Banque de France abzugeben oder von ihr zu erwerben. Allerdings zeigt sich in Frankreich, daß die Offenmarktpolitik der Banque de France lediglich in einer Nachfragepolitik oder exakter, in einer price-setting Politik besteht; dies bedeutet, daß sie den jeweiligen Erfordernissen entsprechend einen Offenmarktsatz (Interventionssatz) bestimmt und die zu diesem Zins von den Banken angebotenen Menge hereinnimmt. Wegen dieses ausgedehnten Offenmarktgeschäftes auch hat der Escompte en Pension *B*, resp. nach der Abschaffung des Escompte en Pension *A* der Escompte en Pension allgemein, kaum noch Bedeutung für die Geschäftsbanken. Er stellt lediglich eine Art Obergrenze des Offenmarktsatzes (Interventionssatzes) der Banque de France dar.

Weiterhin ist hervorzuheben, daß der Offenmarkt in der französischen Geldpolitik, da er praktisch nur im Verkauf von Titeln an die Zentralbank besteht, tatsächlich ein Rediskontgeschäft zu variablen Diskontsatz darstellt: Der Interventionssatz

Ähnliche Aufgaben in nur geringer Nuancierung erfüllen
- der Comptoir des Entrepreneurs
- der Crédit National
- die Caisse de Crédit Coopérativ
- die Societé de Developpment régional
- die Caisse à l'aide à'lêquipement des collectivités locales

wird von der Banque de France den Tageserfordernissen entsprechend festgesetzt, während der reguläre Diskontsatz kurzfristig als konstant angesehen werden kann.

Kreditzuwachsbeschränkungen

Eine weitere Beeinflussung des Rediskontvolumens ergibt sich aus der Verordnung von Kreditzuwachsbeschränkungen. In dem zu analysierenden Zeitraum waren Kreditlimitierungen zweimal in Kraft, so vom 28. 2. 63 bis 30. 4. 65 und vom 30. 9. 68 bis zum 27. 10. 70. Diese Kreditlimitierungen bestanden im ersten Falle darin, die Wachstumsrate aller Bankkredite von der Banque de France im voraus für die jeweiligen Monatsstichtage festzusetzen[29]. Aktien und Obligationen und Bons du Trésor im Portefeuille der Banken werden von dieser Vorschrift nicht berührt. Die Kosten der Nichteinhaltung dieser Vorschriften für die Banken bestanden in einer Verminderung des Plafonds d'escompte um wenigstens 10 %[30].

Die erneute Einsetzung von Kreditlimitierungen am 30. 10. 68 betraf lediglich alle kurzfristigen Kredite und die mittel- und langfristigen insofern, als sie bei der Banque de France nicht rediskontierbar sind[31]. Wegen des übermäßigen Anwachsens einiger Restposten in den Bankbilanzen wurden schwebende Verrechnungen usw. seit dem 8. 10. 68 den limitierten Krediten zugerechnet[32].

Die Nichtbeachtung der vorgegebenen Limits wurde mit einer individuellen Senkung des Plafonds d'escompte bedroht und, da eine solche Kostenerhöhung offenbar die durch Überschreitung des Limits zusätzlich realisierten Gewinne nicht zu kompensieren imstande ist, weiterhin mit der Vorschrift für die übertretende Bank, bei der Banque de France nichtverzinste Einlagen in Höhe der Differenz und Dauer der Abweichung der tatsächlich vergebenen von den durch Limit zugelassenen Krediten zu halten[33].

Die Überwachung dieser Maßnahmen wird insbesondere durch den Service Centrale des Risques gewährleistet, eine Einrichtung, deren eigentlicher Zweck die Unterrichtung der Banken über das Ausmaß der Verschuldung ihrer Kundschaft ist. Eine weitere Kontrolle ist dadurch gewährleistet, daß die vier größten französischen Banken seit 1946 verstaatlicht sind. Allerdings ist hervorzuheben, daß diese Kreditzuwachsbeschränkungen nicht völlig rigide gehandhabt werden. Abweichungen können offenbar in bestimmten Fällen zugelassen werden, so insbesondere, wenn die Exportindustrie betroffen ist. Solche Überschreitungen der Kreditrestriktionen sind dann jedoch nicht als Umgehung dieser Maßnahmen, sondern als Zusatzgenehmigungen zu interpretieren.

---

[29] Lettre adressée le 12 sept. 1963 par le Gouverneur de la Banque de France, Vice Président du Conseil National du Crédit, à M. le Président de l'association Professionelle des Banques.

[30] Lettres adressées le 27. 2. 63, 6. 2. 64, 29. 7. 64.

[31] Lettres adressées le 12. 11. 68, 19. 12. 69, 8. 5. 69.

[32] Lettre adressée le 8. 10. 68.

[33] Décret No. 70-109 du 5 fevrier 1970, Journal officiel du 6 fevrier.

In beiden Fällen, in denen Kreditzuwachsbeschränkungen angewendet wurden, erstreckten sich diese lediglich auf Kredite an die inländische Wirtschaft. Kredite an das Ausland sind von diesen Regelungen ausgenommen, was allerdings nicht bedeutet, daß für das Auslandsgeschäft der Banken nicht weitere Regulierungen in Kraft waren.

3.412 Die Nachfrage der Banken nach verzinslichen Aktiva

Die Gesamtnachfrage der Banken erstreckt sich auf folgende verzinsliche Aktiva:

Buchkredite an die Wirtschaft C^{ed}

Kredite an den Staat, d. h. Bons du Trésor C^{Td}

und in einem sehr geringen Ausmaß:

andere Aktiva, OA^{d}, darunter Aktien und Obligationen

$$EA^{Bd} = C^{ed} + C^{Td} + OA^{d} \tag{3.15}$$

Hinzu kommt die Nachfrage der Banken nach nicht verzinslichen Aktiven:

die Reserven der Banken R_B als Guthaben bei der Banque de France, dem Trésor public, dem Postscheck und als Kasse in Form von Noten und Münzen.

Es fällt auf in Frankreich, daß das Volumen der am Kapitalmarkt gehandelten Aktien und Obligationen äußerst gering ist. Die Finanzierung der Unternehmen erfolgt vielmehr vornehmlich über Buchkredite unterschiedlicher Laufzeit.

Es verwundert daher nicht, wenn in der französischen Statistik unter dem Sammelposten „Autres Emplois et Ressources des Banques, net,“ subsumiert werden:

- Immobilisations (hauptsächlich Eigenkapital der Banken)
- Comptes d'Ordre et divers (schwebende Verrechnungen)
- Portefeuille Titres (Aktien und Obligationen)
- Emplois et Ressources Extramétropolitains, net (Nettokapitalexport der Banken)

In der vorliegenden Analyse enthält OA gleichfalls diese Posten.

Die Aktionsmöglichkeiten der Banken sind in Bezug auf diese vier Klassen von Aktiven äußerst gering.

Während die Posten Immobilisations, comptes d'ordre et divers ohnehin kurzfristig nicht Gegenstand einer Nachfrageänderung der Banken sein können, ist die Zurückhaltung der Banken auf dem Aktien- und Obligationenmarkt das Ergebnis rechtlicher Regelungen und ökonomischer Fakten: Das Gesamtangebot an Aktien und Obligationen ist im Verhältnis zum Depositenvolumen der Banken äußerst gering. Die rechtlichen Regelungen, die hierzu führen, sind: die Banques de Dépots, die den größten Teil des Depositenvolumens halten, durften bis Mitte 1967 lediglich 75 % und danach 100 %, gemessen an ihrem Eigenkapital, in Form von Beteiligungen (Aktien) halten. Die Banques d'Affaires mit ihrem wesentlich geringeren Geschäftsvolumen können in beliebiger Höhe Aktien erwerben, dagegen war es ihnen bis 1967 untersagt, Sichteinlagen zu halten. Der Erwerb von Obligationen ist beiden Bankentypen gestattet[34]. Weiterhin sind die Banken selbst am Aufbau eines Kapitalmarktes, der im Handel von Aktien und Obligationen besteht, nicht interessiert: Denn mittelfristige Ausrüstungskredite, die zusätzlich vergeben werden, sind in der Regel unmittelbar bei der Banque de France zum normalen Rediskontsatz bzw. zu bevorzugten Sätzen rediskontierbar, während die Beschaffung von Zentralbankgeld durch die Abgabe von Aktien oder Obligationen an die Zentralbank (die sog. Avances sur titres) wesentlich kostspieliger ist. Der Satz für diese Avances sur titres entspricht dem taux d'escompte en Pension *B*; der Offenmarktsatz für Obligationen entspricht dem Interventionssatz der Banque de France für private Schuldtitel. Hieraus ergibt sich allgemein, daß die Abgabe von Aktien und Obligationen an die Zentralbank in kaum nennenswertem Umfang erfolgt, und daß wegen dieser hohen Mobilisierungskosten von Aktien und Obligationen die Banken bevorzugt Schuldtitel in Form von mobilisierbaren Buchschuldtiteln nachfragen.

Die von den Banken nachgefragten und erworbenen verzinslichen Aktiva, EA^B, werden zum Teil über Rediskontgeschäfte und Offenmarktoperationen an die Banque de France weitergegeben, was dann den Posten E^B in der Bilanz der Banque de France ausmacht, und zum Teil von den Banken im Portefeuille gehalten. Für diese von den Banken im Portefeuille gehaltenen (selbst finanzierten) verzinslichen Aktiva C_B werden folgende Bezeichnungen eingeführt:

Buchkredite an die Wirtschaft C_B^e

Bons du Trésor BT_B

Aktien und Obligationen $0A_B$

(3.16) $$C_B = C_B^e + BT_B + 0A_B$$

Für die seitens der Banque de France von den Banken erworbenen Aktiva E^B werden diese Symbole verwendet:

Buchkredite an die Wirtschaft E_B^e

Kredite an den Staat (Bons du Trésor) E_B^T

offenmarktfähige Obligationen E_B^o*

(3.17) $$E^B = E_B^e + E_B^T + E_B^o$$

Unter Berücksichtigung der Definitionen (3.15), (3.16) und (3.17) gilt dann für die jeweiligen Aktiva:

---

[34] Décision de Caractère général en date du 28 juin 1967.

	(3.15)		(3.17)		(3.16)
(3.18)	C^e	=	E^e_B	+	C^e_B
(3.19)	C^T	=	E^T_B	+	BT_B
(3.20)	OA	=	E^o_B	+	OA_B
(3.21)	EA^B	=	E^B	+	C_B

3.21 drückt die Bilanzstruktur der Banken aus. Die Mindestproportion von C^e_B und BT_B zum gesamten Depositenvolumen ist durch die Minimalkoeffizienten, d. h. den coefficient de trésorerie, den coefficient de retenu und den plancher d'effets publics, determiniert.

Die von den Banken vergebenen Buchkredite C^e_B sind aufzugliedern in:

1. kurzfristige, rediskontierbare Handelswechsel, die dem Rediskontplafonds und dem Escompte en pension unterliegen, C^b_{ct}
2. kurzfristige Kredite aus Exportgeschäften C^{ex}_{ct} und Getreidelagerungsgeschäften *(ONIC)*, C^{OC}, die Gegenstand des coefficient de trésorerie sind, resp. nach dessen Abschaffung ohne Plafonds zu unterdurchschnittlich geringen Diskontsätzen rediskontierbar sind. In diese Kategorie gehören weiterhin die Vorschüsse an kleine und mittlere Unternehmen C^{av} ab Mai 1968.
3. mittelfristige, rediskontierbare Kredite C^b_{mt} und $C^{e\,x}_{mt}$ die aus der Export- und anderen favorisierten Industrien stammen und nach dessen Abschaffung Gegenstand des coefficient de retenu sind.
4. kurz-, mittel- und langfristige Kredite, die nicht rediskontierbar sind, C^{nb}.

Um die verschiedenen Kreditarten entsprechend der auf sie einwirkenden Maßnahmen unterteilen zu können, wird weiter definiert:

$$(3.22)\qquad C^{ex}_{ct} + C^{ox} + C^b_{mt} + C^{e\,x}_{mt} = C^e_1$$

$$(3.23)\qquad C^b_{ct} + C^{nb} = C^e_2$$

$$(3.24)\qquad C^e_1 + C^e_2 = C^e$$

Für die Proportionen der einzelnen Kreditarten zum Bankdepostienvolumen D_B gilt:

$$(3.25)\qquad C^b_{ct} = o_1\ D_B$$

$$(3.26)\qquad C^{ex}_{ct} + C^{oc} + C^{av} = o\ D_B$$

(3.27) $$C^{b}_{mt} + C^{e\,x}_{mt} = (n + n^{*})\, D_B$$

(3.28) $$C^{nb} = o_2\, D_B$$

Die Proportion der Buchkredite zum Depositenvolumen ist dann

$$C^{e}_{B} = (n + n^{*} + o + o_1 + o_2)\, D_B$$

Entsprechend der Definition des plancher d'effets publics werden die von den Banken gehaltenen Bons du Trésor folgendermaßen ausgedrückt:

$$BT_B = (e + e^{*})\, D_B$$

Der äußerst geringe Anteil der Aktien und Obligationen schließlich ist:

$$OA_B = f\, D_B$$

Dies zusammengefaßt ergibt:

(3.29) $$C_B = (n + n^{*} + o + o_1 + o_2 + e + e^{*} + f)\, D_B$$

Oder, unter Berücksichtigung der Bilanzrestriktion der Banken:

$$C_B = (1 - r)\, D_B$$

r ist die Proportion der nicht verzinslichen Aktiva im Portefeuille der Banken, $R = r\, D_B$.

Bis zur Einführung der Pflichtreserven in Frankreich gilt gemäß den in der Multiplikatoranalyse verwendeten Termen:

$$r = r^{e} + r^{T}$$

Nach Einführung der Pflichtreserven:

$$r = r^{oe} + r^{T}$$

Von den einzelnen Minimalkoeffizienten und den Kreditzuwachsbeschränkungen betroffen sind folgende Strukturparameter, deren Summe mit s bezeichnet wird.

$$r + n + n^{*} + e + e^{*} + o + o_1 + o_2 = s$$

Vom coefficient de trésorerie z werden erfaßt:

$$r + n + n^{*} + e + e^{*} + o$$

Vom plancher d'effets publics:

$$e + e^*$$

Vom coefficient de retenu:

$$n + n^*$$

Diese Minimalkoeffizienten werden - wie bereits erwähnt - von den geldpolitischen Instanzen zeitlich nacheinander verwendet. Unter dem Regime des coefficient de trésorerie *(z)* von 1961 bis 1966 nimmt der coefficient de retenu, *(n)*, den Wert Null an. Während dieser Zeit symbolisiert n^* diejenigen mittelfristigen Kredite, die zur Erfüllung des coefficient de trésorerie geeignet waren.

$$z + z^* - r = n^* + e + e^* + o$$

Das Regime des coefficient de retenu löst 1967 den coefficient de trésorerie ab. z ist folglich Null und n nimmt die Höhe des jeweiligen gesetzlichen Minimums der mittelfristigen rediskontierbaren Kredite an.

Der plancher d'effets publics, e, dauert von 1948 bis Mitte 1967, so daß zur Zeit des coefficient de retenu e mit Ausnahme des 1. Halbjahres 1967 den Wert Null annimmt.

Der Parameter o enthält zwar die Relation C^{av}/D_B, doch da C^{av} unter dem Regime des coefficient de trésorerie nicht existiert, ergeben sich keine analytischen Probleme.

Aus der Bilanzrestriktion der Banken ergibt sich ferner zwangsläufig, daß

$$s + f + r = 1$$

Die einzelnen Asset-Gruppen C^e, C^T und $0A$ sind nun zur Geldbasis in Beziehung zu setzen, so daß sich für jeden dieser drei Märkte eine Nachfrage-Funktion der Banken ergibt.

Dies erfordert die Definition entsprechender Verteilungsparameter:

$$E^B = q\,B$$

$$E^e_B = q_1\,B$$

$$E^T_B = q_2\,B$$

und $$q = q_1 + a_2$$

E^e_B allerdings kann weiter unterteilt werden. Rediskontierte Kredite der Art C^e_1 werden mit E^e_{B1} bezeichnet, rediskontierte Kredite der Art C^e_2 mit E^e_{B2}.

$$E^e_B = E^e_{1B} + E^e_{2B} \text{ (vgl. 3.22)}$$

Während E^e_{1B} in der Regel zu einem einheitlichen Satz rediskontierbar ist, nimmt die Banque de France E^e_{2B} zu gestaffelten Rediskontsätzen herein. Der Plafonds d'escompte ordinaire *Pl* ist zum normalen Satz ausnützbar[35]; die so rediskontierten Titel werden mit E^{PL}_{2B} bezeichnet, die *PL* überschreitenden Schuldtitel des Typs C^e_2 dagegen nimmt die Banque de France zum Offenmarktsatz, i_{dNF}, als Effets négociables achetés en France herein (vgl. S. 63). Diese Effets négociables achetés en France (private Schuldtitel im Portefeuille der Banque de France aus Offenmarktoperationen) werden mit $E^{e\,NF}_{2B}$ bezeichnet.

Folglich gilt:

$$E^e_{2B} = E^{e\,PL}_{2B} + E^{e\,NF}_{2B}$$

Hieraus ergibt sich eine weitere Unterteilung des Verteilungsparameters q_1:

$$E^e_{1B} = q^1_1 \; B$$

$$E^e_{2B} = q^2_1 \; B$$

$$E^{e\,PL}_{2B} = q^{2PL}_1 \; B$$

$$E^{e\,NF}_{2B} = q^{2NF}_1 \; B$$

$$q^1_1 + q^2_1 = q_1$$

$$q^{2PL}_1 + q^{2NF}_1 = q^2_1$$

Ebenfalls für E^T_B ergibt sich die Möglichkeit der Unterteilung in rediskontierte Bons du Trésor E^{Td}_B und Bons du Trésor, die die Banque de France im Zuge von Offenmarktoperationen erworben hat, E^{TNF}_B.

$$E^T_B = E^{Td}_B + E^{TNF}_B$$

$$E^{Td}_B = q^d_2 \; B$$

$$E^{TNF}_B = q^{NF}_2 B$$

$$q^{NF}_2 + q^d_2 = q_2$$

Das Portefeuille d'Escompte der Banque de France kann nun mit Hilfe der so definierten Verteilungsparameter ausgedrückt werden.

---

35 Der bis 1966 bestehende Plafonds d'escompte en pension A von lediglich 0,7 Mrd. F. wird hier der Einfachheit halber *PL* zugeschlagen.

$$E_B = E_B^e + E_B^T$$

(3.30) $$E_B = E_{1B}^e + E_{2B}^{e\,PL} + E_{2B}^{e\,NF} + E_B^{Td} + E_B^{TNF}$$

(3.31) $$E_B = (q_1^1 + q_1^{2PL} + q_1^{2NF} + q_2^d + q_2^{NF})\,B$$

Die Gesamtnachfragefunktion der Banken auf dem Markt für verzinsliche Aktiva lautet dann

(3.32) $$EA_B^d = (q + (1 - r)\,m^d)\,B$$

Für die einzelnen Teilmärkte ergeben sich folgende Nachfragefunktionen:

a) Buchkredite der Banken

(3.33) $$C^{ed} = (q_1 + (s - e - e^*)\,m^d)\,B$$

Diese Nachfrage kann unterteilt werden in nachgefragte Aktiva des Typs C_1^e und C_2^e.

(3.33a) $$C_1^{ed} = [q_1^1 + s - (e + e^* + r + o_1 + o_2)\ \ m^d]\,B$$

(3.33b) $$C_2^{ed} = [q_1^{2PL} + q_1^{2NF} + (o_1 + o_2)\,m^d]\,B$$

Da in den vorangegangenen Definitionsgleichungen

$$s = n + n^* + e + e^* + o + o_1 + o_2 + r$$

kann gesetzt werden:

$$r + n + n^* + o + o_1 + o_2 = s - (e + e^*)$$

Dieses Vorgehen ist, wie sich noch zeigen wird, notwendig, um die Auswirkungen der Bewegungen des plancher d'effets publics innerhalb des coefficient de trésorerie untersuchen zu können.

b) bankgängige Bons du Trésor

(3.34) $$C^T = BT_B + E_B^T = [q_2 + (e + e^*)\,m^d]\,B$$

c) von den Banken nachgefragte Aktien und Obligationen

(3.35) $$OA = OA_B + E_B^o = (q_3 + fm^d)\,B$$

Analytisch ist es nicht vorteilhaft, die jeweilige Asset-Nachfrage der Banken als Funktion der Geldbasis, definiert als

(1.7) $$B = A + LT + OT + O + E^e_{os} + E_B$$

auszudrücken, da E_B Element der Basis ist. Die Nachfrage der Banken nach verzinslichen Vermögenswerten wird daher interpretiert als unabhängig vom für das Bankenverhalten exogenen Teil der Geldbasis.

Da definitionsgemäß $E^B = qB$, läßt sich der exogene Teil der Geldbasis mit Hilfe des Verteilungsparameters q ausdrücken.

$$EX^B = (1 - q)\, B$$

Wird nun in (3.32), (3.33), (3.34) und (3.35) die Geldbasis jeweils durch $1/(1 - q)\, EX^B$ substituiert, so ergibt sich die Nachfrage der Banken nach verzinslichen Aktiven als Funktion des exogenen Teiles der Geldbasis EX^B und eines Multiplikators, der für jede Asset-Art die Gesamtborrowing-Ratio enthält. Es folgt:

(3.36) $$EA^B = m^a\, EX^B$$

$$m^a = \frac{q + (1 - r)\, m^d}{1 - q}$$

(3.37) $$C^e = m^c\, EX^B$$

$$m^c = \frac{q_1 + (s - r - e - e^*)\, m^d}{1 - q}$$

(3.38) $$C^T = m^T\, EX^B$$

$$m^T = \frac{q_2 + (e + e^*)\, m^d}{1 - q}$$

(3.39) $$OA = m^o\, EX^B$$

$$m^o = \frac{f m^d}{1 - q}$$

Die einzelnen Multiplikatoren beschreiben das Nachfrageverhalten der Banken bei gegebenem, exogen bestimmten Teil der Geldbasis in bezug auf die einzelnen bankfähigen Aktiva. Das Aggregat dieser drei Nachfragefunktionen ergibt die Gesamtnachfrage der Banken nach verzinslichen Aktiven.

$$m^a = m^c + m^T + m^o$$

Es ist unmittelbar einleuchtend, daß die Banken diese Nachfrage nach Aktiva nur entfalten können, wenn sie sich ihrerseits refinanzieren, also Passiva hereinnehmen. Die Banken bieten daher – wie bereits ausgeführt – Refinanzierungstitel in Form von Bankdepositen für In- und Ausländer an und weiterhin Refinanzierungstitel in Form von bankgängigen Schuldtiteln für die Zentralbank.

Dieses Angebot muß nun auf eine entsprechende Nachfrage stoßen.

3.413 Die Nachfrage nach Refinanzierungstiteln der Banken

3.4131 Die Depositennachfrage

Die Bestimmungsfaktoren der Gesamtdepositennachfrage sind bereits in der Analyse des Depositenmultiplikators m^d aufgezeigt, wobei m^d die Situation auf dem Depositenmarkt insgesamt charakterisiert und die Allokationsparameter a_v, a_t und a_B spezifisch den Markt für Eurogeld beschreiben. Die Hauptdeterminante dieser Nachfragefunktion ist der durchschnittliche Depositenzins. Für die Inlandsdepositen gilt, daß die Funktion zunächst relativ elastisch ist in Bezug auf den Inlandsdepositenzins i_{DI} um dann im oberen Bereich der Kurve in einen zinsunelastischen Bereich einzutreten.

Die Nachfragefunktion auf dem Eurogeldmarkt ist durch den Eurosatz für Termin- und Callgeld, i_{EU} und die Kurssicherungskosten *ksk* determiniert. Dieser Nachfragefunktion D^d_{EU}, D^d_{EU} stehen die Banken als price-taker gegenüber: für den i_{EU}-Satz, der erfahrungsgemäß weit über dem administrierten Inlandsdepositenzins liegt, können die Banken ein vergleichsweise hohes Depositenvolumen absetzen, ohne den Preis zu beeinflussen. Erst bei äußerst massiver Angebotstätigkeit der Banken ist ein Steigen des Eurogeldsatzes zu vermuten. Die Gesamtnachfragefunktion nach Bankdepositen ist in Figur 1 dargestellt. Die aggregierte Depositennachfrage auf dem Inlands- und Auslandsmarkt wird mit $RE^{d'}_B$ bezeichnet. Sie ist identisch mit einer Gesamtnachfragefunktion nach Bankrefinanzierungstiteln in einer Situation, in der die Banque de France keine Rediskont- und Offenmarktoperationen durchführt. Auf der Ordinate ist der jeweilige Depositenzins abgetragen, die Abzisse bildet das Volumen an Refinanzierungstiteln ab, das tatsächlich zur Entfaltung der Nachfrage nach verzinslichen Aktiven dient, also das Depositenvolumen D_B, vermindert um die zu haltenden Reserven $r\, D_B$, i. e. $(1 - r)\, D_B$.

Figur 1: Die Depositennachfrage des In- und Auslandes

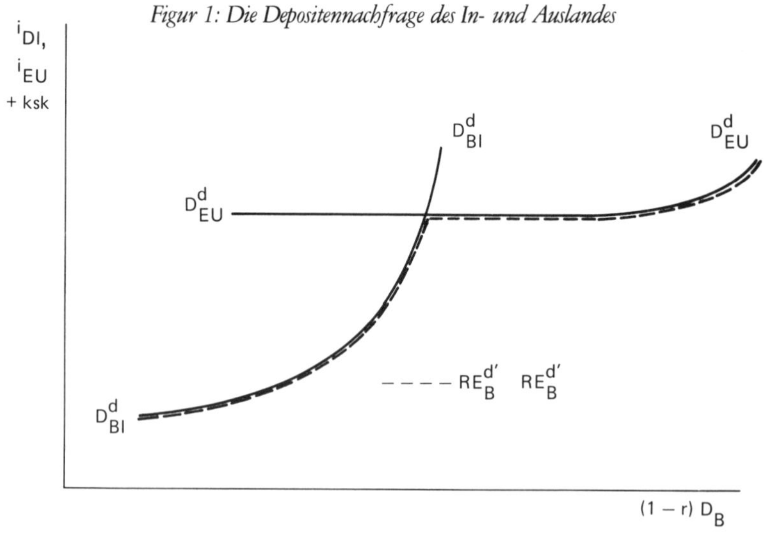

Die Nachfragefunktion der Banque de France nach Refinanzierungstiteln schiebt sich nun mit ihren gestaffelten Rediskontsätzen in diese $RE_B^{d'}$-Funktion hinein und ermöglicht den Banken so für weite Bereiche eine kostengünstigere Refinanzierung:

3.4132 Die Nachfrage der Banque de France nach rediskont- und offenmarktfähigen Titeln

Die Nachfragefunktion der Banque de France nach Refinanzierungstiteln bildet die gesamten Mengen- und Preisregulierungen der Zentralbank auf diesem Markt ab, so weit dies im Abschnitt über die geld- und kreditpolitischen Maßnahmen dargestellt worden ist (vgl. Abschnitt 3.411).

Die Nachfrage nach gewöhnlichen Handelswechseln C_{ct}^b zum normalen Diskontsatz i_d ist auf rd. 7 Mrd. F., den Plafonds d'Escompte Ordinaire *PL*, beschränkt. *PL* ist von den Banken – wie die nachgestellte Graphik zeigt – regelmäßig ausgeschöpft.

Weiterhin zum normalen Rediskontsatz i_d fragt die Banque de France entsprechend der Aufstellung in 3.412 Schuldtitel des Typs C_1^e und C^T nach.

Die Nachfrage der Banque de France nach diesen Schuldtiteln ist mengenmäßig nicht beschränkt, Restriktionen bestehen dagegen für das Angebot der Banken; denn unter dem Régime des coefficient de trésorerie können die Banken nur ein solches Volumen zum Rediskont anbieten, das den Betrag $z\ D_B$, also den coefficient de Trésorerie z multipliziert mit dem Bankdepositenvolumen D_B, übersteigt.

Wird definiert:

$$C_1^e + C^T = C^z$$

so steht die Differenz zwischen diesem, von den Banken ursprünglich erworbenen Volumen an C^z-Schuldtiteln und den durch den coefficient de trésorerie gebundenen (zD_B) den Banken zum Rediskont bei der Banque de France zu Verfügung. Wird dieses letztlich rediskontierbare Volumen mit C^{zR} bezeichnet, so gilt:

$$C^{zR} = C^z - zD_B$$

Unter dem Régime des coefficient de retenu n ist das zum normalen Rediskontsatz außerhalb des Plafonds d'escompte Ordinaire *PL* rediskontierbare Volumen folgendermaßen bestimmt: das Angebot an kurzfristigen Schuldtiteln der Art C^{oc} + C_{ct}^{ex} + C^T zum Rediskont erfolgt ohne Beschränkung. Lediglich das Volumen der Kreditarten C_{mt}^b und C_{mt}^{ex} wird hier zum Teil durch den coefficient de retenu im Bankenportefeuille gebunden, so daß für das gesamte, unter dem Régime des coefficient de retenu zum Rediskont bzw. Offenmarkt angebotsfähige Volumen nicht gewöhnlicher Handelswechsel, C^{nR}, gilt:

$$C^{nR} = C^z - nD_B$$

Zum taux d'Escompte en Pension *A*, i_{dPA} (i. d. R. ein Punkt über normal) kann ein weiteres Volumen gewöhnlicher Handelswechsel in Höhe von *PLA* (rd. 700 Mill. F., was 10 % des Plafonds ordinaire entspricht) rediskontiert werden.

Es gilt:

$$PLA = 0.1\ PL$$

Für einen Rediskontsatz von gewöhnlich 2 1/2 Punkte über normal, dem taux d'escompte en Pension *B*, i_{dPE}, nimmt die Banque de France eine nicht beschränkte Menge an Handelswechseln herein. Seit 1967 existiert - wie dargelegt - nur noch eine Möglichkeit des Excompte en Pension ohne mengenmäßige Beschränkung. Dieses nicht fixierte Volumen wird mit *EP* bezeichnet, der entsprechende Rediskontsatz mit i_{dEP}. Der Offenmarktsatz oder Interventionssatz der Banque de France für private und öffentliche Schuldtitel, i_{dNF}, (Effects négociables achetés en France) wird nun den jeweiligen von der Banque de France geglaubten Tageserfordernissen entsprechend festgelegt. Er bewegt sich zwischen dem normalen Rediskontsatz i_d und dem taux d'Escompte en Pension, i_{dEP}, so daß gilt:

$$i_d \leqq i_{dNF} \leqq i_{dEP}$$

Der Erwerb offenmarktfähiger Titel (Effets négociables achetés en France) *ENF*, durch die Banque de France ist mengenmäßig nicht beschränkt.

3.414 Das Aggregat der Depositen-, Rediskont- und Offenmarktnachfrage

Die für die Banken relevante Gesamtnachfragefunktion nach Refinanzierungstiteln $RE_B^d\ RE_B^d$ kombiniert nun die jeweils für sie kostengünstigsten Nachfrageverläufe. So kommt die Depositennachfrage auf dem Eurogeldmarkt regelmäßig dann nicht zum Zuge, wenn der Eurogeldsatz plus Kurssicherungskosten über dem Interventionssatz der Banque de France am Offenmarkt liegt.

Als Grenzkostenfunktion der Banken bezüglich ihrer Refinanzierung drückt die Kurve $RE_B^d\ RE_B^d$ aus, welcher Zins bei der Beschaffung einer zusätzlichen Einheit an Refinanzierungsmitteln an die jeweiligen Nachfrager (Depositennachfrager und Banque de France) zu entrichten ist. Dieser Sachverhalt ist in Figur 2 dargestellt.

Es wird deutlich, daß die Banken solange mit kontinuierlich steigenden Grenzkosten rechnen müssen, wie sie sich auf dem Inlandsdepositenmarkt refinanzieren: $RE_B^d\ RE_B^d$ ist solange mit $D_{BI}^d\ D_{BI}^d$ identisch, wie der korrespondierende Depositenzins i_{DI} den niedrigsten Diskontsatz i_d nicht übersteigt. Bis zum Punkte

$$i_{DI} = i_d$$

gilt demnach für die Grenzkosten der Refinanzierung i_{GR}:

$$E(i_{GR}, RE_B) > 0$$

Figur 2: Grenzkosten der Refinanzierung der Banken

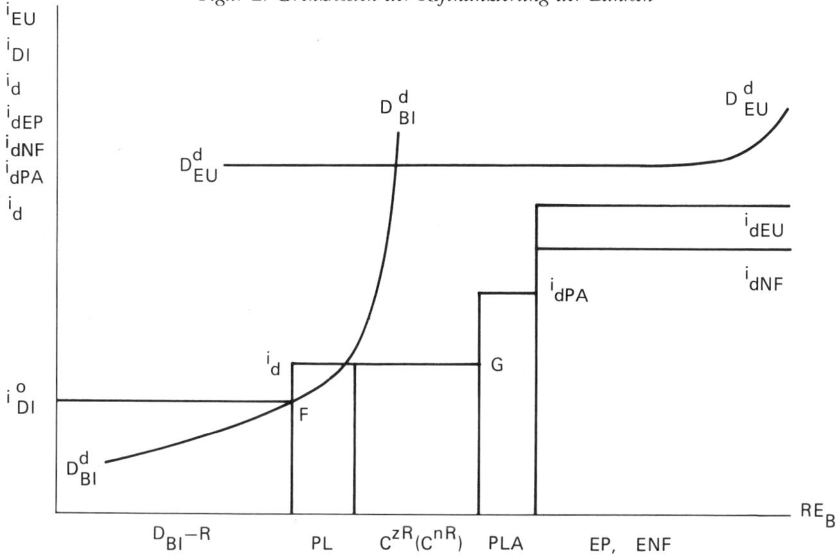

Vom realisierten Refinanzvolumen RE_B her ist dieser Bereich gekennzeichnet durch:

$$0 \leqq RE_B \leqq (1 - r)\, D_B\, (i_d).$$

Die Grenzkosten der Refinanzierung bestehen in diesem Bereich im jeweiligen Depositenzins,

$$i_{GR} = i_D$$

Dies bedeutet: das Maximum der zu steigenden Grenzkosten abgesetzten Refinanzierungstiteln ist identisch mit dem Depositenvolumen (vermindert um die Reservehaltung), das die Banken zu einem Depositenzins von

$$i_{DI} = i_d$$

absetzen können. Diesen Depositenvolumen ist demnach bestimmt durch

$$D_B\, (i_d),$$

das zur Refinanzierung verzinslicher Aktiva zur Verfügung stehende Volumen entsprechend durch $D_{BI}\,(1 - r)\,(i_d)$. Ist jedoch der Depositenzins politisch fixiert auf i^o_{DI}, so ist das Volumen der abgesetzten Bankdepositen bestimmt durch

$$D_{BI}\ (i^o_{DI})$$

solange

$$i^o_{DI} \leqq i_d .$$

In Figur 2 wird der Realität entsprechend von $i^o_{DI} < i_d$ ausgegangen, so daß die RE^d_B-Kruve bei F einen Sprung aufweist und dann in einen Bereich eintritt, der durch

$$E(i_{GR},\ RE_B) = 0$$

gekennzeichnet ist. Dies gilt für

$$(1 - r)\ D_B \leqq RE_B \leqq [(1 - r)\ D_B + PL + C^{zR}]$$

unter dem régime des coefficient de trésorerie und für

$$(1 - r)\ D_B \leqq RE_B \leqq [(1 - r)\ D_B + PL + C^{nR}]$$

unter dem Régime des coefficient de retenu.

Entsprechend der Auflösung des Verteilungsparameters q gilt für diesen Bereich gleichfalls:

$$q^1_1 + q^{2PL}_1 + q^d_2 > 0$$

i_{GR} ist hier identisch mit dem normalen Rediskontsatz i_d, wenn der Realität entsprechend angenommen wird, daß der Diskontsatz für PL und C^{zR} bzw. für PL und C^{nR} derselbe ist.

Das Volumen $PL + C^{zR}$ bzw. $PL + C^{nR}$ ist vollkommen durch die geldpolitischen Instanzen kontrollierbar. Während – wie dargestellt – PL als Bestand fixiert ist, können C^{zR} bzw. C^{nR} jederzeit durch eine Veränderung von z bzw. n variiert werden[36].

In G, charakterisiert durch

$$RE_B = (1 - r)\ D_B + PL + C^{zR}$$

bzw.

$$RE_B = (1 - r)\ D_B + pL + C^{nR},$$

---

36 Eine eingehende Erörterung der Bedeutung der Minimalkoeffizienten z und n folgt im Abschnitt 3.422.

weist die RE_B^d-Kurve unter dem Régime des gestaffelten Escompte en pension *A* und *B* (bis 1967) einen zweiten Sprung auf, so daß bei Inanspruchnahme des Escompte en Pension *A*, also für den Bereich

$$[(1 - r)\, D_B + PL + C^{zR}] \leqslant RE_B \leqslant$$

$$[(1 - r)\, D_B + PL + C^{zR} + PLA]$$

bzw.

$$[(1 - r)\, D_B + PL + C^{nR}] \leqslant RE_B \leqslant$$

$$[(1 - r)\, D_B + PL + C^{nR} + PLA]$$

wiederum gilt:

$$E(i_{GR},\, RE_B) = 0$$

$$i_{GR} = i_{dEPA}$$

Die Abschaffung des Escompte en Pension *A* im Jahre 1967 bedingt, daß RE_B^d RE_B^d von diesem Zeitpunkt an im Punkte *G* unmittelbar in den Bereich der Nachfrage der Banque de France nach Schuldtiteln im Offenmarktgeschäft springt. Da von diesem Zeitpunkt an der coefficient de retenu gilt, ergibt sich für den Bereich

$$[(1 - r)\, D_B + PL + C^{nR} + PLA] \leqslant RE_B,$$

$$\text{in dem } q_1^{2NF} + q_2^{NF} > 0,$$

die Elastizität

$$E(i_{GR},\, RE_B) = 0,$$

wobei hier:

$$i_{GR} = i_{dNF},$$

die Grenzkosten der Refinanzierung also mit dem Interventionssatz der Banque de France identisch sind.

Ist dagegen, was in der Realität praktisch nie der Fall war, $i_{dNF} > i_{EU} + ksk$, so ist i_{dNF} als Grenzkostensatz der Refinanzierung nicht mehr relevant. Hier gilt für den durch

$$[(1 - r)\, D_{BI} + PL + C^{nR} + PLA] < RE_B$$

gekennzeichneten Bereich, daß

$$i_{GR} = i_{EU} + ksk.$$

In dieser Situation gilt auch:

$$q_1^{2NF} + q_2^{NF} \sim 0$$

Die aggregierte Nachfragefunktion nach Refinanzierungstiteln der Banken stellt sich somit als Step-function dar, bei der - wie sich aus den vorangestellten Überlegungen ergibt - die jeweilige Höhe der Grenzkosten der Refinanzierung unter folgenden Bedingungen bestimmt ist:

bei $q = 0$: $i_{GR} = i_{DI}$

bei $q_{1v}^{2PL} + q_1^1 + q_2^d > 0$: $i_{GR} = i_d$

bei $q_1^{2NF} + q_2^{NF} > 0$: $i_{GR} = i_{dNF}$

bei $i_{dNF} > i_{EU} + ksk$: $q_1^{2NF} + q_2^{NF} \sim 0$ und $i_{GR} = i_{EU} + ksk$

Im Zuge der Darstellung der Bankennachfrage nach verzinslichen Aktiven EA_B^d und der Nachfrage nach Refinanzierungstiteln der Banken wird deutlich, daß EA_B^e maßgeblich durch RE_d^B bestimmt wird. Die Verbindung beider Funktionen besteht in der Transformation der RE_B^e in die EA_B^d-Funktion, die durch die Banken vorgenommen wird.

Würde diese Transformation keine Kosten verursachen, so wäre die Nachfrage nach Refinanzierungstiteln der Banken identisch mit der Nachfrage der Banken nach verzinslichen Aktiven EA_B^d.

Tatsächlich aber verursacht diese Transformation Kosten, was bedeutet, daß die Grenzkostenkurve der Refinanzierung um einen positiven Ordinatenabschnitt verschoben wird und so in die Nachfragefunktion der Banken nach verzinslichen Aktiven transformiert wird. Dieser Ordinatenabschnitt wird mit η bezeichnet. Er symbolisiert die Grenzkosten der Transformationen, die von folgenden Argumenten bestimmt werden:

- die allgemeinen Operationskosten der Banken, *ok*,
- der branchenübliche Gewinn, *bG*, pro Asseteinheit, den die Banken generell nicht unterschreiten,
- die erwarteten Grenzkosten der Refinanzierung, i_{GR}^{exp}, die durch die Unsicherheit bezüglich des Nachfrageverhaltens der Depositennachfrager und der Banque de France bestimmt sind.

Für den Fall, daß der Kreditmarkt von monopolistischen Momenten durchsetzt ist, tritt neben die Transformationskosten ein weiteres Argument bei der Bestimmung von η, nämlich der Konkurrenzgrad auf dem Kreditmarkt, comp.

Es folgt:

$$(3.40) \qquad \eta = \eta\ (ok,\ bG,\ i_{GR}^{\exp},\ comp)$$

Für die Ableitungen gilt:

$$\frac{d\eta}{dok} > 0,\ \frac{d\eta}{dbG} > 0,\ \frac{d\eta}{di_{GR}^{exp}} > 0,\ \frac{d\eta}{dcomp} < 0.$$

Auf diese Art und Weise ist gleichzeitig bestimmt, welchen Kreditzins (i_k) die Banken den als pricetakern auftretenden Kreditnehmern bei alternativen nachgefragten Volumen verzinslicher Aktiva setzen, sofern bei den gegebenen spezifischen Rediskontmöglichkeiten der Kreditzins selbst nicht unmittelbar Gegenstand weiterer Regelungen ist. Es gilt:

$$(3.41) \qquad i_k = \eta\ i_{GR}$$

Die η bestimmenden Argumente ändern sich kurzfristig nicht. Dies gilt insbesondere für *ok*, *bG* und *comp*, die - wenn überhaupt - sich lediglich langfristig ändern.

Gleichfalls kann damit gerechnet werden, daß das Unsicherheitsmoment bezüglich der Entwicklung der Grenzkosten der Refinanzierung konstant ist, so daß die Funktion $i_k = \eta\ i_{GR}$ für die kürzere Periode als stabil zu betrachten ist.

3.415 Das Angebot an verzinslichen Aktiven

Der Nachfrage der Banken nach verzinslichen Aktiven steht ein entsprechendes Angebot der Privaten und des Staates gegenüber.

3.4151 Das Angebot des Staates an Wertpapieren

Das Angebot des Staates an öffentlichen Schuldtiteln ist determiniert durch die jeweilige Budgetsituation, also durch die Differenz zwischen den öffentlichen Ausgaben und den Steuereinnahmen. Dieses Budgetdefizit wird, wie aus Gleichung (1.2) hervorgeht, u. a. durch die Emission von Bons du Trésor finanziert.

Die vom Schatzamt herausgegebenen Bons du Trésor werden in Frankreich auf zwei getrennten Märkten gehandelt. Hierbei sind die Bons sur Formule lediglich für Private bestimmt; sie können von Geld- und Kreditinstituten, öffentlichen und privaten Versicherungsgesellschaften usw. nicht erworben werden. Die Verzinsung wird vom Schatzamt der Laufzeit der Bons entsprechend festgelegt. Ein Handel von Bons sur Formule unter Privaten findet kaum statt, da es sich um Inhaberpapiere handelt.

Bankgängige Bons du Trésor werden dagegen an die Banken, die dem Trésor public unterstellten Spezialkreditinstitute, die dem Sozialministerium unterstellten Sozialversicherungsträger und an andere Versicherungsgesellschaften abgegeben.

Bis zu Beginn des Jahres 1963 wurde die Verzinsung dieser Bons du Trésor vom Schatzamt autonom festgelegt. Die Mindestabsorbtion der Banken war durch den plancher d'effects publics gewährleistet, der diese zu einem Mindestportefeuille im Verhältnis zu ihrem Depositenvolumen zwang. Die Abnahme von Bons insbesondere durch Spezialkreditinstitute erfolgte und erfolgt noch heute auf unmittelbare Anweisung des Trésor public. Ähnliches gilt für die Sozialversicherung und die übrigen ‚privaten' Versicherungsgesellschaften, an denen der Staat mit insgesamt 40 % beteiligt ist.

Seit 1963 dagegen werden die Bons durch das Schatzamt versteigert. Dies bedeutet, daß der Trésor public die zu versteigernde Menge festlegt und der Zins (das Disagio bei der Versteigerung: der taux d'adjudication) sich entsprechend der Bankennachfrage herausbildet. Dieser Zins ist relativ niedrig, wenn die angebotene Menge gerade ausreicht, den Erfordernissen des plancher d'effets publics gerecht zu werden. Größere angebotene Kontingente dagegen lassen die Verzinsung kräftig ansteigen.

Der Trésor public kann so jede gewünschte Menge an Bons du Trésor absetzen. Dies kann allerdings dazu führen, daß der taux d'adjudication den Interventionssatz der Banque de France für öffentliche Schuldtitel übersteigt.

Das Volumen der ausstehenden, bankgängigen Bons du Trésor ist so durch die Emissionspolitik des Trésor bestimmt. Da die Masse der Bons eine Laufzeit von drei Monaten hat, besteht - zumindest theoretisch - die Möglichkeit, bei einer Neuemission von Null das Volumen der ausstehenden Bons du Trésor innerhalb dieser drei Monate auf nahezu Null zu reduzieren.

Das letztlich für die Banken zur Verfügung stehende Angebot an Bons du Trésor wird demnach eindeutig bestimmt durch den Trésor public selbst und die von ihm abhängigen oder beeinflußten Spezialkreditinstitute, Sozialversicherungsträger und private Versicherungen mit massiver staatlicher Beteiligung.

Die Abhängigkeit des taux d'adjudication, i_{BTB}, also der Verzinsung der bankgängigen Bons du Trésor, ist in Figur 3 graphisch dargestellt. Auf der Abzisse sind die von den Banken hereingenommenen Bons du Trésor, c^T, gemessen in Einheiten Bankdepositen, abgetragen. Die Kurve $C^T\ C^T$ gibt demnach an, bei welchen taux d'adjudication Angebot und Nachfrage an Bons du Trésor sich entsprechen, also Gleichgewicht auf diesem Markt herrscht.

Der Zins für die Menge e, die dem plancher d'effets publics entspricht, ist unelastisch in Bezug auf die so zwangsweise abgesetzte Menge. Die Verzinsung der Bons du Trésor wird hier vom Trésor autonom festgelegt auf das Niveau i^o_{BTB}; der taux d'adjudication im Bereich $i^o_{BTB} - i_{dNFBTB}$ der Kurve (i_{dNFBTB} ist der Interventionssatz der Banque de France für öffentliche Schuldtitel) ist dagegen höchst zinselastisch.

Figur 3: Angebot des Trésor public und taux d'adjudication

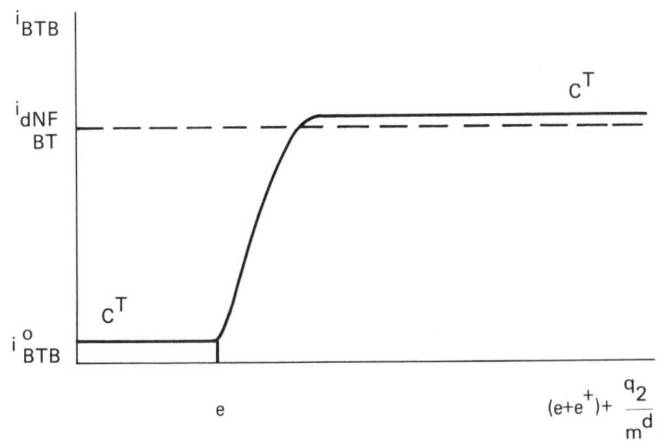

Wie die Graphik 12 in Teil II zeigt, entspricht unter völlig marktmäßigen Bedingungen - also ab Ende 1966, dem Zeitpunkt der Abschaffung des plancher d'effets publics - der taux d'adjudication etwa den Grenzkosten der Refinanzierung der Banken, der in diesem Falle gleichbedeutend ist mit dem Interventionssatz der Banque de France für öffentliche Schuldtitel.

Steigt bei erheblicher Emissionstätigkeit des Trésor public i_{BTB} über den Interventionssatz, so tritt die C^T C^T-Kurve wieder in einen Bereich ein, in dem i_{BTB} in bezug auf die abgesetzte Menge an Bons du Trésor völlig elastisch ist. Hier durchlaufen die Bons du Trésor in der Regel lediglich das Portefeuille der Banken; sie werden in dieser Situation bevorzugt rediskontiert. Die Beschaffung von Zentralbankgeld unter solchen Bedingungen ist für die Banken kostenlos.

3.4152 Das Asset-Angebot der Privaten

Das Assetangebot der Privaten erstreckt sich fast ausschließlich auf Schuldtitel in Buchkreditform. Bestimmend für das Angebot an Schuldtiteln der Art C^e ist vornehmlich die Realverzinsung i_r, das erwartete Preisniveau P^{exp} und das reale Bruttosozialprodukt y. Für das Assetangebot der Privaten folgt demnach:

$$C^{es} = C^{es} \, (i_r, P^{exp}, y) \tag{3.42}$$

Für die Elastizitäten werden folgende Vorzeichen erwartet:

$$E\,(C^{es}, i_r) > 0$$
$$E\,(C^{es}, P^{exp}\, P^p) > 0$$
$$E\,(C^{es}, y) > 0$$

Das erwartete Preisniveau P^{exp} wird durch diese Funktion approximiert:

$$P^{exp} = \frac{1}{T} \sum_{T}^{to} P(t_i) \frac{ti}{e^T}$$

Bei dieser Erwartungsfunktion wird von folgender Hypothese ausgegangen:

Das erwartete Preisniveau wird bedingt durch die vorangegangenen Erfahrungen, wobei die Bedeutsamkeit dieser Erfahrungen mit der zeitlichen Entfernung von der Gegenwart abnimmt. Dementsprechend wird das zu diesem Zeitpunkt erfahrene Preisniveau $P(ti)$ mit dem Faktor $e^{ti/T}$ gewichtet. T ist zu interpretieren als der durchschnittliche Erfahrungshorizont der Entscheidungsträger.

3.42 Das Gleichgewicht auf dem Kreditmarkt

3.421 Der herrschende Kreditzins

Der Kreditzins bildet sich in Frankreich nur bedingt unter rein marktmäßigen Konditionen. Zu unterscheiden sind hier zwei Perioden, nämlich die von 1959 bis 66 und die von 1967 bis heute.

Durch die Décision de Charactère Général No 59-11 und No 59-12 vom 17. 12. 59 wurde der Leitzins T eingesetzt. Er gilt für sämtliche Kredite und ist folgendermaßen bestimmt:

Sofern sich der Rediskontsatz der Banque de France zwischen einem Höchstsatz i_d^m und einem Niedrigstsatz i_d^n bewegt, entspricht T genau diesem Diskontsatz: Über- oder unterschreitet der Diskontsatz i_d die durch i_d^m und i_d^n definierte Bandbreite, so wird T um die Hälfte dieser Abweichung von i_d^m bzw. i_d^n erhöht bzw. reduziert.

$$T = i_d,$$

sofern $i_d^n \leq i_d \leq i_d^m.$

$$T = i_d^n - 1/2\,(i_d^n - i_d),$$

sofern $i_d^n > i_d.$

$$T = i_d^m + 1/2\,(i_d - i_d^m),$$

sofern $i_d^m < i_d.$

Diese Regelung gilt bis zum Inkrafttreten der Décision de Charactère général No 63-08 vom 21. 11. 63.

Die Bandbreite zwischen i_d^m und i_d^n wird abgeschafft; stattdessen gilt lediglich ein $i_d^o = i_d^n = i_d^m$. Die Regelung bezüglich der Abweichung von i_d^o vom Diskontsatz i_d wird beibehalten. T kann für $i_d^o \gtrless i_d$ in dieser Weise ausgedrückt werden:

$$T = i_d^o - 1/2\ (i_d^o - i_d).$$

T gilt für jedes Refinanzierungsvolumen der Banken.

$$E\ (T,\ RE_B) = 0$$

i_d^o wird in der Periode 60/66 insgesamt dreimal geändert und hat sich im wesentlichen in dieser Periode nicht vom Diskontsatz unterschieden.

Die Transformation von T in den jeweiligen Kreditzins erfolgt gleichfalls über gesetzliche Regelungen. Auch hier gilt:

$$i_k = \eta T,$$

wobei die geldpolitischen Instanzen η entsprechend einer Reihe von Provisionssätzen, der Kreditart usw. staffeln.

Die Liberalisierung des Bankenwesens in Frankreich im Jahre 1967[37] brachte folgende Neuerungen mit sich:

Der höchstzulässige Kreditzins i_{kmax} (Graphik 1) wird gesetzlich im Journal Officiel dekretiert. Er wird ermittelt von *Insee*[38] und beträgt das Doppelte der Rendite der Obligationen, die im vorangegangenen Halbjahr emittiert wurden[39]. Dieser so ermittelte Höchstsatz, multipliziert mit dem weiter politisch vorgegebenen ergibt den höchstzulässigen Kreditzins. Gleichzeitig aber dekretiert das Journal Officiel durch eine Reihe von Avis in detaillierter Form für drei Kreditkathegorien, die im einzelnen weiter aufgefächert werden, den zulässigen Höchst- und Niedrigzins, also eine Kreditzinsbandbreite. Hier handelt es sich um:

I. Kredite an Unternehmen
   a) Diskontierung von Handelswechseln
   b) kurzfristige Finanzierungskredite
   c) mittelfristige Kredite mit einer Laufzeit von 3 bis 7 Jahren
   d) Kontokorrentkredite und Vorschüsse
   e) Finanzierung von Teilzahlungsgeschäften für Geschäftsausrüstung.

II. Kredite an Private

III. Immobilienkredite

Eine Commission consultative sur le Taux des Prêts wacht seit August 1967 in Zusammenarbeit mit dem Justiz- und Wirtschaftsministerium über die Einhaltung dieser Vorschrift[40, 41].

---

[37] Loi N° 66-1010 du 28 Déc. 1966 relative à l'usure, aux Prêts d'argent et a certaines opérations de démarchage et de publicité, Journal Officiel du 28 Décembre 1966.

[38] *INSEE* Istitut national de Statistique et des Etudes economiques.

[39] Loi 66-1010, Section I, Article premier.

[40] Loi N° 66-1010 Article 7.

[41] Arrêté du 8 août 1967

Graphik 1: T-Régime und Kreditzinsbandbreiten

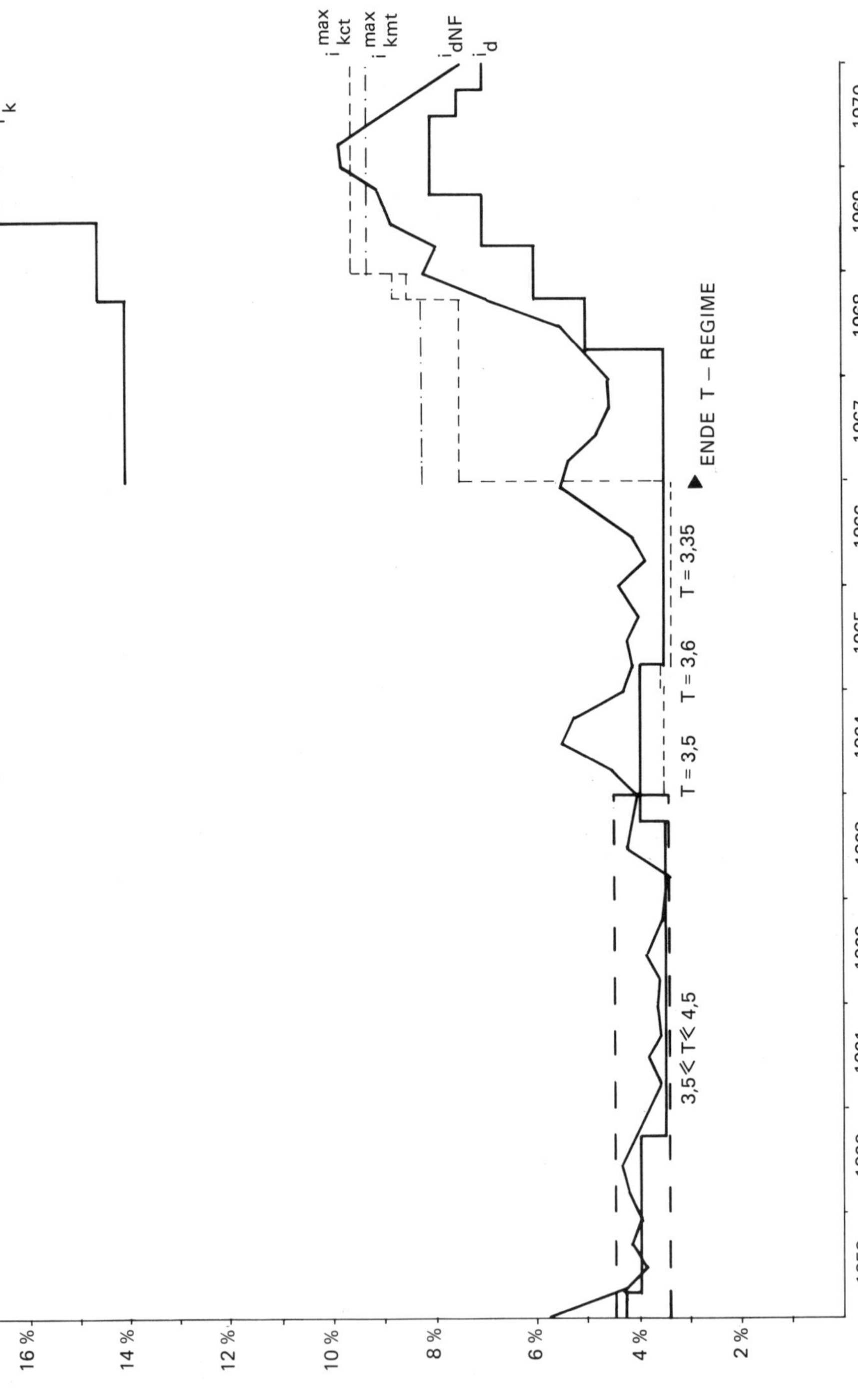

Es fragt sich nun, inwieweit diese gesetzlichen Regelungen eine Bildung des Kreditzinses unter marktmäßigen Bedingungen verhindern. Zunächst zu den Krediten des Typs C_1^e (mittelfristige, rediskontierbare und kurzfristige rediskontierbare, die nicht dem Plafonds unterliegen). Die Grenzkosten der Refinanzierung für Kredite dieser Art besteht im normalen Diskontsatz, also in i_d. Denn sofern die Erfordernisse des coefficient de retenu bzw. des coefficient de trésorerie erfüllt sind, können darüber hinaus vorgegebene Kredite dieser Art im allgemeinen jederzeit rediskontiert werden.

Unter dem T-Régime entspricht der Diskontsatz dem Leitzins T. Eine Ausnahme bildet lediglich die Periode von Januar 64 bis März 65, in der der Diskontsatz den Wert 4.0 annimmt, i_d^o aber 3,5 beträgt, so daß T den Wert 3,75 annehmen muß. Diese Zinsdifferenz von .25 dürfte allerdings kaum zu Buche schlagen, um so mehr, als die Banken der Kreditart entsprechend T mit einem Aufschlag von 1 bis 2 Punkten pro Jahr versehen können, der effektive Kreditzins also maximal 5.75 % beträgt. (Graphik 1).

Ist T durchweg gleich dem Diskontsatz und ist dieser identisch mit den Grenzkosten der Refinanzierung für mittelfristige Kredite, so hat der Leitzins T in der Periode 60/66 für diesen spezifisch abgetrennten Kreditmarkt keine marktinkonforme Funktion.

Unter dem Régime der Kreditzinsbandbreiten liegt der vorgeschriebene höchstzulässige Zins für C_1^e Kredite (i_{kmt}^{max} in der Graphik 1) stets über dem entsprechenden Rediskontsatz. Auch hier beeinträchtigen die politischen Maßnahmen die marktmäßige Kreditzinsgestaltung nicht.

Für die übrigen, kurzfristigen Kredite des Typs C_2^e ist die Situation dagegen weniger eindeutig. Zwar weicht unter dem T-Régime bis Ende 1963 der Interventionssatz der Banque de France nur unerheblich vom Rediskontsatz ab, doch bestehen in der Periode 64/66 dagegen ausgeprägt positive Differenzen zwischen T und i_{dNF} ($T - i_{dNF} < 0$). Die Banken können während dieser Zeit bei der Vergabe von kurzfristigen Krediten zu diesem Kreditzins ihren Gewinn nicht maximieren. Vielmehr liegen die Grenzkosten der Refinanzierung für diese Kredite, i_{dNF}, merklich über dem administrierten Kreditzins $i_k = \eta T$.

Denn sind die Banken genötigt, den Kreditnehmern den politisch niedrig gehaltenen Kreditzins ηT zu setzen, so ist zu diesem Zins notwendigerweise mit einem Überschußangebot an Schuldtiteln dieser Art zu rechnen. Figur 4 verdeutlicht diesen Sachverhalt:

Die Nachfragefunktion der Banken in bezug auf verzinsliche Aktiva der Privaten wird bestimmt durch TT. Bei gegebenem Assetangebot der Privaten EA_B^{sP} EA_B^{sP} ergibt sich im Gleichgewicht ein Volumen privater Schuldtitel in Höhe von G^o. Da die Banken das Assetvolumen $G^o - F^o$ über Offenmarktoperationen refinanzieren müssen, ist dieses so refinanzierte Kreditgeschäft mit einem Verlust verbunden, der in der Graphik der Fläche $EHGF$ entspricht.

Oder $$V = (G^o - F^o)\,(i_{dNF} - T)$$

Figur 4: Kreditzinsbandbreiten und Kreditnachfrage

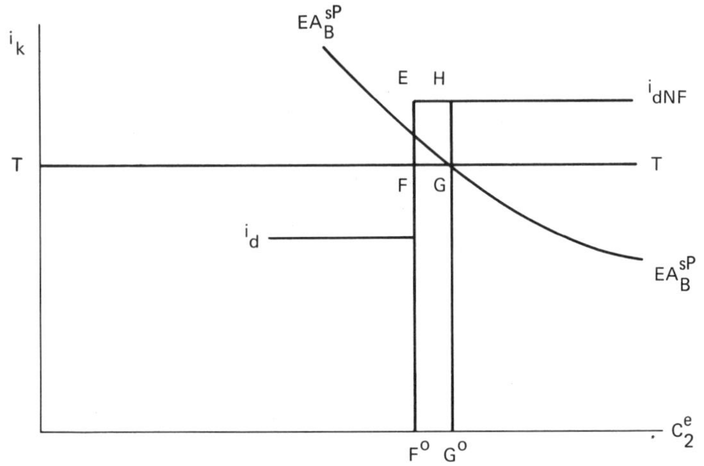

Aus der vorangegangenen Aufteilung des Portefeuille d'Escompte der Banque de France folgt, da $(G^o - F^o)$ identisch ist mit den Schuldtiteln, die die Banque de France im Zuge der Offenmarktoperationen erworben hat, daß

$$V = (q_1^{2NF} + q_2^{NF})\, 1/m^d\, D_B$$

Die Banken sind bestrebt, $(q_1^{2NF} + q_2^{NF})$ und damit V zu minimieren, um bei gegebenem T möglichst ein Assetvolumen in Höhe von F zu realisieren. Diskriminierende Maßnahmen zum Erreichen dieses Zieles bestehen – da das Setzen eines prohibitiven Preises nicht gestattet ist – in einer harten Selektion der Kreditnehmer nach Kriterien des Risikos, der Dauer der Geschäftsverbindung mit der Bank usw., was um so eher möglich ist, da für die Banken kein Kontrahierungszwang besteht.

Das Régime der Kreditzinsbandbreiten ab 1967 dagegen beeinträchtigt die Ertragslage der Banken nicht mehr. Der politisch determinierte Höchstzins für Kredite der vorgenannten Kategorien sind so gewählt, daß der jeder einzelnen Kreditart zugeordnete Höchstzins über dem Interventionssatz i_{dNF} liegt:

$$(i_{kct}^{max} \text{ und } i_{kmt}^{max} \text{ in Graphik 1})$$

Für den herrschenden Kreditzins gilt demzufolge unter dem T-Régime von 60 bis 66

$$i_k = \eta T,$$

wobei T für C_1^e und C_2^e Kredite gilt. η nimmt für die verschiedenen Kreditarten, weiteren gesetzlichen Vorschriften entsprechend, gestaffelte Werte an.

Für das Regime der Kreditzinsbandbreiten ab 1967 gilt im Falle der mittelfristigen rediskontierbaren Kredite

$$i_{kmt} = \eta \, i_d$$

und für den Kreditzins für Kredite des Typs C_2^e

$$i_k = \eta \, i_{dNF}.$$

Die empirische Behauptung $i_k = \eta \, i_{dNF}$ allerdings bedarf weiterer Beweise: denn schließlich impliziert sie, daß die Banken sich regelmäßig und massiv über Offenmarktoperationen bei der Banque de France refinanzieren, daß also $q_1^{2NF} + q_2^{NF} \gg 0$ und $i_{GR} = i_{dNF}$. Dies hat die folgenden Gründe:

1. Der Kapitalverkehr der Banken mit dem Ausland ist im Untersuchungszeitraum starken Beschränkungen unterworfen (Vgl. Abschn. 2.22). Folglich kann die Depositennachfrage am Eurogeldmarkt von den französischen Banken nur begrenzt ausgenutzt werden. Weiterhin übersteigt der Interventionssatz der Banque de France den Eurogeldsatz plus Nebenkosten nur geringfügig und nur für kurze Perioden (vgl. Graphik 2). Selbst bei $i_{dNF} - i_{EU} + ksk > 0$ ziehen die Banken bei geringer Differenz eine Refinanzierung bei der Banque de France vor. Dies hat folgende Gründe:
   - die Unsicherheit über die Entwicklung des I_{EU}-Satzes ist größer als die über die Entwicklung des i_{dNF}-Satzes
   - selbst bei massivem Offenmarktgeschäft gilt:

   $$E\,(i_{dNF}, RE_B) = 0$$

2. Der von der Banque de France einmal gesetzte Interventionssatz ist in bezug auf die Masse der im Offenmarktgeschäft abgesetzten Refinanzierungstitel unelastisch; bei massiver Auslandsrefinanzierung dagegen ist ein

   $$E\,(i_{EU}, RE_B) = 0$$

   nicht gewährleistet.

- Beim Offenmarktgeschäft entstehen keinerlei Transaktions-, Kurssicherungs- und Informationskosten, was im Auslandsgeschäft allerdings der Fall ist.

Das Fazit hieraus ist aus Graphik 2 ersichtlich. Von 61 III bis 63 I weicht i_{EU} nur geringfügig von i_{dNF} ab. Hier ziehen die Banken in jedem Falle eine Refinanzierung bei der Banque de France vor. Lediglich die Periode 63 I bis 64 III bildet eine Aus-

Graphik 2: Interventionssatz der Banque de France und Eurogeldsatz (Dreimonats-Dollardepositen, London)

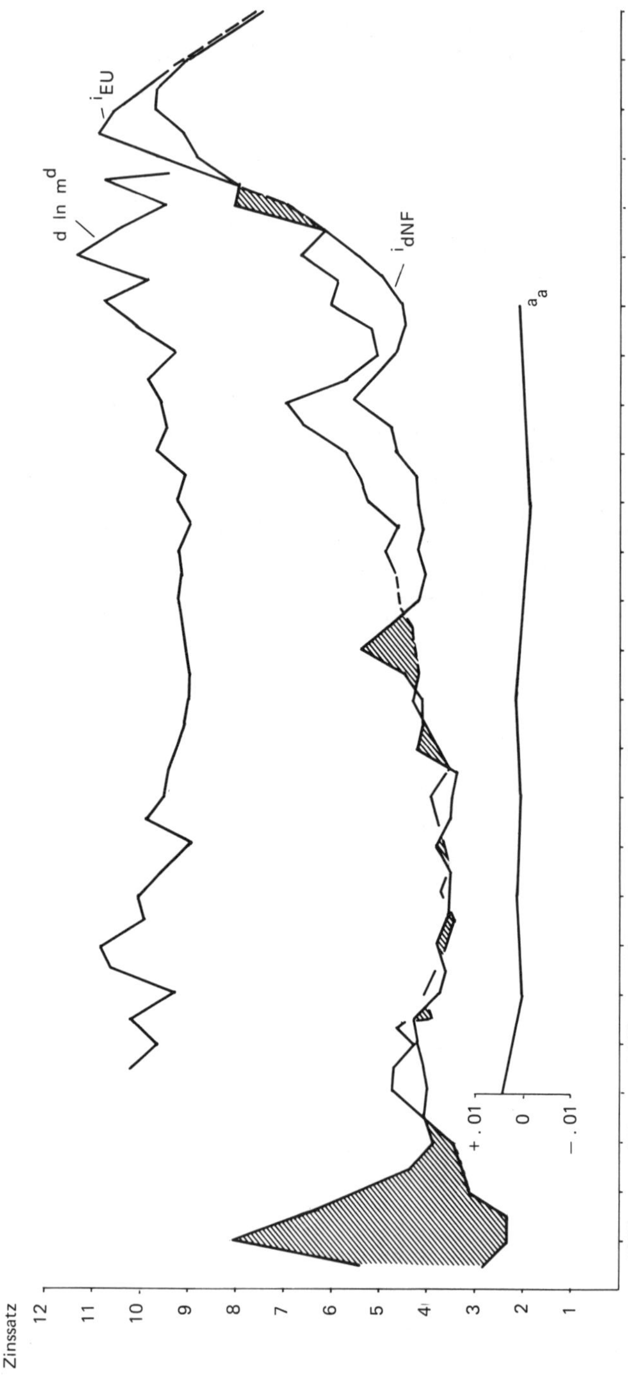

schraffierte Felder: $i_{EU} > i_{dNF}$

nahme. Hier ist $i_{dNF} > i_{EU}$. Unter der Bedingung freien Kapitalverkehrs mit dem Ausland muß nun eine Erhöhung der Nettoschuldnerposition der Banken dem Ausland gegenüber zu verzeichnen sein. Dies spiegelt sich gemäß $E\ (m^d,\ (i_{dNF} - i_{EU} + ksk) > 0$ in einer überdurchschnittlichen Wachstumsrate des Depositenmultiplikators wider, was während 63 I - 64 III offensichtlich nicht der Fall ist. Der Grund hierfür liegt effektiv in der Beschränkung des Kapitalverkehrs der Banken mit dem Ausland. Die kurzfristige Netto-Passiv-Position der Banken dem Ausland gegenüber zeigt gleichfalls eine atypische Reaktion. Können aber die Banken die bestehende positive Zinsdifferenz $i_{dNF} - i_{EI}$ nicht auswerten und verändert sich der Depositenmultiplikator nicht, so gilt trotz $i_{dNF} - (i_{EU} + ksk) > 0$, daß der Interventionssatz der Banque de France weiterhin identisch ist mit den Grenzkosten der Refinanzierung der Banken.

3.422 Der Plafonds d'Escompte Ordinaire und die Minimalkoeffizienten

Ein weiterer Grund für ein andauerndes $(q_1^{2NF} + q_2^{NF}) > 0$ ist durch die Existenz des Planfonds d'Escompte ordinaire, *PL*, und der Minimalkoeffizienten

e (plancher d'effets publics)
z (coefficient de trésorerie)
n (coefficient de retenu).

gegeben.

Der Planfonds d'Escompte Ordinaire ist als Bestandsgröße auf rd. 7,5 Mrd. fixiert und im Zeitablauf keinen erheblichen Veränderungen unterworfen.

$$\frac{dPL}{dt} \sim 0$$

Die Wachstumsrate der C_2^e-Kredite (kurzfristige, gewöhnliche und alle nichtrediskontierbaren) ist positiv.

$$\frac{dC_2^e}{dt} > 0$$

Hieraus folgt notwendigerweise:

$$d(\frac{PL}{C_2^e})/dt < 0$$

Ein ständig abnehmender Teil der C_2^e-Kredite kann also durch Rediskontierungen innerhalb des Planfonds refinanziert werden.

Bleiben weiterhin in

$$C_2^e = \frac{q_1^{2PL} + q_1^{2NF} + (o_1 + o_2)\ m^d}{1 - q}\ EX^B$$

die Bilanzstrukturparameter o_1 und o_2 und der Depositenmultiplikator m^d relativ konstant, so muß q_1^{2NF} im Zeitablauf steigen.

Der Effekt des so eingerichteten Planfonds d'Escompte Ordinaire besteht demnach darin, die Banken zu nötigen, das Offenmarktgeschäft mit der Banque de France kontinuierlich auszudehnen.

Diese Tendenz wird durch die den Banken oktroyierten Minimalkoeffizienten weiter verstärkt.

Der coefficient de trésorerie

Ausgangspunkt der Überlegungen sind die Multiplikatoren m^c, m^T und der Gesamtassetmultiplikator m^a, der entsprechend den bereits gegebenen Definitionen in dieser Weise geschrieben werden kann:

- für das Régime des coefficient de trésorerie und des plancher d'effets publics

$$m^a\ (z) = \frac{q + (n^* + e + e^* + o + o_1 + o_2 + f)\ m^d}{1 - q}$$

Der coefficient de trésorerie und die hiervon beobachtete Abweichung z^* beinhaltet hierbei folgende Parameter:

$$z + z^* = n^* + e + e^* + o + r$$

- für die Régime des coefficient de retenu:

$$m^a\ (n) = \frac{q + (n + n^* + e^* + o + o_1 + o_2 + f)\ m^d}{1 - q}$$

Der coefficient de retenu betrifft den Parameter n; die beobachtete Abweichung ist n^*.

Um die Auswirkungen einer Variation von z und e, resp. n auf das Portefeuille d'Escompte analysieren zu können, ist eine weitere Auflösung des m^a-Zählers notwendig.

Der Verteilungsparameter q wird entsprechend den eingeführten Definitionen (vgl. S. 74) nach Maßgabe der unterschiedlichen Reglementierungen aufgespalten.

$$m^a(z) = \frac{q_1^{2PL} + q_1^{2NF} + q_2^{d} + q_2^{NF} + q_1^{1} + (n^* + e + e^* + o + o_1 + o_2 + f)\ m^d}{1 - q}$$

Erhöht nun die Banque de France den coefficient de trésorerie um $\Delta\ z$, wobei zunächst nicht weiter in Betracht gezogen wird, ob der von z inkorporierte plancher d'effets publics e gleichfalls variiert, so ist die notwendige Konsequenz für die Banken eine Erhöhung der Summe der Parameter $(n^* + e^* + o)$ um denselben Betrag, sofern nicht eine den Banken überschüssig gehaltene Proportion z^* den von $\Delta\ z$ ausgehenden Effekt auffängt. Demzufolge gilt

$$\Delta\ z - z^* = \Delta\ (n^* + e^* + o)$$

Wegen der Bilanzrestriktion

$$n^* + e^* + e + o + o_1 + o_2 + f = 1 - r$$

stellt sich notwendigerweise eine Substitutionsbeziehung zwischen den beiden Klassen der durch den coefficient de trésorerie definierten und nicht definierten Bilanzstrukturparameter, *i.e* $(n^* + e^* + o)$ und $(o_1 + o_2 + f + r)$ ein. Das Substitutionsverhältnis beträgt −1, so daß

$$\Delta\ (n^* + e^* + o) + \Delta\ (o_1 + o_2 + f + r) = 0$$

Die im Reservekoeffizienten inkorporierten Überschußreserven sind so gering, daß sie als Aktionsparameter der Banken nicht in Frage kommen. Ebenfalls scheidet eine Manipulation von f aus, da die Banken wegen der Eigenart dieses Sammelpostens diesen kaum beeinflussen können. (Die Proportion f beläuft sich ohnehin auf durchschnittliche .02, ein Wert, der als Restgröße in der konsolidierten Bankenbilanz zudem alle statistischen Meßfehler enthält.) Bleibt für die Banken als Anpassungsstrategie lediglich eine Manipulation der Parameter o_1 und o_2. Zur kurzfristigen Anpassung kann hiervon wiederum lediglich o_1, die Proportion zum Bankendepositenvolumen gewählt werden; denn diese Kredite können jederzeit zum Offenmarktsatz i_{dNF} bzw. zum taux d'escompte en pension i_{dEP} an die Banque de France weitergegeben werden, während o_2 als Proportion aller nicht rediskontierbaren Kredite nur allmählich abgebaut werden kann.

Eine Variation des coefficient de trésorerie kann aus diesen Gründen von den Banken lediglich durch folgende Umschichtung ihrer Bilanzstrukturparameter beantwortet werden:

$$\Delta\ (n^* + e^* + o) + \Delta\ o_1 = 0$$

Sofern bei einer Erhöhung des coefficient de trésorerie $\Delta\ o_1 < 0$ gefordert wird, stehen die Banken vor der Wahl, ihre Nachfrage nach kurzfristigen Schuldtiteln nach Maßgabe des verminderten o_1 einzuschränken, was ein Sinken von $d\ ln\ C_2^e$ zur Folge hat, oder aber sich vermehrt bei der Banque de France zu verschulden.

Schränken die Banken ihre Nachfrage ein, was eine Verlagerung der EA^d-Kurve nach oben bedeutet, so wird dies – soll das Gewinnmaximum der Banken realisiert werden – nur dann erfolgen, wenn eine zunehmende Verschuldung bei der Zentralbank mit zunehmenden Grenzkosten der Refinanzierung verbunden ist, d. h., wenn die Banken durch Ausdehnen ihres Refinanzierungsvolumen bei der Banque de France in eine Zone mit höheren Rediskontsätzen hineingeraten, also in der $RE_B^d\ RE_B^d$ Kurve einen Sprung passieren. Da die Banken aber insbesondere wegen des Plafonds d'Escompte Ordinaire sich ohnehin schon im Zuge von Offenmarktoperationen refinanzieren, gilt unverändert:

$$E(i_{GR}, RE_B) = 0$$

und

$$i_{GR} = i_{dNF}$$

Bleibt also die Wachstumsrate der C_2^e-Kredite wegen des i_{GR} unberührt, so muß gelten:

$$\Delta\ o_1 + \Delta\ (q_1^{2NF}/m^d) = 0$$

Dies, da q_1^{2PL} politisch fixiert ist. Der Abbau des Parameters o_1 wird voll durch eine zusätzliche Refinanzierung im Zuge von Offenmarktoperationen über eine Erhöhung von q_1^{2NF} kompensiert, so daß

$$\Delta\ z - z^* = \Delta\ (q_1^{2NF}/m^d)$$

Entsprechend muß der Anteil der rediskontierten Kredite des Typs C_1^e, also q_1^1, sinken. Ebenfalls vermindert sich das Volumen der rediskontierten Bons de Trésor q_2. Die Veränderung von q_1^{2NF} wird voll durch eine Veränderung von q_1^1 und q_2 ausgeglichen, so daß letztlich

$$\Delta\ (q_1^{2NF}/m^d) - \Delta\ (q_2 + q_1^1)\ m^d = 0$$

Der Verteilungsparameter q bleibt in dieser Situation unverändert; die Variation des coefficient de trésorerie hat somit keine Auswirkungen auf das Portefeuille d'Escompte der Banque de France.

Die verursachte Umschichtung innerhalb der borrowing-ratios der Banken allerdings beeinträchtigt ihre Ertragslage erheblich, da die Banken nun vermehrt auf eine kostenungünstige Refinanzierung zurückgreifen müssen.

Bei einer Veränderung des coefficient de retenu ergibt sich ein ähnliches Resultat. Entsprechend der mit unterschiedlichen Rediskontkosten verbundenen Rediskontierung der Aktiva der Art C_1^e und C_2^e wird der Nenner von $m^a(n)$ ebenfalls aufgelöst:

$$m^a(n) = \frac{q_1^1 + q_1^{2PL} + q_1^{2NF} + q^d{}_2 + q_2^{NF} + (n^* + n + e^* + o + o_1 + o_2 + f)\ m^d}{1 - q}$$

Wegen der Bilanzrestriktion gilt auch hier:

$$\Delta\ n - n^* = -\Delta\ (e^* + o + o_1 + o_2 + f)$$

Allerdings haben die Banken unter dem Régime des coefficienten de retenu drei brauchbare Aktionsparameter, nämlich o_1 wie im Falle des coefficient de trésorerie, e^* als Proportion der im Portefeuille gehaltenen Bons du Trésor und o als Proportion der kurzfristigen Export- und ONIC-Kredite. Infolgedessen gilt:

$$\Delta\ n - n^* = \Delta\ (e^* + o + o_1)$$

Da aber das Volumen der bevorzugt rediskontierbaren mittelfristigen Kredite C^{ex}_{ct} und C^{OC} wegen der spezifischen Geschäfte, an die sie gebunden sind, vergleichsweise gering ist, und sich diese Kredite wegen des geringen Rediskontsatzes ohnehin in der Hauptsache bereits im Portefeuille der Banque de France befinden, beschränkt sich die Aktionstätigkeit der Banken praktisch auf e^* und o_1, so daß

$$\Delta\ n - n^* = -\Delta\ (e^* + o_1)$$

Wegen $(q_1^{2NF} + q_2^{NF}) \gg 0$ und $E(i_{dNF}, RE_B) = 0$ verändert sich weder $d\ ln\ C_2^e$ aufgrund einer Variation von o_1, noch wird das Emissionsverhalten des Trésor public $d\ ln\ C^T$ durch alternative Werte für e^* beeinflußt. Demzufolge wird $\Delta n - n^*$ voll an q_1^2 und q_2 weitergegeben. Da innerhalb von q_1^2 und q_2 lediglich q_1^{2NF} und q_2^{NF} ungehindert von den Banken variiert werden können, gilt:

$$\Delta\ n - n^* = \Delta\ \frac{q_1^{2NF} + q_2^{NF}}{m^d}$$

und

$$\Delta\ n - n^* = -\Delta\ q_1^1$$

$$\Delta\ \frac{q_1^{2NF} + q_2^{NF}}{m^d} - \Delta\ \frac{q_1^1}{m^d} = 0$$

$$q = \text{const}$$

Die Ertragslage der Banken erfährt bei einer Modifikation des coefficient de retenu gleichfalls Veränderungen.

Einzig in dem Falle, in dem diese Minimalkoeffizienten drastisch gesenkt oder sogar abgeschafft werden und die betroffenen C_1^e-Kredite $(C^{ex}_{mt} + C^b_{mt})$ weiterhin kostengünstig rediskontiert werden können, ergeben sich Auswirkungen auf den Kreditzins: denn steht den Banken das gesamte Portefeuille der mittelfristigen Kredite zum Rediskont zur Verfügung, so sind sie auf den Offenmarkt nur noch marginal angewiesen. Die Grenzkosten der Refinanzierung betragen in diesem Falle für die Banken einheitlich i_{dmt}. Da $i_{dNF} \gg i_{dmt}$, wäre hier mit einem Steigen von $d\ ln\ C^e$ und somit $d\ ln\ E^B$ zu rechnen.

Da eine Variation von n und z in Grenzen, die es den Banken nicht erlauben, sich ohne massive Inanspruchnahme des Offenmarktes voll durch den Rediskont mittelfristiger Kredite zur refinanzieren, offenbar keine aggregativen Auswirkungen auf Geldbasis- und Menge hat, ist nach dem eigentlichen Sinne dieser Maßnahmen zu fragen.

Da zwischen dem Interventionssatz der Banque de France und dem Rediskontsatz für Kredite des Typs C_1^e ein erheblicher Unterschied besteht und die jeweiligen

Kreditzinsen sich an diesen Sätzen ausrichten, gelingt es der Banque de France, die Wachstumsraten $d\ ln\ C_1^e$ und $ln\ C_2^e$ und damit das Verhältnis C_1^e/C_2^e durch diese Kostendifferenz zu beeinflussen. Die Versorgung der Wirtschaft insbesondere mit kurzfristigen, gewöhnlichen Krediten, die ja den überwiegenden Teil von C_2^e ausmachen, erfolgt zu hohen Kosten für die Kreditnehmer, während Kredite zur Förderung der Exportindustrie des Wohnungsbaues und allgemein der Anlageinvestitionen, C_1^e, zu erheblich geringeren Kosten möglich wird. Auf diese Weise wird die Privatwirtschaft stimuliert, die Planziffern der Fünfjahrespläne zu realisieren. Gleichzeitig aber wird durch die Minimalkoeffizienten verhindert, daß die Grenzkosten der Refinanzierung der C_2^e-Kredite auf i_{dmt} sinken und sich das gesamte Kreditvolumen sprunghaft ausweitet.

> i_{dmt} sorgt für niedrige Kreditzinsen zugunsten bestimmter Branchen und hat somit vornehmlich allokative Effekte, während n bzw. z präventiven Charakter haben und gewährleisten, daß die Grenzkosten der Refinanzierung der C_2^e-Kredite regelmäßig im Interventionssatz der Banque de France (i_{dNF}) bestehen. Preisdifferenzierung am Kreditmarkt und Minimalkoeffizienten bedingen somit einander. Variationen von n oder z beeinträchtigen die Gewinnlage der Banken und berühren EA_B^d.

Der plancher d'effets publics bestimmt im Zusammenhang mit der Entwicklung von Geldbasis und Depositenmultiplikator die Pflichtabsorbtion der Banken an Bons du Trésor in der Zeit, die so an diese zu einem beliebig niedrigen Zinssatz abgegeben werden können. Beträgt die Höhe des Mindestportefeuilles der Banken an Bons du Trésor $\overline{BT}_B$, so gilt:

$$\overline{BT}_B = e\ m^d\ B$$

resp. für die Wachstumsrate

$$d\ ln\ \overline{BT}_B(t) = d\ ln\ e(t) + d\ ln\ m^d(t) + d\ ln\ B(t)$$

Aus der durch den Trésor public festgelegten Wachstumsrate $d\ ln\ C^T$ und der Entwicklung von $d\ ln\ m^d(t)$ und $d\ ln\ B(t)$ können dann die geldpolitischen Instanzen jederzeit durch eine entsprechende Veränderung des Plancher d'effets publics $(d\ ln\ e)$ bestimmen, wie hoch das Volumen der Bons du Trésor im Portefeuille der Banque de France sein soll. Sollen keine Bons du Trésor rediskontiert werden, so muß gelten:

$$d\ ln\ e(t) = d\ ln\ C^T(t) - d\ ln\ m^d(t) - d\ ln\ B(t)$$

Paßt sich – wie dies von 1948 bis 1961 der Fall war – die Emissionspolitik des Trésor public der Entwicklung des Bankdepositenvolumens an, ist also

$$d\ ln\ C^T(t) = d\ ln\ m^d(t) + d\ ln\ B(t)$$

kann der plancher d'effetes publics unverändert bleiben, ohne daß die Gefahr besteht, daß größere Mengen an Bons du Trésor bei der Banque de France rediskontiert werden.

Beabsichtigt der Trésor hingegen, das Ausmaß seiner Verschuldung einzuschränken, ist also für lange Perioden $d\ ln\ C^T(t) < 0$, so wie dies in der Zeit von 1961 bis 1966 der Fall war, gilt $d\ ln\ e(t) < 0$. Tatsächlich wurde e in dieser Zeit von .20 sukzessive auf Null reduziert.

Die Aufgabe des plancher d'effets publics besteht lediglich darin, andere private Schuldtitel in den Rediskont zu schieben. Dies läßt sich an $m^a(z)$ verdeutlichen. Sorgen die geldpolitischen Instanzen dafür, daß

$$d\ ln\ C^T(t) = d\ ln\ e(t) + d\ ln\ m^d + d\ ln\ B(t),$$

können keine neuen Rediskontierungen von Bons du Trésor vorgenommen werden. Entsprechend zeigt sich in

$$m^a(z) = \frac{q_1^1 + q_1^2 + q_2 + (e + e^* + n^* + o + o_1 + o_2 + f)\ m^d}{1 - q}$$

ein äußerst geringes q_2.

Oder von einem anderen Aspekt her, hat für einen Zeitraum gegolten:

$$d\ ln\ C^T(t) \gg d\ ln\ e(t) + d\ ln\ m^d(t) + d\ ln\ B(t),$$

und ist q_2 entsprechend hoch, so schiebt eine Erhöhung des plancher um $\Delta\ e$ in $m^a(z)$ bei unverändertem coefficient de trésorerie notwendigerweise die übrigen Aktiva vom Portefeuille der Banken in das der Banque de France, so daß sich in Analogie zu den beiden anderen Minimalkoeffizienten ergibt:

$$\Delta\ e\ = -\ \Delta\ (n^* + o + o_1 + o_2 + f)$$

und

$$\Delta\ e = -\ \Delta\ q_2.$$

Sofern ein steigendes q_1 keine steigenden Grenzkosten der Refinanzierung verursacht, stellt sich

$$-\ \Delta\ (n^* + o + o_1 + o_2 + f) = +\ \Delta\ (q_1)$$

ein, so daß folgt

$$+\ \Delta\ e = +\ \Delta\ q_1.$$

Die Effekte des plancher d'effets publics bestehen demnach in folgendem:

- emittierte bankfähige Bons du Trésor können vom Trésor public zu minimalen Zinssätzen abgesetzt werden.
- das Portefeuille der rediskontierten Bons du Trésor wird minimiert; so kann der Eindruck hervorgerufen werden, der Staat habe, da das Ausmaß der nicht konsolidierten Staatsschuld gering ist, etwaige inflationistische Tendenzen nicht mitverursacht. Tatsächlich aber bestimmt die vom Trésor public autonom festgelegte Wachstumsrate der umlaufenden bankfähigen Bons du Trésor, $d \ln C^T$ wie noch eingehend gezeigt wird, das Rediskontvolumen, während der Plancher d'effets publics, wie gezeigt, lediglich dafür sorgt, daß vornehmlich private Schuldtitel ins Portefeuille d'Escompte der Banque de France gelangen.

  Hier zeigt sich auch, daß das Ausmaß der öffentlichen Schuldtitel im Portefeuille der Zentralbank niemals ein Indiz für den Umfang des Staatsdefizites sein kann.

Der Plafonds d'Escompte Ordinaire und eine Erhöhung der Minimalkoeffizienten führen insgesamt zu einer Umschichtung innerhalb des Verteilungsparameters q zugunsten von q_1^{2NF} resp. $q_1^{2NF} + q_2^{NF}$: die Refinanzierung der Banken über Offenmarktgeschäfte nimmt relativ zum gesamten bankeninitiierten Rediskontvolumen zu. Die hierdurch verursachte Beeinträchtigung der Gewinnlage der Banken führt mit einem time-lag zu einer Dämpfung des Kreditvolumens.

Wird definiert

$$\frac{q_2^{NF}}{q} = q_1^o$$

und

$$\frac{q_1^{2NF} + q_2^{NF}}{q} = q_2^o,$$

so ergeben sich folgende Reaktionsmuster:

a) $$E\,(q_1^o, z) \sim \frac{z}{q_1^{2NF}}$$

b) $$E\,(q_2^o, n) \sim \frac{n}{q_1^{2NF} + q_2^{NF}}$$

c) $$E\,(q_2^o, q_1^{2PL}) \sim -\frac{q_1^{2PL}}{q_1^{2NF}}$$

d) $$E\,(q_2^o, z - e) \sim \frac{z}{q_1^{2NF}}$$

Das Ergebnis für d) gilt unter der Bedingung

$$d \ln C^T(t) = d \ln e\,(t) + d \ln m^d(t) + d \ln B\,(t)$$

Von erhöhtem empirischen Interesse sind die Reaktionsmuster b), c) und d). Insbesondere beim Abbau des plancher d'effets publics in der Periode 60/66 unter zeitweiser Variation von z ist d von Bedeutung. (s. Anhang)

Das Fazit aus diesen institutionellen Regelungen des Rediskontgeschäftes ist, daß - abgesehen vom *T*-Régime - der herrschende Kreditzins für alle mittelfristigen rediskontierbaren Kredite und für die kurzfristigen Export- und *ONIC* Kredite.

$$i_{kmt} = i_d$$

und für alle übrigen, kurzfristigen Kredite

$$i_k = \eta\, i_{dNF}$$

beträgt. Dies, da wegen des Plafonds d'Escompte Ordinaire und der Minimalkoeffizienten der Offenmarkt stets stark beansprucht ist $(q_1^{2NF} + q_2^{NF} \gg 0)$, und da weiterhin aus institutionellen Gründen

$$E\,(i_{dNF}, RE_B) = 0.$$

3.423 Das gleichgewichtige Assetvolumen

Ist ständig die Zone erreicht, in der $q_1^{2NF} + q_2^{NF}) \gg 0$, und in der die Nachfrage der Banque de France nach Refinanzierungstiteln der Banken und demzufolge wegen der spezifischen Transformation von RE_B^d in EA_B^d die Nachfrage der Banken nach verzinslichen Aktiven völlig elastisch ist, so wird bei einmal gegebenem i_k bzw. i_{kmt} das im Gleichgewicht realisierte C_2^e bzw. C_1^e *voll durch die Argumente des Angebotes* bestimmt.

Zur Bestimmung des Assetvolumens des Typs C_1^e sind von der Angebotsseite her die folgenden Argumente relevant:

- das Bruttosozialprodukt y, real
- das erwartete Preisniveau P^{exp}
- der Realzins i_r.

Von der Nachfrageseite her tritt der Kreditzins i_{kmt} als Argument in die Funktion ein. Dieser ist - wie aus den vorangestellten Überlegungen hervorgeht - unter dem *T*-Régime bestimmt durch T selbst und in der Folgezeit durch die Grenzkosten der Refinanzierung, also im relevanten Rediskontsatz.

Demnach gilt:

$$C_1^e = C_1^e\,(y, P^{exp}, i_r\, i_{kmt}) \tag{3.43}$$

wobei für die Periode 60/66

$$i_{kmt} = \eta\, T$$

und für die Periode 66/70

$$i_{kmt} = \eta\, i_{d}.$$

Für die Elastizitäten gilt:

$$E\,(C_1^e,\, y) > 0$$

$$E\,(C_1^e,\, P^{exp}) > 0$$

$$E\,(C_1^e,\, i_r) > 0$$

$$E\,(C_1^e,\, i_{kmt}) < 0$$

Die Bestimmung von C_2^e kann in ähnlicher Weise vorgenommen werden. Aus den Bestimmungsfaktoren des Assetangebotes ergeben sich wiederum die Argumente y, i_r, p^{exp}; das wichtigste Argument der Nachfrageseite ist der Kreditzins i_k für Kredite des Typs C_2^e. Unter dem T-Régime gilt für diesen Kreditzins ebenfalls

$$i_k = \eta\, T$$

und für die Periode der Kreditzinsbandbreiten 66/70:

$$i_k = \eta\, i_{dNF}.$$

Ein weiteres Argument zur Bestimmung von C_2^e leitet sich aus der Gewinnsituation der Banken ab, die allgemein durch den Quotienten $q_2^o = (q_1^{2NF} + q_2^{NF})/q$ gekennzeichnet ist: eine relativ hohe Refinanzierung der Banken im Offenmarktgeschäft hat – wie bereits dargestellt – eine Schmälerung ihrer Gewinne zur Folge, unter dem T-Régime bei $T < i_{dNF}$ sogar relative Verluste.

Bei der Aufnahme des Gewinnargumentes in die Funktion zur Bestimmung des C_2^e-Volumens wird von folgender Hypothese ausgegangen:

- im Falle $T < i_{dNF}$ suchen die Banken durch eine Reihe diskriminierender Maßnahmen die Wachstumsrate von C_1^e zu dämpfen, sofern sich herausgestellt hat, daß die in der Vorperiode getätigten Geschäfte mit einem hohen $(q_1^{2NF} + q_2^{NF})$ verbunden waren.
- Auch in der Periode der Kreditzinsbandbreiten 66/70 gilt das Gewinnargument: Bei der Vergabe von kurzfristigen Finanzkrediten, Kontokorrentkrediten usw. orientieren sich die Banken am herrschenden Interventionssatz, der dann mit einem Zuschlag versehen, den entsprechenden Kreditzins darstellt. Dieser bleibt für die Laufzeit des jeweiligen Kredites unverändert. Steigt nun in der kurzen Frist der Interventionssatz erheblich an – so wie dies ab 67 IV der Fall ist (i_{dNF} steigt

von 67 IV bis 68 IV um 3,75 Punkte von 4,5 % auf 8,25 %) besteht die Wahrscheinlichkeit, daß die Vergabe bestimmter kurzfristiger Kredite zu Ende der Laufzeit zum Verlustgeschäft wird.

Das gleiche gilt für das Geschäft der Banken mit kurzfristigen, gewöhnlichen Handelswechseln. Die Banken diskontieren diese Wechsel zum normalen Rediskontsatz plus Zuschlag, der bei unverändertem i_d und i_{dNFd}-Satz jederzeit einen Rediskont bei der Banque de France selbst zum i_{dNF}-Satz ohne Verlust ermöglicht. Halten die Banken nun einen solchen Wechsel einige Zeit im Portefeuille, um ihn dann zu rediskontieren, und steigt zwischenzeitlich der i_{dNF}-Satz und ist weiterhin der plafonds ausgeschöpft, ist dieses Geschäft für die Banken mit einem Gewinn verbunden, der nicht dem erwarteten entspricht, sondern ihn unterschreitet. Da mit einer gewissen zeitlichen Verzögerung bei der Anpassung der Preisgestaltung der Banken an neue Refinanzierungsbedingungen gerechnet werden muß, wird die Gewinnsituation der Vorperiode, $q_2^o\ (t-1)$ ins Kalkül gezogen. Bei der Verwendung des Gewinnparameters q_2^{oG} ist weiterhin zu beachten, ob die Banken - dies gilt für das T-Régime - wegen des künstlich niedrig gehaltenen Kreditzinses relative Verluste erleiden. Dies wird approximierend durch die Gewichtung

$$1 - \frac{T}{i_{dNF} - T}$$

ausgedrückt.

$$q_2^{oG} = q_2^o \left(1 - \frac{T}{i_{dNF} - T}\right)$$

Für Perioden, in denen der Kreditzins nicht administrativ festgesetzt ist, also für $T = 0$, gilt:

$$q_2^{oG} = q_2^o$$

Für C_2^e gilt demnach:

(3.44) $$C_2^e = C_2^e\ [y,\ p^{exp},\ i_r,\ i_k,\ q_2^{oG}\ (t-1)]$$

$$E\ (C_2^e,\ y) > 0$$

$$E\ (C_2^e,\ P^{exp}) > 0$$

$$E\ (C_2^e,\ i_r) > 0$$

$$E\ (C_2^e,\ i_k) < 0$$

$$E\ (C_2^e,\ q_2^{oG}\ (t-1)) < 0$$

Diese Argumente zur Bestimmung von C_1^e und C_2^e gelten allerdings nur dann, wenn keine Kreditzuwachsbeschränkungen herrschen. Ist dagegen die Wachstumsrate der Kredite politisch vorgegeben, so wie dies für das gesamte Kreditvolumen von Beginn des Jahres 63 bis Mitte 65 und für C_2^e von Mitte 68 bis Ende 70 der Fall war, sind die Wachstumsraten $d\,ln\,C_2^e$ bzw. $d\,ln\,C^e$ und somit die jeweiligen Bestände C_2^e und C^e unmittelbar als politischer Parameter zu betrachten. Bei der politischen Fixierung von $d\,ln\,C^e$ insgesamt, d. h. ohne weitere Festlegung des Verhältnisses $C_1^e/C_2^e = ce$, kann dieser Quotient mit Hilfe der Refinanzierungskostendifferenz $i_{dNF} - i_d$ und des Parameters für die Gewinnlage $q_2^o\ (t-1)$ bestimmt werden.

(3.45) $$ce = ce\ ((i_{dNF} - i_d),\ q_2^o\ (t-1))$$

$$E\ (ce,\ (i_{dNF} - i_d)) > 0$$

$$E\ (ce,\ q_2^o\ (t-1)) > 0$$

Wie bereits aus dem Abschnitt über das Angebot an öffentlichen Schuldtiteln hervorgeht, ist das Volumen der umlaufenden, bankfähigen Bons du Trésor autonom durch den Trésor public bestimmt. Hieran ändert auch die Tatsache nichts, daß C^T zur Finanzierung eines Budgetdefizites verwendet wird und so ein Resultat der Differenz zwischen öffentlichen Ausgaben und Steuereinnahmen ist. Die Frage

Figur 5: Gleichgewicht auf dem Kreditmarkt

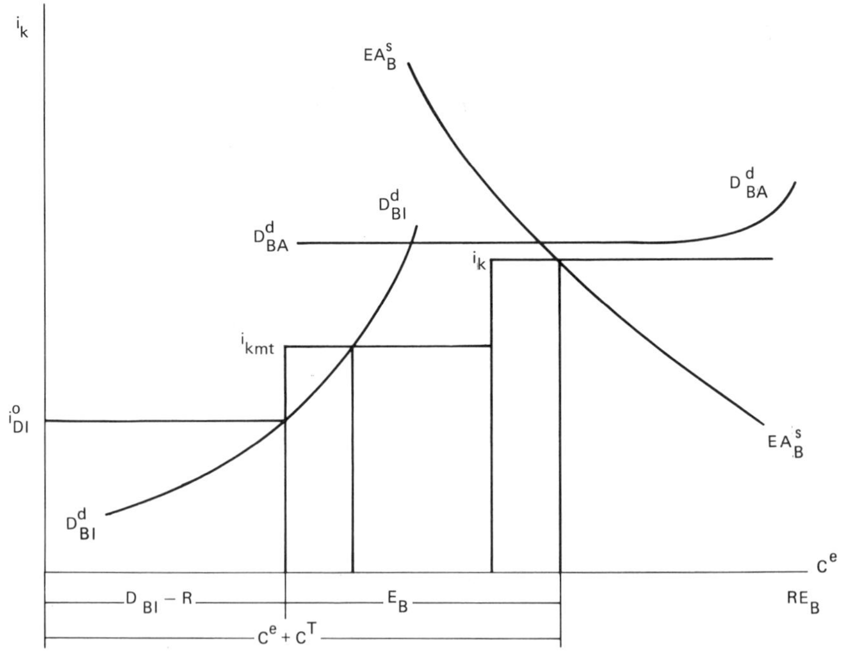

nach der politischen Determiniertheit von C^T wird durch dieses Argument lediglich auf die Ebene verlagert, daß die Differenz zwischen öffentlichen Ausgaben und Steuereinnahmen das Ergebnis politischer Entscheidungen ist.

3.424 Das bankeninduzierte Rediskontvolumen als Ergebnis des Finanzierungsdefizites auf dem Kreditmarkt

Das in Figur 5 dargestellte Gleichgewicht auf dem Kreditmarkt macht deutlich, welche Argumente den Anteil des von den Banken initiierten Rediskontvolumens, E_B, an der Geldbasis, d. h. den Verteilungsparameter $q = E_B/B$ und somit den traditionell als borrowing-ratio bezeichneten Quotienten q/m^d bestimmen. Üblicherweise wird davon ausgegangen, daß q/m^d einzig abhängig ist von der Zinsstruktur, d. h. in der Regel von der Differenz zwischen dem Rediskontsatz und dem Eurogeldsatz plus Nebenkosten.

Soll aber diese Funktionalbeziehung gelten, so ist ausgeschlossen, daß bei einer bestimmten Zinsdifferenz alternative Werte für q/m^d beobachtet werden können. Dies aber ist - wie bereits aus Figur 4 ersichtlich - keineswegs ausgeschlossen.

- Sind Kreditzins und Assetangebot der Privaten und des Staates unverändert, so führt eine sinkende Inlandsdepositennachfrage des Publikums - etwa bedingt durch ein Sinken von EX^B - oder durch eine geldpolitisch determinierte Senkung des Depositenzinses (in der Figur 4 drückt sich dies in einer Linksverlagerung der Depositennachfragekurve D^d_{BI} D^d_{BI} aus) zu einem steigenden q und gleichfalls steigendem q/m^d.
- Gleichfalls ergibt sich ein steigendes q, wenn bei sonst unveränderter Konstellation das Angebot an Schuldtiteln der Privaten und des Staates steigt. Wenn sich also die EAs EAs Kurve in Figur 4 nach rechts verlagert, so wird das umlaufende, bankgängige Kreditvolumen solange ausgedehnt, bis auch der letzte Anbieter von Schuldtiteln zum jeweiligen Kreditzins seine Aktiva bei den Banken absetzen kann.

Die Bedingung hierfür ist allerdings, daß das Marktgleichgewicht in einem solchen Bereich der Nachfragefunktion nach Refinanzierungstiteln der Banken zustandekommt, das durch $E\ (i_{GR}, RE_B) = 0$ gekennzeichnet ist. Diese Bedingung allerdings war bislang stets erfüllt. Das Gleichgewicht auf dem Kreditmarkt

$$EA^s_B = EA^d_B$$

ist charakterisiert durch ein beobachtetes Volumen verzinslicher Aktiva, $\bar{E}A_B$, das durch die Argumente in den Assetangebots- und Nachfragefunktionen bestimmt ist, also durch die autonome Entscheidung des Trésor public im Falle der Bons du Trésor und im Falle der Buchkredite durch den Kreditzins, die Realverzinsung, das Bruttosozialprodukt und die Erwartungen zur Inflationsrate und die vorangegangene Gewinnsituation der Banken. Der Saldo der Leistungs- und langfristigen Kapitalverkehrsbilanz, die Liquiditätslage des Trésor public und die Finanzierungslücken bei der Durchführung der Fünfjahrespläne determinieren insgesamt das in dieser Gleichgewichtssituation vorgefundene EX^B.

Diese spezifische Konstellation von EA_B und EX_B fordert nun im Gleichgewicht ein bestimmtes m^a,

$$m^a = \frac{EA^B}{EX^B}$$

Die Situation im Gleichgewicht wird ausgedrückt in Termen der Nachfragefunktion der Banken nach verzinslichen Aktiven.

$$EA^B = m^a\, EX^B$$

ist hier zu interpretieren als analytischer Satz, nicht aber als Funktion der Art

$$EA^B = EA^B\,(m^a, EX^B).$$

Sind EA^B und EX^B durch die relevanten Argumente bestimmt und ist so der Kreditmarkt bei gegebener Zinsstruktur im Gleichgewicht, so besteht die Bedingung für dieses Gleichgewicht in einem flexiblen m^a, wobei die jeweilig geforderte Anpassung von m^a an das Gleichgewicht keinerlei Rückwirkungen insbesondere auf den Kreditzins hat. Ist weiterhin der Bankdepositenmarkt im Gleichgewicht, was in

$$m^a = \frac{q + m^d\,(1 - r)}{1 - q}$$

durch m^d gekennzeichnet ist, und ist darüberhinaus die Reservehaltung den jeweiligen Restriktionen entsprechend optimal, so erfolgt die Anpassung von m^a an das im Gleichgewicht geforderte m^a über q, also über die Verschuldung der Banken bei der Zentralbank.

Da aber

$$(q_1^{2NF} + q_2^{NF}) \in q$$

und aus empirisch-institutionellen Gründen

$$(q_1^{2NF} + q_2^{NF}) \gg 0$$

und

$$E(i_{dNF}, (q_1^{2NF} + q_2^{NF})) = 0,$$

die Ausweitung des Offenmarktgeschäftes also nicht mit Rückwirkungen auf den Interventionssatz i_{dNF} und auf den Kreditzins verbunden ist, kann mit Hilfe des Satzes

$$EA^B = m^a\, EX^B$$

nun die Funktion aufgestellt werden:

$$m^a = m^a \ (EA^B, EX^B)$$

und

$$q = q \ (m^d, r)$$

Hier wird die Funktion der Zentralbank im französischen Geldsystem deutlich. Indem die Nachfrage nach Refinanzierungstiteln der Banken in den für die C_I^e- und C_2^2-Kredite relevanten Bereichen völlig elastisch ist, die Banque de France also zum einmal gesetzten i_d bzw. i_{dNF}-Satz jede angebotene Menge ins Portefeuille nimmt, bestimmt die Banque de France

- den Kreditzins und
- das umlaufende bankfähige Assetvolumen

und dies um so mehr, als

- der kurzfristige Kapitalverkehr der Banken mit dem Ausland der a_B^o-Restriktion unterworfen ist
- der Interventionssatz unter dem Eurogeldsatz plus Nebenkosten liegt.

So ergibt sich bei gesetzlich fixiertem relativ niedrigem Depositenzins und durch i_d bzw. i_{dNF} quasi administriertem Kreditzins ein ständiges Finanzierungsdefizit auf dem Kreditmarkt, d. h. bei gegebenem Depositenzins (i_{DI}^o) einerseits und gegebenem Rediskont- resp. Interventionssatz und somit Kreditzins (i_k, i_{kmt}) andererseits ist durch die Differenz zwischen der Depositennachfrage des Publikums und dem Assetangebot der Privaten und des Staates

$$[D_{BI}^e \ (i_{BI}^o)] < [EA_B^s \ (i_k, i_{kmt})]$$

das Finanzierungsdefizit auf dem Kreditmarkt bestimmt. Dieser wird ausgeglichen durch eine entsprechende Variation des Portefeuille d'Escompte der Banque de France. Hieraus folgt gleichzeitig die Möglichkeit einer kompensatorischen Politik der Zentralbank, wenn beispielsweise bei sinkendem exogenem Teil der Geldbasis die Depositennachfrage des Publikums tendenziell sinkt. Dieser Sachverhalt stellt sich analytisch folgendermaßen dar:

- Mit Hilfe des analytischen Satzes $EA^B = m^a \ EX^B$ wird – wie dargestellt – $d \ ln \ m^a$ bestimmt.

$$d \ ln \ m^a = d \ ln \ EA^B - d \ ln \ EX^B$$

- die Veränderungsrate des Depositenmultiplikators $d \ ln \ m^d$ folgt – wie in Abschnitt 2.3 dargestellt – aus dem Allokationsverhalten des Publikums und der Banken. Bei $d \ ln \ m^d$ findet insbesondere die Ressourcenbeschaffung im Ausland, so wie sie in den Parametern a_v, a_t und a_B als Funktion der relevanten Zinsstruktur ihren Ausdruck findet, ausdrückliche Berücksichtigung

- die Veränderungsrate von r als Gesamtreservehaltung der Banken leitet sich aus der Mindestreservesatzpolitik und den übrigen Bestimmungsfaktoren ab (vgl. 2.23).

Ist nun m^a durch die gleichgewichtigen EA^B und EX^B bestimmt, und weiterhin innerhalb m^a die Komponenten m^d und r, so ist das entsprechende Portefeuille d'Escompte gleichfalls als Residuum determiniert.

Wegen

$$E^B = qB$$

folgt definitionsgemäß

$$E^B = \frac{q}{1-q}\,EX^B \tag{3.46}$$

q kann mit Hilfe des Gesamtassetmultiplikators ausgedrückt werden:

$$q = \frac{m^a - m^d\,(1-r)}{1+m^d} \tag{3.47}$$

Dies eingesetzt in 3.46 ergibt:

$$E^B = \frac{m^a - m^d\,(1-r)}{1+m^d\,(1-r)}\,EX^B \tag{3.48}$$

Da der Gesamtassetmultiplikator m^a definiert ist als $m^a = EA^B/EX^B$, kann dieser Ausdruck in 3.48 eingesetzt werden. Es folgt:

$$E^B = \frac{1}{1+m^d\,(1-r)}\,[EA^B - m^d\,(1-r)\,EX^B] \tag{3.49}$$

EA^B wiederum wird, da $EA^B = C^e + C^T + OA$, dominiert durch die an Private vergebene Buchschuldtitel C^e und durch öffentliche Schuldtitel C^T. Nun wird – wie in den vorangegangenen Abschnitten ausführlich dargelegt ist – das beobachtete Buchkreditvolumen C^e bei einmal gesetztem Interventionssatz der Banque de France durch die Kreditnachfrage des Publikums bestimmt. C^T ist in Analogie hierzu determiniert durch den Kreditbedarf der öffentlichen Haushalte.

Hieraus folgt, daß das von den Banken initiierte Rediskontvolumen E^B eine Funktion ist:

- der privaten und öffentlichen Kreditnachfrage
- des Gleichgewichtsvolumens auf dem Depositenmarkt, bzw. der Depositennachfrage,
- der Reservehaltung der Banken,
- des für das Bankenverhalten exogenen Teiles der Geldbasis.

Für die Elastizitäten gilt:

$$E\,(E^B, m^d) = m^d\,(1-r)\,[\frac{1}{m^a - m^d\,(1-r)} - \frac{1}{1+m^d\,(1-r)}]$$

$$E(E^B, m^d) \quad < 0$$

$$E(E^B\; m^a) = \frac{m^a}{m^a - m^d\,(1-r)} > 0$$

$$E\,(E^B, EX^B) = -\frac{m^d}{m^a - m^d\,(1-r)} < 0$$

$$E\,(E^B, r) = Epart\,(E^B, r) + E\,(m^d, r)\,E\,(E^B, m^d)$$

$$E_{part}\,(E^B, r) = rm^d\,[\frac{1}{m^a - m^d\,(1-r)} - \frac{1}{1+m^d\,(1-r)}] < 0$$

Aus Tabelle IV folgt: $E\,(m^d, r) = -\,rm^d$, so daß für den gesamten Ausdruck gilt:

$$E\,(E^B, r) = rm^d\,[\frac{1}{m^a - m^d\,(1-r)} - \frac{1}{1+m^d\,(1-r)}]$$
$$\cdot\,[1 - m^d\,(1-r)]$$

Da aber $m^d\,(1-r) > 1$ und $\frac{1}{m^a - m^d\,(1-r)} < \frac{1}{1+m^d\,(1-r)}$

folgt $E\,(E^B, r) > 0$.

Eine Bestimmung von E^B resp. des Verteilungsparameters q bzw. der borrowing-ratio q/m^d auf diese Weise erscheint ungewöhnlich, doch zeigen gerade ausgeprägte Umschichtungsprozesse innerhalb der Geldbasis, also starke Variationen des Verteilungsparameters q (so z. B.: $q_{651} = .169$; $q_{69\mathrm{IV}} = .508$), daß das üblicherweise verwendete Zinsdifferenzial $i_{dNF} - i_{EU}$ zur Erklärung von q/m^d nicht ausreicht. Regressionsschätzungen der Art $q/m^d\,(i_{dNF})$ oder $q/m^d\,(i_d)$ führen wegen der Vernachlässigung entscheidender Argumente (so insbesondere EX^B) zu unsinnigen Ergebnissen (s. Teil 2), und dies um so mehr, um so elastischer die Nachfrage der Zentralbank nach Refinanzierungstiteln der Banken ist.

3.5 Die Auswirkungen der geld- und kreditpolitischen Maßnahmen; die Dominanz des für das Bankenverhalten exogenen Teiles der Geldbasis

Die Geldbasis kann nun als Funktion des exogenen Teiles der Geldbasis (EX^B), des Gleichgewichtes auf dem Kreditmarkt (m^a) und des Gleichgewichtes auf dem Bankdepositenmarkt (m^d) bei entsprechendem Reservesatz (r) bestimmt werden.

$$B = \frac{1+m^a}{1+m^d\,(1-r)}\;EX^B \qquad (3.50)$$

(3.50) ermöglicht es, den Einfluß der verschiedenen geld- und kreditpolitischen Maßnahmen und anderer Variabler auf die Entstehungsseite der Geldbasis zu untersuchen.

Zunächst zu den Auswirkungen der geld- und kreditpolitischen Maßnahmen auf die Geldbasis. Hier werden untersucht:

a) Diskont- und Offenmarktsatz i_d und i_{dNF}

b) Plafonds d'Escompte ordinaire PL_s bzw. q_1^{2NF}

c) administrierte Kreditzinsen, das T-Régime, T

d) Minimalkoeffizienten e, z, n

e) Kreditzuwachsbeschränkungen $d \ln C^e Pol$

f) Emissionspolitik des Trésor public, $d \ln C^T$

g) Fixierung des Depositenzinses i^o_{DI}

h) Reservesatzpolitik r^o

Die Diskont- und Offenmarktsatzpolitik beeinflußt – wie aus 3.43 und 3.44 hervorgeht – das gleichgewichtige q und somit die Geldbasis.

Die Effekte einer Variation von i_{dNF} relativieren sich jedoch an den weiteren jeweils gültigen Maßnahmen, d. h. an der a^o_B-Restriktion und dem Vorhandensein von Pflichtreserven. Dementsprechend ergibt sich:

(3.51)
$$E(B, i_{dNF}) = E(B, m^a)\,[E(i_k, i_{dNF})\,E(C^e_2, i_k) - E(m^c_2, C^e_2)\,E(m^a, m^c_2) + E(m^d, i_{dNF}) - E(m^a, m^d) + E(r, i_{dNF})\,E(m^a, r)]$$

$E(C^e_2, i_k)$ und $E(r, i_{dNF})$ bedürfen der Schätzung; $E(m^d, i_{dNF})$ ist im Zuge der Multiplikatoranalyse ausgewiesen. Es folgt:

(3.51a)
$$E(B, i_{dNF}) = \frac{m^a}{1+m^a}\left[\frac{m^c_2}{m^a}\,E(C^e_2, i_k) - \frac{m^d(1-r)}{1+m^d(1-r)}\,E(m^d, i_{dNF}) - \frac{rm^d}{q+(1-r)\,m^d}\,E(r^e, i_{dNF}) + E(r^T, i_{idNF})\right]$$

Unter dem Regime der Pflichtreserven gilt:

(3.51b)
$$E(b, i_{dNF} \mid r^o) = \frac{m^a}{1+m^a}\left[\frac{m^C_2}{m^a}\,E(C^e_2, i_{dNF}) - \frac{m^d(1-r)}{1+m^d(1-r)}\,E(m^d, i_{dNF} \mid r^o) -\right.$$

$$\frac{rm^d}{p + (1 - r)\, m^d}\, E\,(\beta,\, i_{dNF})\, E\,(r^{oe},\, \beta) + E\,(r^T,\, i_{dNF})]$$

Unterliegt der kurzfristige Kapitalverkehr der Banken mit dem Ausland der a_B^o-Restriktion, so gilt:

(3.51c)
$$E\,(B,\, i_{dNF} \mid a_B^o) = \frac{m^a}{1 + m^a}\, [\frac{m_2^c}{m^a}\, E\,(C_2^e,\, i_k) -$$
$$\frac{m^d\,(1 - r)}{1 + m^d\,(1 - r)}\, E\,(m^d,\, i_{dNF} \mid a_B^o) -$$
$$\frac{rm^d}{p + (1 - r)^d}\, E\,(r^e,\, i_{dNF}) + E\,(r^T,\, i_{dNF})]$$

Und bei der a_B^o und r^o-Restriktion:

(3.51d)
$$E\,(B,\, i_{dNF} \mid a_B^o,\, r^o) = \frac{m^a}{1 + m^a}\, [\frac{m_2^c}{m^a}\, E\,(C_2^e,\, i_k) -$$
$$\frac{m^d\,(1 - r)}{1 + m^d\,(1 - r)}\, E\,(m^d,\, i_{dNF} \mid a_B^o\, r^o) -$$
$$\frac{rm^d}{p + (1 - r)\, m^d}\, E\,(\beta,\, i_{dNF}) -$$
$$E\,(r^{oe},\, \beta) + E\,(R^T,\, i_{dNF})]$$

Die Elastizität von B in Bezug auf i_{dNF} ist in *jedem der Fälle,* also in 3.53a, b, c, d *negativ*; die Restriktionen ändern hieran nichts. Allerdings ergeben sich Größenunterschiede entsprechend der Klassifikation von

$$E\,(m^d,\, i_{dNF}),\ E\,(m^d,\, i_{dNF} \mid r^o,$$
$$E\,(m^d,\, i_{dNF} \mid a_B^o) \text{ und}$$
$$E\,(m^d,\, i_{dNF} \mid a_B^o,\, r^o)$$

Bei einem Vergleich der Absolutwerte ergibt sich:

(3.52)
$$|\,E\,(B,\, i_{dNF})\,| \;\sim |\,E\,(B,\, i_{dNF} \mid r^o)\,| > |\,E\,(B,\, i_{dNF} \mid a_B^o\,)\,|$$
$$\sim |\,E\,(B,\, i_{dNF} \mid a_B^o,\, r^o)\,|$$

Für den *Plafonds d'Escompte Ordinaire* repräsentierenden Parameter q_1^{2PL} gilt entsprechend Reaktionsmuster S 102.

(3.53)
$$E\,(B,\, q_1^{2PL}) = E\,(q_1^o,\, q_1^{2PL})\, E\,(C_2^e,\, q_1^o)\, E\,(m_2^c,\, C_2^e)$$

$$E\,(m^a,\,m_2^c)\;E\,(B,\,m^a)$$

$$E\,(B,\,q_1^{2PL}) = E\,(C_2^e,\,q_1^o)\;\frac{-\,q_1^{2PL}}{q_1^{2NF}}\;m_2^c$$

Wegen $E\,(C_2^e,\,q_2^o) < 0$ ist die Elastizität insgesamt positiv: eine Erhöhung des Plafonds d'Escompte Ordinaire verbessert die Gewinnlage der Banken und führt zu einer Ausweitung des C_2^e-Kreditvolumens.

Für die *Minimalkoeffizienten* gilt gemäß den Bedingungen a, b, c auf S. 102.

(3.54) $$E\,(B,\,n) = E\,(q_1^o,\,n)\;E\,(C_2^e,\,q_1^o)\;E\,(m_q^c,\,C_2^e)$$

$$E\,(m^a,\,m_2^c)\;E\,(B,\,m^a)$$

$$= E\,(C_2^e,\,q_1^o)\;\frac{m_2^c\,n}{(q_1^{2NF} + q_2^{NF})\,(1 + m^a)}$$

Unter der empirischen Bedingung

$$d\,ln\,C^T\,(t) = d\,ln\,e\,(t) + d\,ln\,m^d\,(t) + d\,ln\,B\,(t)$$

gilt:

(3.55) $$E\,(B,\,z) = E\,(B,\,(z-e)) = E\,(q_1^o,\,(z-e))\;[= E\,(q_1^o,\,z)]$$

$$E\,(C_2^e,\,q_1^o)\;E\,(m_2^c,\,C_2^e)\;E\,(m^a,\,m_2^c)\;E\,(B,\,m^a)$$

$$E\,(B,\,z) = E\,(C_2^e,\,q_1^o)\;\frac{m_2^C,\,z}{(1 + m^a)\,q_1^{2NF}}$$

Wegen $E\,(C_2^e,\,q_1^o) < 0$ reagiert die Geldbasis auf eine Erhöhung von n, z, $z - e$ jeweils negativ.

Bei der Beurteilung von *Kreditzuwachsbeschränkungen* ist die Assetstruktur im Bankenportefeuille von ausschlaggebender Bedeutung. Halten die Banken in nennenswertem Umfang Aktien und Obligationen im Portefeuille, ist der Markt für diese Aktiva grundsätzlich gut entwickelt, so weichen die Banken, wenn einzig die Wachstumsrate des Buchkreditvolumens limitiert ist, auf diese Wertpapiere aus. Diese vermehrte Nachfrage der Banken trifft zunächst auf ein unverändertes Angebot; der Umstand, daß einige Firmen bei Kreditrestriktionen Wertpapierdepots liquidieren, um ihren Bedarf an Kasse durch Eigenmittel und nicht über kurzfristige Verschuldung zu decken, erhöht das Angebot nicht in nennenswertem Umfang. Weiterhin ist zunächst nicht mit massiven Neuemissionen von Obligationen bzw. Kapitalerhöhungen zu rechnen. Die Unternehmen benötigen hierzu eine gewisse Umorientierungs- und Vorbereitungszeit.

Trifft aber die vergrößerte Bankennachfrage auf ein gleichbleibendes Angebot an Aktien und Obligationen, so steigen notwendigerweise die Kurse, während die Verzinsung sinkt. Von einer gewissen Verzinsung an ist es aber für die Banken nicht mehr lohnend, weitere Wertpapiere dieser Art nachzufragen. Wie rasch dieser kritische Punkt erreicht ist, hängt davon ab, wie einschneidend die Kreditzuwachsbeschränkungen sind und wie hoch allgemein das Volumen der umlaufenden Aktien und Obligationen ist.

Da jedoch - wie bereits in Abschnitt 3.412 dargestellt - diese Seite des Kapitalmarktes in Frankreich sehr unterentwickelt ist, beantworten die Banken Kreditzuwachsbeschränkungen durchweg nicht mit einer Umstrukturierung ihres Aktivportefeuilles zugunsten von Aktien und Obligationen.

Unbeschadet dessen haben die Banken allerdings die Möglichkeit, vermehrt öffentliche Schuldtitel nachzufragen, d. h. das Klima für den Trésor public; hier vermehrt Bons du Trésor zu emittieren, ist äußerst günstig. Es zeigt sich jedoch, daß Kreditzuwachsbeschränkungen vom Trésor public mit einer äußerst zurückhaltenden Emissionspolitik flankiert werden.

Anders stellt sich das Problem, wenn - wie in der 60/70er Periode - lediglich die Zuwachsraten der Kredite des Typs C_2^l limitiert ist. Es könnte vermutet werden, daß die Banken nun vermehrt Buchschuldtitel des Typs C_1^l nachfragen. Hierzu aber fehlen ihnen die Aktionsparameter. Solange die Grenzkosten der Refinanzierungen für C_1^l-Kredite unverändert i_d betragen, können die Banken nicht $i_{kmt} = \eta_{id}$ senken, ohne ihr Gewinnmaximum zu unterschreiten und entsprechend $E\ (C_1^e,\ i_{kmt})$ das Wachstum von C_1^e beschleunigen. Der Effekt ist, daß bei einer Limitierung der Wachstumsrate von C_2^l keine Substitutionsbeziehungen beobachtet werden können.

Unter diesen beiden empirischen Bedingungen, nämlich unterentwickelter Markt für Aktien und Obligationen und (beides entspricht den empirischen Gegebenheiten, s. Teil II) keine Substitutionsbeziehungen zwischen C_1^l und C_2^l im Fall einer Limitierung lediglich von $d\ ln\ C_2^l$, kann über die Auswirkungen von Kreditzuwachsbeschränkungen folgendes ausgesagt werden:

Wird das jeweils zulässige Kreditvolumen mit C_p^e bzw. $C_{2\ pol}^e$ bezeichnet, so gilt

$$(3.56)\qquad E\ (B,\ C_{pol}^e) = E\ (m^c,\ C_{pol}^e)\ E\ (m^a,\ m^c)\ E\ (B,\ m^a) = \frac{m^c}{1 + m^a}$$

Die Elastizitäten sind positiv, was bedeutet, daß eine durch Kreditzuwachsbeschränkungen erzwungene Verringerung des Kreditvolumens die Geldbasis ebenfalls verringert.

Das vom Trésor public regulierte Volumen der ausstehenden Staatsschuld, C^T, hat einen ähnlichen Effekt auf die Geldbasis

$$(3.57)\qquad E\ (B,\ C^T) = E\ (m^T,\ C^T)\ E\ (m^a,\ m^T)\ E\ (B,\ m^a) = \frac{m^T}{1 + m^a}$$

Ist der Kreditzins im Zuge des *T-Régimes* fixiert, so hat zwar ein relativ niedriges T ein entsprechend hohes C_2^e zur Folge, doch ergibt sich ein gegengerichteter Effekt durch die bei niedrigem T sich einstellende Beeinträchtigung der Ertragslage der Banken.

(3.58)
$$E\,(B, T) = E\,(B, C_2^e)\,[E\,(i_k, T)\,E\,(C_2^e, i_k) + E\,(q_2^{oG}, T)\,E\,(C_2^e, q_2^{oG})] = \frac{m_2^c}{1 + m^a}\,[E\,(C_2^e, i_k) + E\,(q_2^{oG}, T)\,E\,(C_2^e, q_2^{oG})]$$

Wegen $E\,(C_2^e, i_k) < 0$ und $E\,(q_2^{oG}, T)\,E\,(C_2^e, q_2^{oG}) > 0$ (vgl. die jeweiligen Definitionen auf S. 102 und 105 hängen die totalen Auswirkungen administrativ niedrig gehaltener Kreditzinsen vornehmlich von $E\,(C_2^e, q_2^{oG})$ ab, d.h. davon, inwieweit es den Banken gelingt, durch diskriminierende Maßnahmen das von ihnen vergebene Kreditvolumen entsprechend einzuschränken.

Eine Variation des *administrierten Depositenzinses* i_D^o beeinflußt zunächst den gleichgewichtigen Depositenmultiplikator m^d und von dorther die Geldbasis.

(3.59)
$$E\,(B, i_D^o) = E\,(m^d, i_D^o)\,E\,(B, m^d) = -\,\frac{1 - r}{1 + m^d\,(1 - r)}\,E\,(m^d, i_D^o)$$

Die Elastizität 3.62 ist negativ, da eine Erhöhung des Depositenzinses eine Erhöhung des Depositenmultiplikators zur Folge hat, d. h. $E\,(m^d, i_G^o) > 0$.

Eine Variation des *Pflichtreservesatzes* r^o beeinflußt über eine entsprechende Variation des Ausdruckes $m^d\,(1 - r)$ die Geldbasis. Bei der Ableitung der Elastizität $E\,(B, r^o)$ wird impliziert, daß eine Erhöhung des Pflichtreservesatzes zunächst voll über eine zusätzliche Verschuldung bei der Banque de France ausgeglichen wird. Diese Hypothese ist wegen der unendlichen Nachfrageelastizität der Zentralbank nach Refinanzierungstiteln der Banken zulässig. Die durch ein steigendes r verursachte zusätzliche Verschuldung bei der Zentralbank allerdings beeinträchtigt die Ertragslage: es steigt $q_1^{2NF} + q_2^{NF}$ und mithin q_2^{oG}. Da q_2^{oG} als Argument in die Funktion zur Bestimmung von C_2^e eingeht, ist längerfristig mit einem negativen Effekt auf c_2^e zu rechnen.

Für die kurzfristigen Auswirkungen von r auf B gilt demnach:

(3.60)
$$E\,(B, r^o)_{ct} = E\,(r, r^o)\,E\,[m^d\,(1 - r), r]\,E\,[B, m^d\,(1 - r)]$$

$$E\,[m^d\,(1 - r), r] = -\,r\,[1 - m^d\,(1 - r)]$$

$$E\,[B, m^d\,(1 - r)] = -\,\frac{m^d\,(1 - r)}{l + m^d\,(1 - r)} > -\,1$$

Das Vorzeichen von $E\,[m^d\,(1-r),\,r]$ ist durch die Größe von m^d bestimmt. Da ab 67, dem Zeitpunkt der Einführung von Pflichtreserven, stets $m^d \gg 1$, ist $E\,(B,\,r^0)_{ct} < 0$. Selbst wenn von einem konstanten β ausgegangen wird,

$$(r^{oe} = \beta r^0)$$

gilt für $E\,(r,\,r^0) < 1$, da

$$r = r^{oe} + r^T \text{ und}$$

$$E\,(r,\,r^{oe}) = \frac{r^{oe}}{r^{oe} + r^T} < 1.$$

Der gesamte negative Effekt von r^0 *auf* B überschreitet wegen

$$E\,(r,\,r^{oe}) \quad < 1,$$

wegen

$$-1 \quad < E\,(B,\,m^d\,(1-r)) < 0$$

und wegen

$$r\,(1 - m^d\,(1-r)) < .1\,25\,r$$

den Wert $-.5r$ kaum.

Für die längerfristigen Auswirkungen einer Variation von r gilt:

(3.60a) $$E\,(B,\,r^0)_{lt} = E\,(B,\,r^0)_{ct} + E\,(r,\,r^0)\,E\,(q_2^{0G},\,r)$$

$$E\,(C_2^e,\,q_2^{0G})\,E\,(B,\,C_2^e)$$

Werden die zusätzlich zu haltenden Reserven ΔR voll durch eine zusätzliche Verschuldung bei am Offenmarkt ΔE^{NF} kompensiert,

$$\Delta R = \Delta E^{NF} \text{ so gilt, da}$$

$$R = rm^dB$$

und $$E^{NF} = (q_1^{2NF} + q_2^{NF})\,B$$

$$(q_1^{2NF} + q_2^{NF}) = rm^d$$

$$E\,((q_1^{2NF} + q_2^{NF}),\,r)) = 1$$

$$q_2^{0G} = q_2^0 = \frac{q_1^{2NF} + q_2^{NF}}{q}$$

Diese Schreibweise ist zulässig, da in der Periode der Pflichtreserven kein gesetzlich geregelter Kreditzins gilt $(T = 0)$.

$$E\,(q_2^{oG}, (q_1^{2NF} + q_2^{NF})) = 1$$

und $$E\,(q_2^{oG}, r) = 1$$

(3.60) kann demnach in dieser Weise geschrieben werden:

$$E\,(B, r^o)_{lt} = E\,(B, r^o)_{ct} + \frac{m_2^c}{1 + m^a}\, E\,(C_2^e, q_2^{oG}) \tag{3.60b}$$

Längerfristig wird $E\,(B, r^o)$ demnach von $E\,(C_2^e, q_2^{oG}) < 0$ dominiert.

Neben den Auswirkungen dieser verschiedenen politischen Variablen auf die Geldbasis ist allerdings der Einfluß des für das Bankenverhalten exogenen Teiles der Geldbasis EX^B, der durch die internationalen Reserven der Zentralbank dominiert wird, nicht zu unterschätzen.

Die Substitutionsbeziehungen innerhalb der Geldbasis. Von entscheidender Bedeutung für den gesamten monetären Prozeß sind die Substitutionsbeziehungen zwischen dem von den Banken initiierten Rediskontvolumen E^B und dem für das Bankverhalten exogenen Teil der Geldbasis EX^B. Beträgt – statisch betrachtet – das Substitutionsverhältnis zwischen beiden -1, d. h. $dE^B/dEX^B = -1$, sind Umschichtungsprozesse innerhalb der Geldbasis für die Entwicklung der Geldmenge unerheblich.

$$\frac{dE^B}{dEX^B} = -\frac{m^d\,(1 - r)}{1 + m^d\,(1 - r)}$$

$$0 > \frac{m^d\,(1 - r)}{1 + m^d\,(1 - r)} > -1$$

Ähnliches gilt für die Elastizität $E\,(E^B, EX^B)$

$$E\,(E^B, EX^B) = -\frac{m^d\,(1 - r)\,EX^B}{EA^B - m^d\,(1 - r)\,EX^B}$$

$$0 > E\,(E^B, EX^B) > -1$$

Für die Reaktion der Geldbasis auf eine Veränderung von EX^B ergibt sich folgendes: Differenziert man

$$B = \frac{1 + m^a}{1 + m^d\,(1 - r)}\,EX^B \tag{3.50}$$

nach EX^B, so ergibt sich:

$$\frac{dB}{dEX^B} = \frac{1 - m^a}{1 + m^d (1 - r)} > 1$$

da aus analytischen Gründen stets $m^a > m^d$[42].

Diese Ergebnisse, insbesondere der Wert der Ableitung dE^B/dEX^B, sind von nicht zu unterschätzender Bedeutung. Wenn der Kreditzins durch die Diskontsatzpolitik der Banque de France bestimmt ist und folglich weitestgehend unabhängig ist vom Verhältnis E^B/EX^B, so ist bei gegebenem Kreditzins das Kreditvolumen durch die Kreditnachfrage bestimmt. Kommt auf diese Weise ein Gleichgewicht auf dem Kreditmarkt zustande, so fordert das bestehende Kreditvolumen eine entsprechende Geldbasis $(E^B + EX^B)$, die zur Finanzierung des existierenden Kreditvolumens um so höher sein muß, um so größer der Anteil von EX^B an der Geldbasis ist.

Wegen der allgemeinen Bedeutung dieser Substitutionsbeziehungen innerhalb der Geldbasis ist es notwendig, die in 3.49 formulierte Aussage nochmals herzuleiten. Ausgangspunkt der Überlegungen ist die Definitionsgleichung

$$B = EX^B + E^B$$

und weiterhin, daß das gesamte, von den Banken zunächst erworbene Volumen verzinslicher Aktiva EA^B, das schließlich von diesen und der Banque de France im Por-

---

42 $m^a > m^d$ läßt sich leicht erkennen, wenn von folgender Definitionsgleichung ausgegangen wird:

$$EA^B = a^a EX^B.$$

Wegen

$$EA^B = D^B - R + E^B \text{ folgt}$$

$$EA^B = m^d (1 - r) B + E^B \text{ bzw. } m^d (1 - r) B + E^B$$

$$= m^a EX^B.$$

Da

$$B = EX^B + E^B,$$

ergibt sich

$$m^d (1 - r) \mathrm{B} + E^B = m^a (B - E^B),$$

oder, nach einigen Umformungen:

$$\frac{m^d (1 - r) - m^a}{m^a + 1} = - \frac{E^B}{B}.$$

Das negative Vorzeichen der rechten Seite der Gleichung kommt durch $m^d (1 - r) < m^a$ zustande.

tefeuille gehalten wird, gleich ist dem Volumen der Bankdepositen E_B und dem Volumen der von den Banken initiierten Rediskonte E^B, vermindert um die Reservehaltung der Banken R.

$$EA^B = D_B + E^B - R$$

Da $$D_B = m^d B$$

und $$R = rD_B$$

bzw. $$R = rm^d B,$$

folgt $$EA^B = m^d (1 - r) B + E^B$$

und $$B = \frac{EA^B - E^B}{m^d (1 - r)}$$

Setzt man diesen für B gewonnene Ausdruck in die Ausgangsgleichung ein, folgt:

$$\frac{EA^B - E^B}{m^d (1 - r)} = EX^B + E^B$$

und, nach Umformung:

(3.61) $$E^B = \frac{EA^B}{m^d (1 - r) + 1} - \frac{m^d (1 - r)}{1 + m^d (1 - r)} EX^B$$

Dieser Ausdruck entspricht 3.49. Für die Ableitung gilt:

$$\frac{dE^B}{dEX^B} = - \frac{m^d (1 - r)}{1 + m^d (1 - r)} \; ; - 1 < \frac{dE^B}{dEX^B} < 0$$

Empirische Schätzungen für einige Länder zeigen nun, daß das Substitutionsverhältnis zwischen der Basiskomponente „internationale Reserven“ und der heimischen, kreditinduzierten Basiskomponente −1 nicht erreicht. So ergibt sich für die Bundesrepublik ein Wert von −0,77, für die Niederlande −0,58, für Österreich − 0,47 und für Italien −0,43[43]. Für Frankreich ergibt sich aufgrund des hier verwendeten analytischen Verfahrens ein Wert von −0,49. Neben einer Reihe zunächst zulässiger Erklärungen kann allerdings auch für diese Länder nicht in Abrede gestellt werden, daß sich die Höhe der Geldbasis letztlich nach dem nachgefragten Kreditvolumen richtet, und so auch die zirkulierende Geldmenge eine Funktion der Kreditnachfrage ist.

Wird das Verhältnis zwischen den beiden Komponenten der Geldbasis EX^B und E^B nachhaltig verschoben, so dämpft eine massive Substitution von EX^B durch E^B

---

[43] P. J. K. Kouri und M. G. Porter, International Capital Flows and Portfolio Equilibrium, in: The Journal of the Political Economy, 82. Jg. (1974), S. 443-467.

die Wachtumsrate der Geldbasis, während ein überproportionales Anwachsen von EX^B die Wachstumsrate der Geldbasis beschleunigt. So ist es nicht die Zusammensetzung, sondern der Änderungsprozeß in der Zusammensetzung der Geldbasis, der für ihr Wachstum von Belang ist. Der aus diesem Substitutionsmechanismus folgende Effekt auf die Wachstumsrate von Geldbasis und -menge ist um so destabilisierender, um so häufiger sich Richtung und Tempo des Wachstums der Auslandskomponente ändert.

Dies bedeutet:

Wird die Hypothese, daß der Geldzyklus den Realzyklus determiniert, als bewährt angenommen, so hat eine stabilisierende Kreditpolitik, die etwa durch Kreditzuwachsbeschränkungen gleichbleibende Wachstumsraten des Kreditvolumens erzwingt und die von einer ebenso schwankungsfreien Wachstumsrate der ausstehenden bankfähigen Bons du Trésor flankiert wird, bei einer Umschichtung innerhalb der Geldbasis einen destabilisierenden Effekt auf die Konjunktur. Eine Kompensation dieser destabilisierenden Effekte kann über Eingriffe in den Markt für bankgängige, verzinsliche Aktiva erfolgen, wobei eine der Entwicklung der Auslandskomponente entgegengesetzte Variation des gesamten, im Umlauf befindlichen Volumens dieser Aktiva von den geldpolitischen Instanzen angestrebt werden muß.

Hierbei kann das Angebot einzig durch die Emissionspolitik des Trésor Public (Variation des Angebotes an Bons du Trésor) manipuliert werden, während auf der Nachfrageseite die Banken durch eine Veränderung der Rediskontsätze, Mindestreserven und Mindestportefeuilles dazu veranlaßt werden können, die Aquisition und den Rediskont von Aktiven den jeweiligen Erfordernissen anzupassen.

Eine kompensatorische Kreditpolitik dieser Art beeinträchtigt u. U. die gesamtwirtschaftliche Nachfrage in unerwünschtem Ausmaß, während eine häufige und abrupte Variation der staatlichen Aktivität überdies zu Störungen in der gesamtökonomischen Allokationssphäre führt.

Eine Stabilisierung der Wachstumsrate der Geldmenge durch eine Kombination dieser Eingriffsmöglichkeiten ist bisher in Frankreich nur zögernd versucht worden, so daß die Wachstumsrate der Geldmenge im großen und ganzen die Variationen der Wachstumsrate der Auslandskomponente nachvollzieht.

Soll die Wachstumsrate der Geldbasis bei Veränderungen von $d\ ln\ EX^B$ unverändert bleiben, also $dd\ ln\ B = 0$, so ergeben sich für die geldpolitischen Instanzen folgende Möglichkeiten einer kompensatorischen Politik:

a) Beeinflussung der Wachstumsrate des Buchkreditvolumens durch Manipulation des Diskont bzw. Offenmarktsatzes.

Für die Veränderung der Wachstumsrate der Geldbasis in Abhängigkeit von der Veränderung der Wachstumsrate des exogenen Teiles der Geldbasis gilt:

$$dd\ ln\ B\ (dd\ ln\ EX^B) = \frac{1}{1 + m^a}\ dd\ ln\ EX^B$$

Für die Veränderung der Wachstumsrate der Geldbasis in Abhängigkeit von der Veränderung der Wachstumsrate des Kreditvolumens gilt:

$$dd\ ln\ B\ (dd\ ln\ C^e) = \frac{m^c}{1 + m^a}\ dd\ ln\ C^e$$

d ln B ändert sich nicht, wenn es den geldpolitischen Instanzen gelingt, eine Situation der Art

$$dd\ ln\ B\ (dd\ ln\ EX^B) = dd\ ln\ B\ (dd\ ln\ C^e) = 0$$

herbeizuführen. Dies ist erreicht, wenn

$$-\ \frac{dd\ ln\ B\ (dd\ ln\ EX^B)}{dd\ ln\ B\ (dd\ ln\ C^e)} = -\ 1$$

oder

$$dd\ ln\ B\ (dd\ ln\ EX^B,\ dd\ ln\ C^E) = 0, \text{ wenn}$$

$$-\ \frac{dd\ ln\ EX^B}{dd\ ln\ C^e} = -\ \frac{1}{m^a}$$

D. h., soll die Wachstumsrate der Geldbasis bei einer Variation von $d\ ln\ EX^B$ unverändert bleiben, muß sich die Verlangsamung (die Beschleunigung) des Wachstumstempos des exogenen Teiles der Geldbasis $(dd\ ln\ EX^B)$ zu der von den geldpolitischen Instanzen initiierten Beschleunigung (Verlangsamung) des Buchkreditvolumens $(dd\ ln\ C^e)$ verhalten wie $1/m^c$.

b) Veränderung des Volumens der ausstehenden Bons du Trésor.

Auch hier muß gelten, soll der von $dd\ ln\ EX^B$ ausgehende Effekt voll kompensiert werden,

$$-\ \frac{dd\ ln\ B\ (dd\ ln\ EX^B)}{dd\ ln\ B\ (dd\ ln\ C^T)} = -\ 1$$

Oder, $dd\ ln\ B\ (dd\ ln\ EX^B,\ dd\ ln\ C^E) = 0$, wenn

$$\frac{dd\ ln\ EX^B}{dd\ ln\ C^T} = -\ \frac{1}{m^T}$$

c) Stabilisierung der Wachstumsrate des umlaufenden bankfähigen Assetvolumens.

Sollen Veränderungen von $d\ ln\ C^e$ zugelassen werden, doch ohne Auswirkungen auf $d\ kn\ B$ bleiben, können die geldpolitischen Instanzen dies durch eine entgegengesetzte Veränderung von $d\ ln\ C^T$ erreichen. Das Substitutionsverhältnis zwischen beiden Wachstumsraten muß betragen:

$$\frac{dd\ ln\ C^e}{dd\ ln\ C^T} = -\ \frac{m^c}{m^T}$$

4. Die Kontrollierbarkeit der Geldmenge; Zusammenfassung der Multiplikator- und Basisanalyse

Nachdem Multiplikator und Basis in den Abschnitten 2 und 3 bestimmt worden sind, können die Auswirkungen geldpolitischer Maßnahmen und anderer relevanter Ereignisse auf die Geldmenge untersucht werden.

Da bei der Bestimmung des Basiselementes E_B der Bankdepositenmarkt eine entscheidende Rolle spielt, und da weiterhin der Geld- und Depositenmultiplikator, m und m^d, von denselben Argumenten – wenn auch in unterschiedlichem Ausmaß – beeinflußt werden, kann zur Determinierung der Geldmenge generell von folgender Funktion ausgegangen werden:

$$E(M, \pi) = E(m, \pi)\, E(M, m) + E(m^d, \pi)\, E(B, m^d) \qquad (4.1)$$

$$E(M, B) + E(m^a, \pi)\, E(B, m^a)\, E(M, B)$$

π steht allgemein für alle geldpolitischen relevanten Einflußgrößen. $E(M, m)$, $E(M, B)$, $E(B, m^d)$ und $E(B, m^a)$ können explizit in die Formulierung eingeführt werden.

$$E(M, \pi) = E(m, \pi) - \frac{m^d(1 - r)}{1 + m^d\,(1 - r)}\, E(m^d, \pi) + \frac{m^a}{1 + m^a}\, E(m^a, \pi) \qquad (4.1a)$$

$E(m, \pi)$ und $E(m^a, \pi)$ gehen aus den Tabellen in Abschnitt 2 und 3 hervor.

Das spezifische π beeinflußt nun die Komponenten des bankfähigen Assetvolumens oder die des exogenen Teiles der Geldbasis.

$$E(M, m^d) = E(B, m^d) = \frac{m^d\,(1 - r)}{1 + m^d\,(1 - r)}$$

folgt aus Gleichung 3.51 und gilt lediglich für die kurze Frist, d. h. unter der Bedingung, daß die Banken die Titel, die zur Refinanzierung eines bestimmten Assetvolumens notwendig sind, immer dann bei der Zentralbank absetzen (rediskontieren), wenn der Depositenbank ein entsprechendes Angebot an Bankdepositen nicht aufnimmt, also m^d gesunken ist. Weiterhin wird unterstellt, daß das Substitutionsverhältnis zwischen Refinanzierungstiteln, die auf dem Depositenmarkt abgesetzt werden, und solchen Titeln, die bei der Banque de France abgesetzt werden, –1 beträgt.

Dies allerdings kann längerfristig nicht unterstellt werden. Steigt die Verschuldung der Banken am Offenmarkt und mithin q_2^o, versuchen die Banken, das Wachstum ihres Portefeuilles an Assets zu dämpfen. Die Verringerung von C_2^e führt zu einer Verringerung von m^a und somit B. Der Nettoeffekt eines Sinkens von m^d ist maßgeblich bestimmt durch die Stärke der Elastizität $E(C_2^e, q_2^o) < 0$.

Die obige Formulierung macht nochmals die Bedeutung des Bankdepositenmarktes, charakterisiert durch

$$\frac{m^d (1 - r)}{1 + m^d (1 - r)} \; E(m^d, \pi)$$

Kreditmarktes, charakterisiert durch

$$\frac{m^a}{1 + m^a} \; E(m^a, \pi)$$

für den Geldmarkt deutlich.

Da in der Analyse $E(m, \pi)$ die Bewegung des Geldmultiplikators und der Ausdruck

$$[\frac{m^a}{1 + m^a} \; E(m^a, \pi) - \frac{m^d (1 - r)}{1 + m^d (1 - r)} \; E(m^d, \pi)]$$

die Bewegung der Geldbasis charakterisieren, können gegenläufige Bewegungen der Wachstumsraten von Multiplikator und Basis nun leicht erklärt werden für die π, auf die m und m^d in gleicher Richtung reagieren, wo also die Elastizität von m und m^d in Bezug auf π das gleiche Vorzeichen aufweisen und wo weiter $E(m^a, \pi) = 0$. Denn wenn immer unter dieser Bedingung π den Multiplikator vergrößert, sinkt wegen des negativen Koeffizienten von $E(m^d, \pi)$ die Basis, so daß sich bei Basis und Multiplikator gegenläufige Wachstumsraten beobachten lassen. Eine volle Kompensation der unter dieser Bedingungskonstellation π von ausgehenden Effekte findet nicht statt, denn

$$\left| \frac{m^d (1 - r)}{1 + m^d (1 - r)} \right| < 1$$

Es zeigt sich hier, daß selbst bei einer relativen Instabilität des privaten Sektors bei der Allokation des Money-Wealth (m) und der Bankdepositen (m^d) per Saldo die Auswirkungen dieser Instabilität auf M abgeschwächt werden.

Dies gilt für die Allokationsparameter

$$k, r_{CE}, r^{oe}, \alpha_B, a_v \text{ und } a_t.$$

Während bei v und v_1

$$E(m, v), E(m, v_1) \sim 0$$

und somit in $E(M, v)$ und $E(M, v_1)$ die Elastizitäten $E(m^d, v)$ und $E(m^d, v_1)$ dominieren.

Eine Erhöhung der Zeit- und Bankspardepositenquotienten dämpft eindeutig die Entwicklung der Geldmenge.

Alle in der Analyse diskutierten Einflußgrößen auf die Geldmenge werden nun in einer Liste zusammengefaßt; unter Benutzung der Formulierung 3.67a wird das Vorzeichen der Elastizität der Geldmenge in Bezug auf die jeweiligen Maßnahmen und exogenen Einflüsse ausgewiesen. Zusätzlich sind die Nummern der jeweils relevanten Gleichungen angegeben.

Aus der vorangestellten Tabelle können folgende Thesen zusammenfassend abgeleitet werden:

I. Zinssätze

1. Ein durch gesetzliche Vorschriften künstlich niedrig gehaltener Depositenzins vermindert das Volumen der Inlandsdeposițen. Bei entsprechendem Assetangebot der Privaten und des Staates refinanzieren sich die Banken entsprechend der Differenz zwischen Interventionssatz der Banque de France und dem Eurogeldsatz im In- oder Ausland; eine Senkung des Depositenzinses wirkt demnach expansiv.
2. Ein auf diese Weise niedrig gehaltener Depositenzins und eine völlig elastische Nachfrage der Banque de France nach Refinanzierungstiteln der Banken verhindern, daß bei steigendem Assetangebot der Privaten und des Staates der Kreditzins steigt, die Banken als Reaktion hierauf den Depositenzins (insbesondere auf Zeit- und Spareinlagen) anheben und so tendenziell geplantes Sparen und Investieren in Einklang gebracht werden. Diese völlig elastische Nachfrage wirkt demzufolge expansiv auf die Geldmenge.
3. Die Zentralbank bestimmt den Kreditzins durch Manipulation des Diskont- und Interventionssatzes, wenn ihre Nachfrage nach Refinanzierungstiteln völlig elastisch ist. Sie bestimmt lediglich die Obergrenze des Kreditzinses, wenn sich die Banken nur geringfügig bei der Zentralbank verschulden. Kreditzins und Diskontsatz stehen dagegen bei massivem Rediskont der Banken in einer festen Relation zueinander.
4. Im Falle einer fixen Relation zwischen Rediskontsatz und Kreditzins reagieren Kreditvolumen, Geldbasis und Geldmenge negativ auf eine Erhöhung des Rediskont- und Interventionssatzes.
5. Geringer Wettbewerb auf dem Kreditmarkt, verbunden mit hohen Informationskosten für das Publikum usw. wirken insgesamt restriktiv auf die Geldmenge (Parameter η).
6. Ein durch unmittelbare Vorschrift niedrig gehaltener Kreditzins (T-Regime) ist in seinen Auswirkungen auf die Geldmenge unbestimmt. T wirkt expansiv, wenn es den Banken nicht gelingt, durch (nicht preis-)diskriminierende Maßnahmen das Kreditvolumen dennoch einzuschränken.

II. Quantitative Regulierung

7. Die negative Reaktion der Geldmenge auf eine Erhöhung des Rediskont- und Interventionssatzes wird verstärkt, wenn der Kapitalverkehr der Banken mit

Tabelle 7

Die Elastizität der Geldmenge *M* in bezug auf die Allokationsparameter des Publikums und der Banken und die quantitativen Regulierungen π_x

		$E(m, \pi)$		$E(m^d, \pi)$		$E(B, \pi)$		$E(M, \pi)$
π	Re-strik-tion	Nr. der Gleichung	Vor-zeichen	Nr. der Gleichung	Vor-zeichen	Nr. der Gleichung	Vor-zeichen	Vor-zeichen
i_v	r^0	216 2.7 2.8	+	216 2.7 2.8	+	3.50	–	+
i_v		2.7	+	2.7 2.8	+	3.50	–	+
i_t	r^0	2.7 2.16	–	2.7 2.8 2.16	+	3.50	–	–
i_t		2.7	–	2.7 2.8	+	3.50	–	–
i_1	r^0	2.8 2.16	–	2.7 2.8 2.16	+	3.50	–	–
i_1		2.8	–	2.7 2.8	+	3.50	–	–
i^v_{EU}	a^0_B	-	0	-	0	-	0	0
i^v_{EU}		2.9 2.11	–	2.9 2.10	–	3.50	+	–
i^t_{EU}	a^0_B	-	0	-	0	-	0	0
i^t_{EU}		2.10 2.11	-	2.10 2.11	-	3.50	+	-
i_{dNF}	a^0_B	2.14 2.13	+	2.14 2.13	+	3.51 c	-	-
i_{dNF}	a^0_B r^0	2.13 2.16	+	2.13 2.16	+	3.51 d	-	-
i_{dNF}	r^0	2.9 2.10 2.11 2.16	+	2.9 2.10 2.11 2.16	+	3.51 b	-	-
i_{dNF}		2.9 2.10 2.11 2.14 2.13	+	2.9 2.10 2.11 2.13 2.14	+	3.51 a	-	-
η	a^0_B	3.40 2.13 2.14	-	3.40 2.13 2.14	-	3.43/44	-	-
η	a^0_B r^0	3.40 2.16 2.13	-	3.40 2.16 2.13	-	3.43/44	-	-
η	r^0	2.9 2.10 2.11 2.16 3.40	-	2.9/10/11 2.16 3.40	-	3.43/44	-	-

η		2.9/1 + 11 2.13/14 3.40	–	2.9/1 + /11 2.13 3.40	–	3.43/44	–	–
i_d		-		-		3.43	–	–
$d\ ln\ BF$	r^0	2.7 2.8 2.16	+	2.7 2.8 2.16	–		+	+
$d\ ln\ BF$		2.7 2.8	+	2.7 2.8	–		+	+
$d\ ln\ D$		2.16	+	2.16	+		+	+
r^t		2.17	–	2.17	–	3.60, 3.60a	–	–
r^v		2.17	–	2.17	–	3.60, 3.60a	–	–
ksk	a_B^0	-	0	-	0	-	0	0
ksk		2.9/1+/11	–	2.9/1+/11	–		–	–
p		2.13	+		–		+	+
ddk/dt	r^0	2.18	+	2.18	+		+	+
ddk/dt^*		2.14	+	2.14	+		+	+
r_{CE}		2.5	–	2.6	–		–	–
k		2.5	–	2.6	–		–	–
v_s						3.17	–	–
q_1^{2PL}						3.53	+	+
n						3.54	–	–
$z,$						3.55	–	–
$z - e$								
C^e_{pol}						3.56	+	+
C^e_{2pd}						3.56	+	+
C^T						3.57	+	+
T						3.59	±	±
i_D^0		Tab. 1	+	Tab. 1	+	3.60	-	+
EX^B						3.61	+	+
r^0		Tab. 1	-	Tab. 1	-	3.60 3.60a	-	-
p^{exp}						3.43 3.43	+	+
y						3.43 3.45	+	+

Bemerkungen zu Tabelle 7:

Beim Inlands- und Auslandsdepositenzins wird davon ausgegangen, daß in (3.67a) die Elastizität $E(m, \pi)$ den Ausdruck

$$\frac{m^d (1 - r)}{1 + m^d (1 - r)} E(m^d, \pi)$$

dominiert; das Vorzeichen von $E(M, \pi)$ richtet sich hier nach $E(m, \pi)$. Für $E(M, i_{dNF})$ gilt unter sämtlichen Restriktionen das negative Vorzeichen; hier dominieren $E(C_2^e\ i_{dNF}) < 0$ und

$$- \frac{m^d (1 - r)}{1 + m^d (1 - r)}$$

bei weitem $E(m, i_{dNF}) > 0$.

---

dem Ausland Restriktionen unterworfen ist. Die a_B^o-Vorschrift wirkt demnach restriktiv; sie verhilft der Rediskontsatzpolitik zur Effizienz.

8. Der Coéfficient de retenu und der Coéfficient de trésorerie garantieren eine regelmäßige hohe Verschuldung der Banken auf dem Offenmarkt (bzw. im Escompte en Pension). Gegeben a_B^o, tragen diese Koeffizienten (vgl. 3) zu einer exakteren Steuerbarkeit des Kreditzinses für kurz- und mittelfristige Kredite bei. Weiterhin gewährleisten sie eine vollkommene Spaltung des Kreditmarktes entsprechend der Fristigkeit des Kredites.
9. Mindestabnahmeverpflichtungen der Banken für öffentliche Schuldtitel (plancher d'effets publics) haben den Effekt unter 8) und lassen den Einfluß des Staates bei einer Expansion der Geldmenge gering erscheinen. Weiterhin garantieren diese Verpflichtungen dem Staat günstige Schuldnerkonditionen.
10. Bei wenig entwickeltem Aktien- und Obligationenmarkt sind Kreditzuwachsbeschränkungen restriktiv, wenn zusätzlich der private Kapitalimport unterbunden werden kann.

III. Staatliche Aktivität

11. Wegen der elastischen Nachfrage der Banque de France nach Refinanzierungstiteln der Banken überträgt sich das Emissionsvolumen an bankgängigen Schuldtiteln (C^T) quasi mechanisch auf das Portefeuille d'Escompte der Banque de France und somit auf die Geldbasis.
12. Die Emission der Bons sur Formule hat gleichfalls einen expansiven Effekt auf die Geldmenge.

IV. Steuerbarkeit der Geldmenge

13. Die Wachstumsrate der Geldmenge wird dominiert durch die Wachstumsrate des für das Bankverhalten exogenen Teil der Geldbasis, also in der Hauptsache

durch die internationalen Reserven. Dies gilt insbesondere bei stabiler Wachstumsrate des Kreditvolumens.

14. Die Effekte aus 13 können durch Manipulationen des umlaufenden Assetvolumens, insbesondere durch C^T (vgl. 12) ausgeglichen werden.

15. Eine kontraktive Politik mit Hilfe des Rediskontsatzes mache eine a_B^0-Regulierung notwendig. Der private Kapitalverkehr mit dem Ausland muß jedoch gleichzeitig unterbunden werden. Dasselbe gilt für Kreditzuwachsbeschränkungen.

TEIL II

Empirische Ergebnisse

Mit Hilfe des in Teil I dargestellten erklärenden Modells zum französischen Geldangebotsprozeß kann nun die beobachtete Wachstumsrate der Geldmenge in einem bestimmten Zeitraum erklärt werden. Dies geschieht analytisch mit der folgenden, aus den Gleichungen (3.50), (3.61) und (4.1) abgeleiteten Formulierung:

(a) $$d\ ln\ M(t) = d\ ln\ m(t) + d\ ln\ B(t)$$

(b) $$d\ ln\ m(t) = E(m, P_1)\ d\ ln\ P_1 + \ldots + E(m, P_i)\ d\ ln\ P_i + \ldots + E(m, P_n)\ d\ ln\ P_n$$

(c) $$d\ ln\ B(t) = \frac{1}{1 + m^a}\ d\ ln\ EX^B(t) - \frac{m^{d*}}{1 + m^{d*}}\ d\ ln\ m^{d*}(t) + \frac{m^a}{1 + m^a}\ d\ ln\ EA^B(t)$$

m^{d*} steht für den Ausdruck $m^d(1 - r)$. Bei P_1 P_i, P_n handelt es sich um die jeweiligen Multiplikatorkomponenten.

$d\ ln\ EX^B(t)$ kann gemäß (3.19) weiter aufgegliedert werden:

(d) $$d\ ln\ EX^B(t) = b_1\ d\ ln\ A(t) + b_2\ d\ ln\ E^e_{os}\ (t) + b_3\ d\ ln\ LT(t) + b_4\ d\ ln\ OT(t)$$

Bei b_1, b_2, b_3, b_4 handelt es sich um Verteilungsparameter.

$A/EX^B = b_1$; $LT/EX^B = b_2$; $OT/EX^B = b_4$

Weiterhin kann $d\ ln\ EA^B$ aufgeliedert werden:

(e) $$d\ ln\ EA^B(t) = \frac{m^c_1}{m^a}\ d\ ln\ C^e_1(t) + \frac{m^c_2}{m^a}\ d\ ln\ C^e_2(t) + \frac{m^T}{m^a}\ d\ ln\ C^T(t) + \frac{m^o}{m^a}\ d\ ln\ OA(t)$$

(a) bis (e) kann in folgendem Schema zusammengefaßt werden:

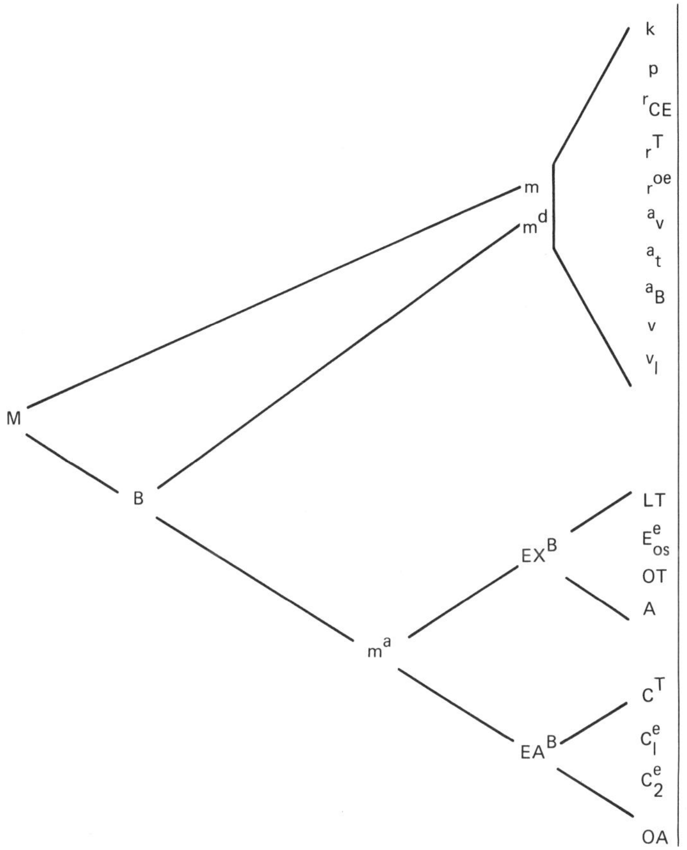

Die linke Seite dieses Schemas ist analytisch-institutionell bestimmt; die so isolierten Einflußgrößen auf die Geldmenge (auf der rechten Seite des Schemas) sind bedingt durch die jeweiligen Verhaltensfunktionen resp. exogen in Bezug auf den laufenden Prozeß oder werden unmittelbar durch die geldpolitischen Instanzen gesetzt. Hierbei handelt es sich um die Allokationsparameter des Publikums und der Banken – so wie sie in den Multiplikatoren m und m^d inkorporiert sind, ferner um die exogene Geldbasis und ihre Komponenten und um die verzinslichen, bankfähigen Aktiva von öffentlichen und privaten Anbietern.

Bei der folgenden Analyse wird diesem Schema entsprechend verfahren.

Zunächst werden die durchschnittlichen Elastizitäten des Geld- und Depositenmultiplikators in Bezug auf die Allokationsparameter numerisch bestimmt. Es folgen die Elastizitäten von B in Bezug auf die unterschiedlichen Assetarten C^T, C^e_1, C^e_2, OA und weiter die Elastizitäten von B in Bezug auf die EX^B-Komponenten, A, LT, E^e_{os}, OT.

Letztlich kann so die durchschnittliche Elastizität von M in Bezug auf jede Einflußgröße numerisch bestimmt werden.

Ein weiterer Abschnitt befaßt sich mit den jeweiligen Verhaltensfunktionen, bzw. soweit die Einflußgrößen unmittelbar bestimmt werden, mit den Vorgaben der geldpolitischen Instanzen.

In einem dritten Abschnitt schließlich werden die Geldzyklen im Beobachtungszeitraum aus den Beiträgen der Einflußgrößen erklärt. Hier zeigt sich die Dominanz des exogenen Teiles der Geldbasis.

1. Analytisch-institutionell determinierte Elastizitäten

1.1 Die Allokationsparameter

Bei der empirischen Analyse des Geldmultiplikators ergeben sich Schwierigkeiten, da die Auslandsparameter der Banken a_v und a_t lediglich ab 63/IV ausgewiesen werden.

Entsprechend wird der in 2.5 und 2.6 ausgewiesene Multiplikator für die Periode 63/IV - 70/IV in Betracht gezogen, während für den gesamten Zeitraum 59-70 und für die Periode 59-63 ein Multiplikator ohne ausdrückliche Berücksichtigung der Auslandsparameter analysiert wird.

Für 63/IV - 70/IV gilt demnach

$$m = \frac{1 + k + + p + a_v}{k + r_{CE} + (r^{oe} + r^T - a_B)\,(1 + a_v + v\,(1 + v_1 + a_t))}$$

$$m^d = \frac{1 + a_v + v(1 + v_1 + a_t)}{k + r_{CE} + (r^{oe} + r^T - a_B)\,(1 + a_v + v\,(1 + v_1 + a_t)}$$

Für die Gesamtperiode 59-70 und für die Teilperiode 59/63 dagegen gilt:

$$m^1 = \frac{1 + k + p}{k + r_{CE} + (r^{oe} + r^T)\,(1 + v\,(1 + v_1))}$$

$$m^{d1} = \frac{1 + v\,(1 + v_1)}{k + r_{CE} + (r^{oe} + r^T)\,(1 + v\,(1 + v_1))}$$

Bei m^1 und m^{d1} ist nicht das Inlandsdepositenvolumen, sondern das gesamte Sichtdepositenvolumen der Banken als Numéraire gewählt.

In Tabelle 8 und 9 werden die Elastizitäten von m und m^d in Bezug auf die einzelnen Allokationsparameter für jeweils 29 Werte (Periode 63/IV - 70/IV) berechnet.

Die Elastizitäten $E(m, a_B)$ und $E(m^d, a_B)$ können nur für die Jahreswende 63 und 68 ausgewiesen werden. Für die übrigen Werte wird von $a_B = 0$ ausgegangen, was das Gesamtbild kaum ändert, da, wie noch in Graphik 1 gezeigt wird, a_B, soweit es ausgewiesen ist, tatsächlich einen Wert nahe Null annimmt.

In den beiden letzten Spalten sind die Durchschnittswerte der Elastizitäten und die Summe der Quadrate der Abweichungen vom Mittelwert angegeben. Es zeigt sich, daß die Werte in den jeweiligen Zeilen vom Mittelwert kaum abweichen.

Die Größenordnung der Elastizitäten nach Maßgabe der r^o- und a_B^o-Restriktionen und die Vorzeichen entsprechen den Feststellungen in Tabelle 3 und 5 in Abschnitt 2.

Die Elastizitäten $E(m, r^{oe})$ und $E(m^d, r^{OE})$ zeigt für die Perioden 63/IV - 66/IV (keine Pflichtreserven) und 67/I - 70/IV (Pflichtreserven) unterschiedliche Durchschnittswerte. Dies ist in der durch die Einführung der Pflichtreserven hervorgerufenen Erhöhung des Parameters r^{oe} begründet. Es ist weiterhin nochmals darauf hinzuweisen, daß $E(m, a_t) > 0$ sich nur unter der Annahme einstellt, daß die Banken bei einer Erhöhung von a_t ihre kurzfristige Aktivposition dem Ausland gegenüber unverändert lassen.

$E(m, a^t \mid a_B^o) < 0$ ergibt sich, wenn davon ausgegangen wird, daß eine Erhöhung der Depositen D_{BA}^t mit einer Erhöhung der Reservehaltung verknüpft ist. Die Elastizitäten $E(m, v)$ für 63-66 und $E(m, v \mid r^o)$ für 67-70, sowie $E(m, v)$ 63/66 und $E(m, v_1 \mid r^o)$ 66/70 können ebenso wie die entsprechenden Elastizitäten von m^d in Bezug auf v und v_1 nur bedingt miteinander verglichen werden.

Berechnet man dagegen $E(m, v)$, $E(m, v_1)$, $E(m^d, v)$ und $E(m^d, v_1)$ für die Periode 67/70 so, als ob keine r^o-Restriktion bestanden hätte (diese Werte sind in Tabelle 1 mit der Fußnote 8 und in Tabelle 9 mit der Fußnote 1 erläutert), so zeigt sich, daß

$$E(m, v) < E(m, v \mid r^o)$$

$$E(M, v_1) < E(m, v_1 \mid r^o)$$

$$E(m^d, v) < E(m^d, v \mid r^o)$$

$$E(m^d, v_1) < E(m^d, v_1 \mid r^o)$$

Der Grund hierfür ist der folgende:

Bei der Berechnung der jeweiligen Elastizitäten ohne r^o-Restriktion wird davon ausgegangen, daß für jede Depositenart derselbe Reservesatz maßgeblich ist. Die Einführung der r^o-Restriktion dagegen berücksichtigt ausdrücklich die niedrigeren Reservesätze für Zeit- und Spareinlagen.

Tabelle 3 enthält die durchschnittlichen Elastizitäten von m^1 und m^{d1} (also der Multiplikatoren ohne Berücksichtigung der Auslandsparameter der Banken a_v, a_t und a_B) in Bezug auf die Allokationsparameter k, p, r_{CE}, r^T, v, v_1.

Tabelle 8: **Die Elastizität des Geldschöpfungsmultiplikators *m* in bezug auf die Allokationsparameter des Publikums und der Banken *p*, numerische Werte, Zeitreihen (Jahr, Quartalswert)**

		63				64				65			
Parameter	Restriktion	1	2	3	4	1	2	3	4	1	2	3	4
k					-.45392	-.47989	-.44934	-.45134	-.43981	-.44626	-.44553	-.45186	.43171
p					.12425	.13043	.12699	.12792	.12616	.12782	.12778	.12870	.12674
r_{CE}					-.12025	-.11357	-.11186	-.11426	-.12615	-.12311	-.12501	-.12339	-12908
r^T					-.01991	-.02627	-.02743	-.02541	-.02016	-..02428	-.02288	-.02215	-.01919
r^{oe}					-.02613	-.01935	-.01745	-.01634	-.02520	-.01661	-.01652	-.01694	-.02175
a_B					+.0143				.0				.0244
a_v					.05210	.06729	.05250	.04550	.04638	.04616	.04478	.04432	.04520
a_v	a_B^o				.01633	.02007	.01623	.01409	.01435	.01430	.01391	.01365	.01383
a_t					.00710	.00698	.00570	.00365	.00650	.00716	.00743	.00809	.0062
a_t	a_B^o				-.00020	-.00032	-.00027	-.00015	-.00030	-.00029	-.00030	-.00030	-.00030
v					-.00530	.00814	.00795	.00751	.00810	-.00779	-.00738	-.00745	-.01000
v	r^o												
v_1					-.00130	-.00236	-.00222	-.00220	-.00240	-.00228	-.00222	-.00224	-.00310
v_1	r^o												

Tabelle 8 (Fortsetzung)

		66				67				68			
k		-.46016	-.46423	-.44650	-.45133	-.47346	-.47702	-.46286	-.53877	-.52037	-52460	-.50056	-.47794
p		.12918	.13138	.12880	.12530	.12786	.12775	.13213	.13249	.13677	.15016	.14162	.13833
r_{CE}		-.12842	-.11788	-.13680	-13504	-11346	-.10914	-.11057	-.49613	-.04091	-.04723	-.06248	-.04669
r^T		-.01490	-.02450	-.02294	-.02772	-.01878	-.02173	-.02139	-02537	-02306	-.02370	-.01898	-.01924
r^{oe}		-.01490	-.01497	-.01619	-.01663	-.02167	-.01884	-.03514	-.04567	-.04967	.06017	.06040	-.08049
a_B					.0029				.0427				.0302
a_v		.04795	.04764	.04697	.04549	.05633	.06473	.06257	.07031	.06825	.07241	.07049	.06361
a_v	a_B^0	.01478	.01443	.01446	.01388	.01695	.01951	.01852	.02011	.01928	.01944	.01971	.01648
a_t		.00717	.00823	.01044	.01970	.01396	.01480	.01711	.02240	.08203	.02158	.01905	.01830
a_t	a_B^0	-.00018	-.00030	-.00039	-.0003	-.00053	-.00059	-.00085	-.0006	-.00192	-.00129	-.00112	-.0013
v		-.00605	-.00782	-.00790	-.0080	-.00869	-.00875	-.01524	-.01390	-.02335	-.02517	-.02410	-.03856
v	r^0					-.00515	-.00331	-.01263	-.01350	-.02000	-.01894	-.91894	-.03638
v_1		-.00186	-.00255	-.00268	-.0027	-.00298	-.00303	-.00609	-.00544	-.00915	-.01019	-.00990	-.01554
v_1	r^0					≃.00149	-.00152	-.00098	-.00109	+.00365	+.00072	+.00291	-+.00769

Tabelle 8 (Fortsetzung)

		69				70									
Para-meter	Restrik-tion	1	2	3	4	1	2	3	4	X^2	$\bar{\epsilon}$	X	$\bar{\epsilon}$	X	$\bar{\epsilon}$
k		-.51215	-.51790	-.52076	-.50859	-.49396	-.52620	-.51647	-.52445	.06375	-.48134				
p		.14102	.14334	.13878	.14648	.14034	.13996	.13628	.13262	.01056	.13299				
r_{CE}		-.05467	-.04750	.06203	-.04465	-.06385	-.04310	-.02739	-.03870	1.5567	-.10098				
r^T		-.01324	-.02813	-.02791	-.03385	-.02731	-.02833	-.03120	-.03532	.03102	-.0241				
r^{oe}		-.07377	-.06001	-.06778	-.07169	-.07249	-.06211	-.08670	-.08064	.00893	-.01838[b]	.28486	-.07414[c]	.10466	-.059
a_B															
a_v		.06664	.07569	.07462	.06811	.06261	.06656	.06193	.06324	.05490	.05862				
a_v	a_B^0	.01818	.02050	.02008	.01833	.01625	.01815	.01654	.01634	.47809	.01734				
a_t		.03057	.02432	.03950	.04251	.05317	.05445	.05966	.05686	.51109	.02326				
a_t	a_B^0	-.00179	-.00145	-.00247	-.00285	-.00295	-.00261	-.00376	-.00335	.03049	-.00113				
v		-.02853	-.02832	-.03269	-.03792	-.03902	-.03487	-.04723	-.04499	.00916	-.00764[a]			-.02821[g]	
v	r^0	-.02166	-.01566	-.01536	-.01690	-.01482	-.02760	-.03853	-.03853	.08972	-.01995[d]				
v_1		-.01115	-.01121	-.01250	-.01324	-.01273	-.01108	-.01496	-.01389	.00097	-.00232[e]		-.01023[g]		
v_1	r°	+.00002	+.00811	+.01189	+.01040	+.00755	-.00606	-.00797	-.00973	.00022	-.00593[f]				

[a] für 13 Werte von 63 IV bis 66 IV. – [b] für 13 Werte von 63 IV bis 66 IV. [c] für alle 29 Werte. – [d] für 67–70. – [e] für 63-66. – [f] für 67–70. – [g] für 67–70, wenn von einer r^0-Restriktion abgesehen wird.

Tabelle 9: **Die Elastizität des Depositenmultiplikators m^d in bezug auf die Allokationsparameter des Publikums und der Banken (p), numerische Werte, Zeitreihen**

		63				64				65			
Parameter	Restriktion	1	2	3	4	1	2	3	4	1	2	3	4
a_v					.06470	.08126	.06511	.05626	.05711	.05658	.05499	.05406	.06623
a_v	a_B^o				.02892	.03405	.02883	.02485	.02509	.02475	.02411	.02338	.02391
a_t					.00723	.00941	.00649	.00687	.00647	.00739	.00689	.00693	.00595
a_t	a_B^o				.00759	.00699	.00603	.00380	.00667	.00703	.00740	.00779	.00630
v	r^o												
v					.16174	.17026	.16931	.17353	.17122	.18278	.18015	.18315	.17009
v_1	r^o												
v_1					.04407	.04936	.04853	.05207	.04921	.05360	.05427	.05524	.05455
k					-.84796	-.84075	-.84323	-.84426	-.82849	-.83602	-.83555	-.83751	-.8150
a_B					-.0143				.0				.0244
r_{CE}					-.12025	-.11357	-.11186	-.11526	-.12615	-.12311	-.12501	-.12339	-.12901
r^{oe}					-.02613	-.01935	-.01745	-01634	-02520	-.01661	-.01652	-.01694	-.02175
r^T					-.01991	-.2627	-.02743	-.02541	-.02016	-.02428	-.02288	-.02215	-.01919

Tabelle 9 (Fortsetzung)

		66				67				68			
Parameter	Restriktion	1	2	3	4	1	2	3	4	1	2	3	4
a_v		.05943	.05744	.05650	.05429	.06667	.07665	.07220	.07567	.07607	.08086	.07914	.07101
a_v	a_B^o	.02627	.02423	.02399	.02268	.02729	.03143	.02840	.0271	.0710	.02789	.02836	.02426
a_t		.00850	.00749	.00713	.00664	.00866	.00986	.01212	.01487	.01604	.01585	.01593	.01284
a_t	a_B^o	.00647	.00759	.00993	.01087	.01280	.01424	.01462	.01672	.02463	.01416	.01317	.01218
v	r^o					.20974	.21238	.25691	.26996	.30112	.28130	.28472	.26027
v		.19727	.18955	.19403	.19327	.20620	.20694	.25430	.26956	.29777	.27507	.27956	.25809
v_1	r^o					.07244	.07318	.10677	.10993	.11678	.12871	.12734	.11186
v_1		.06131	.06217	.06603	.06703	.07095	.07167	.10166	.10558	.11128	.11132	.11453	.10401
k		-.84177	-.84269	-.82405	-.82474	-.84606	-.85023	-.83395	-.91241	-.88689	-.86892	-.85812	-.82331
a_B					.0029				.0427				.0302
r_{CE}		-.12842	-.17788	-.13680	-.13504	-.11346	-.10914	-.11057	-.49613	-.04091	-.04723	-.06248	-.04660
r^{oe}		-.01490	-.01497	-.01619	-.01663	-.02167	-.81884	-.03514	-.04567	-.04967	-.06017	-.06040	-.08049
r^T		-.01490	-.02450	-.02294	-.02772	-.01878	-.02173	-.02139	-.02537	-.02306	-.02370	-.01898	-.01924

Tabelle 9 (Fortsetzung)

Parameter	Restriktion	69				70									
		1	2	3	4	1	2	3	4	X^2	$\bar{\epsilon}$	X	$\bar{\epsilon}$	X	$\bar{\epsilon}$
a_v		.07301	.08336	.08072	.07340	.06567	.06982	.06442	.06544	.03838	.06714				
a_v	a_B^0	.02455	.02934	.02620	.02362	.02051	.02141	.01902	.01854	.01327	.02561				
a_t		.01683	.01833	.01954	.02098	.02500	.02664	.02482	.02380	.06422	.01948				
a_t	a_B^0	.01885	.01517	.02341	.02422	.02763	.02738	.02877	.02579	.12779	.01394				
v	r^0	.30632	.30568	.32632	.34240	.38907	.37240	.36889	.35147	.14477	.30243				
v		.29945	.29302	.30899	.32138	.36486	.36513	.36019	.34501	.74756	.23757	.29412[a]			
v_1	r^0	.12824	.13530	.13114	.13593	.13927	.12108	.12114	.11074	.05065	.11686				
v_1		.11707	.11598	.10675	.11229	.11899	.11606	.11415	.10658	.26871	.08332	.10617[a]			
k		-.85836	-.86428	.86223	-.84977	-.83950	-.86969	-.85610	-.84593	-.01339	-.84785				
a_B															
r^{0e}		-.07377	-.06001	-.06778	-.07169	-.07249	-.06211	-.08670	-.08064	.00893	-.01838[b]	.28486	-.07414[c]	.10466	-.05920[d]
r^T		-.01324	-.02813	-.02791	-.03385	-.02731	-.02833	-.03120	-.03532	.03102	-.0241				
r_{CE}		-.05467	-.04750	-.04203	-.04465	-.06385	-.04310	-.02739	-.03870	1.5567	-.10098				

[a] für 67-70, wenn einer r^0-Restriktion abgesehen wird. – [b] für 13 Werte von 63 IV bis 66 IV. – [c] für alle 29 Werte. – [d] für 67-70.

Die Differenzen zu den in Tabellen 8 und 9 ausgewiesenen Werten sind vergleichsweise unerheblich. Dies ist im wesentlichen darin begründet, daß der Unterschied zwischen D^v_{BI} und $(D^v_{BI} + D^v_{BA})$ als Numéraire gering ist: der Anteil von D^v_{BA} an D^v_{BI} schwankt kaum und beträgt durchschnittlich 4 %.

Tabelle 10

Durchschnittliche Elastizitäten von m, m^d, m^1 und m^{d1} in bezug auf die Allokationsparameter

Allokations-parameter	Multiplikatoren m^1	m^{d1}	m	m^d
k	-.45532	-.84611	-.48134	-.847854
p	.12748	-	.13299	-
r_{CE}	-.10211	-.10211	-.10098	-.10098
r^T	-.02579	-.02579	-.0241	-.0241
r^{oe}	-.02804	-.02804	-.01838	-.01838
v	-.01214	.22253	-.00764	.23757
v_1	-.00359	.06602	-.00232	.083327

1.2 Die Geldbasis

Die Elastizität der Geldbasis in Bezug auf die Einflußgrößen EX^B, EA^B, C^T, $m^{d*} = (1 - r)\, m^d$ und A sind in Tabelle 4 jeweils als Quartalsendwerte ausgewiesen.

Zugrundegelegt werden die Gleichungen (c) und (d).

Die Effekte des Finanzierungsdefizites auf dem Kreditmarkt, also das von den Banken initiierte Rediskontvolumen sind gemäß den Gleichungen (3.48) und (3.50) impliziert.

1.3 Die Geldmenge

Entsprechend dem vorangestellten Schema können nun die durchschnittlichen Elastizitäten von M in Bezug auf die Einflußgrößen

$k, p, r_{CE}, r^T, r^{oe}, a_v, a_t, a_B, v, v_1$ (Multiplikatorkomponenten)

LT, E^e_{os}, A, OT (Komponenten des exogenen Teiles der Geldbasis)

$C^T, C^e_1\ C^e_2$ (Komponenten des umlaufenden bankgängigen Assetvolumens)

bestimmt werden. Die einzelnen durchschnittlichen Elastizitäten sind den vorangestellten Tabellen entnommen und entsprechend Gleichung (a) - (e) kombiniert. Sie sind in Tabelle 12 zusammenfassend dargestellt.

Die explizite Berücksichtigung des Marktes für Refinanzierungstitel der Banken (Bankdepositen und rediskontfähige Titel) bei der Bestimmung der Geldmenge führt zu einigen ungewöhnlichen Ergebnissen. Insbesondere bei der Elastizität der Geldmenge in Bezug auf die die Multiplikatoren m und m^d konstituierenden Allokationsparameter ist folgendes zu beachten:

Diese Elastizitäten gelten kurzfristig und unter den bereits in Abschnitt 4 zusammenfassend dargestellten Bedingungen, nämlich, daß die Banken bei sinkender Depositennachfrage sich genau in einem solchen Ausmaß zusätzlich bei der Banque de France verschulden, in dem der Depositenmarkt von den Banken angebotene Depositen nicht absorbieren kann. Diese Betrachtung ist kurzfristig richtig – län-

Tabelle 11

Elastizität der Basis in bezug auf die Haupteinflußgrößen (Zeitreihe für die Untersuchungsperiode)

Periode	$E(B, EX^B)$	$E(B, EA^B)$	$E(B, CT)$	$E(B, m^{d*})$	$E(B, A)$
58_4	.3584	.6415	.1182	-.4376	.0008
59_1	.3731	.6268	.0858	-.4629	.0363
59_2	.3861	.6139	.0810	-.4800	.0682
59_3	.3521	.6479	.1338	-.4893	.0801
59_4	.3448	.6551	.1241	-.4882	.0813
60_1	.3344	.6655	.1304	-.4956	.0897
60_2	.3225	.6773	.1355	-.4944	.0968
60_3	.3389	.6609	.1254	-.4991	.1064
60_4	.3236	.6763	.1132	-.4942	.1061
61_1	.3246	.6752	.1168	-.5271	.1190
61_2	.3236	.6763	.1067	-.5421	.1316
61_3	.3184	.6814	.0987	-.5245	.1318
61_4	.3367	.6633	.0909	-.5228	.1318
62_1	.3289	.6710	.0953	-.5417	.1441
62_2	.3460	.6539	.0864	-.5398	.1598
62_3	.3460	.6539	.0899	-.5490	.1536
62_4	.3484	.6515	.0801	-.5385	.1464
63_1	.3412	.6585	.0921	-.5574	.1579
63_2	.3424	.6574	.0890	-.5473	.1619
63_3	.3584	.6415	.0896	-.5522	.1584
63_4	.3623	.6376	.0724	-.5416	.1545

Tabelle 11 (Fortsetzung)

Periode	$E(B, EX^B)$	$E(B, EA^B)$	$E(B, CT)$	$E(B, m^{d*})$	$E(B, A)$
64_1	.3461	.6598	.0850	-.5554	.1606
64_2	.3484	.6515	.0766	-.5505	.1656
64_3	.3571	.6428	.0643	-.5558	.1665
64_4	.3623	.6376	.0507	-.5486	.1646
65_1	.3597	.6403	.0539	-.5605	.1760
65_2	.3496	.6503	.0559	-.5603	.1766
65_3	.3571	.6428	.0571	-.5574	.1738
65_4	.3424	.6574	.0513	-.5570	.1675
66_1	.3472	.6527	.0451	-.5671	.1718
66_2	.3355	.6643	.0470	-.5793	.1744
66_3	.3448	.6551	.0413	-.5701	.1730
66_4	.3335	.6603	.0267	-.5718	.1610
67_1	.3205	.6794	.0320	-.5866	.1628
67_2	.3003	.6997	.0420	-.5881	.1571
67_3	.3058	.6942	.0458	-.5970	.1513
67_4	.2590	.7407	.0647	-.6120	.1497
68_1	.2500	.7500	.0650	-.6251	.1493
68_2	.1926	.8070	.0674	-.6395	.1122
68_3	.1960	.8036	.0823	-.6318	.0839
68_4	.1912	.8088	.0726	-.6321	.0755
69_1	.1890	.8108	.0774	-.6418	.0797
69_2	.1582	.8416	.0790	-.6413	.0294
69_3	.1547	.8447	.0912	-.6528	.0263
69_4	.1721	.8278	.0723	-.6450	.0362
70_1	.1692	.8308	.0710	-.6606	.0713
70_2	.1680	.8316	.0638	-.6686	.0313
70_3				-.6740	
70_4				-.6882	
$\bar{E}$	.3067	.6930	.0795	-.5664	.1226

Tabelle 12

Durchschnittselastizitäten von m, m^d, EA^B, EX^B, B und M in bezug auf die Multiplikator-, Basis- und Assetkomponenten

	m	m^d	EA^B	EX^B	B	M
k	-.4814	-.8479			.5109	.0296
p	.1330					.1330
r_{CE}	-.1010	-.1010			.0607	-.0403
r^T	-.0241	-.0241			-.0027	-.0027
r^{oe}	-.0184[1]	-.0184[1]			-.0009[1]	-.0009[1]
	-.0592[2]	-.0592[2]			-.0160[2]	-.0160[2]
$a_v\ a_B^0$	.0173	.0256			-.0154	.0019
$a_t\ a_B^0$	-.0011	.0139			-.0088	-.0099
$v\ r^o$	-.0200	.3024			-.1939	-.2139
$v_1\ r^o$	-.0059	.1169			-.0748	-.0807
a_v	.0583	.0671			-.0380	.0202
a_t	.0233	.0195			-.0110	.0122
a_B	.0190	-0190			-.0114	.0076
v	-.0076	.2376			-.1007	-.1083
v_1	-.0023	.0833			-.0313	-.0336
$m^d\ (1 - r)$					-.5664	-.5664
OT				.2199	0.681	.0681
LT				.2490	.0782	.0782
E_{os}^e				.1283	.0409	.0409
A				.4007	.1226	.1226
EX^B					.3067	.3067
C^T			.1160		.0795	0.795
C_1^e			.1648		.1143	.1143
C_2^e			.7196		.4989	.4989
C^e			.8839		.6135	.6135
EA^B					.6930	.6930

[1] ohne Pflichtreserven
[2] mit Pflichtreserven

gerfristig aber führt eine Variation der Verschuldung bei der Zentralbank und mithin eine gleichgerichtete Variation des Parameters q_2^o wegen $E(C_2^e, q_2^o) < 0$ zu einer entgegengesetzten Variation des Assetvolumens und somit von Geldbasis und -menge. Längerfristig dominiert daher $E(m, P)$. Die Effekte aus $E(m^d, P)\ E(B, m^d)$ werden wegen $E(q_2^o, m^d) < 0$ und $E(B, C_2^e) > 0$ abgemildert oder ausgewaschen.

Gleichfalls zeigt sich, daß der kurzfristige Kapitalverkehr der Banken mit dem Ausland von untergeordneter Bedeutung für die Entwicklung der Geldmenge ist; selbst ohne die a_B^o-Restriktion, und unter der Annahme, daß eine Erhöhung der Auslandsparameter a_v, a_t voll auf a_B, also die gesamte kurzfristige Nettoschuldnerposition der Banken dem Ausland gegenüber, durchschlägt, beträgt $E(M, a_v) = .2023$ und $E(M, a_t) = .01223$. Dies ist im Vergleich zu den übrigen Einflußgrößen EA^B und EX^B äußerst gering.

Unter der a_B^o-Restriktion dagegen ist der von a_v und a_t ausgehende Einfluß noch geringer. Während hier a_v einen schwach positiven Effekt ausübt, $E(M, a_v \mid a_B^o) = .00194$, ist der Effekt von a_t per Saldo sogar schwach negativ. $E(M, a_t \mid a_B^o) = -.00992$.

Die geldpolitischen Instanzen sind daher in jedem Falle in der Lage, die Bewegungen von a_v und a_t durch eine entgegengesetzte Steuerung von beispielsweise C^T zu neutralisieren. Die zu r^{oe} ausgewiesene Elastizität entspricht Gleichung (3.60), berücksichtigt also ebenfalls lediglich die kurzfristigen Auswirkungen.

Die Elastizitäten von M in Bezug auf die exogene Geldbasis und ihre Komponenten und in Bezug auf das Volumen der verzinslichen Aktiva bedürfen keiner Relativierung hinsichtlich ihrer langfristigen Gültigkeit.

Der Effekt einiger geld- und kreditpolitischer Maßnahmen kann hieran allerdings nochmals deutlich gemacht werden. Betreibt der Trésor public bei der Manipulierung der ausstehenden öffentlichen bankfähigen Schuldtitel – wie dies in Frankreich seit 1966 der Fall ist – eine Politik der unmittelbaren Mengenregulierung, d. h. setzt er die zu versteigernde Menge der Bons du Trésor autonom fest, wobei sich der Zins frei herausbildet, so ist dies eine zuverlässige Steuervariable für die Geldmenge.

Die Auswirkungen von Kreditzuwachsbeschränkungen sind ähnlich, sofern bei gering entwickeltem Markt für Aktien und Obligationen $E(C^e, EA^B) = .8839$ und weiterhin privater Kapitalimport unterbleibt, also $E(A, C_{pol}^e) = 0$.

2. Die Verhaltensfunktionen

2.1 Allokationsparameter der Multiplikatoren

Die Entwicklung des Geld- und Depositenmultiplikators und der jeweiligen Komponenten ist in den Graphiken 3, 4 und 5 dargestellt. Die Nettoschuldnerposition der Banken dem Ausland gegenüber, ausgedrückt durch den Parameter a_B, ist im Beobachtungszeitraum kaum von Null verschieden. Der prozentuale Anteil dieser Nettoposition A_B^{ct} am gesamten Depositenvolumen der Banken, D_B, also $a_B \cdot 100$, beträgt jeweils am Jahresende:

Graphik 3: Der Geldschöpfungsmultiplikator und seine Komponenten Periode 63 iv – 70 iv

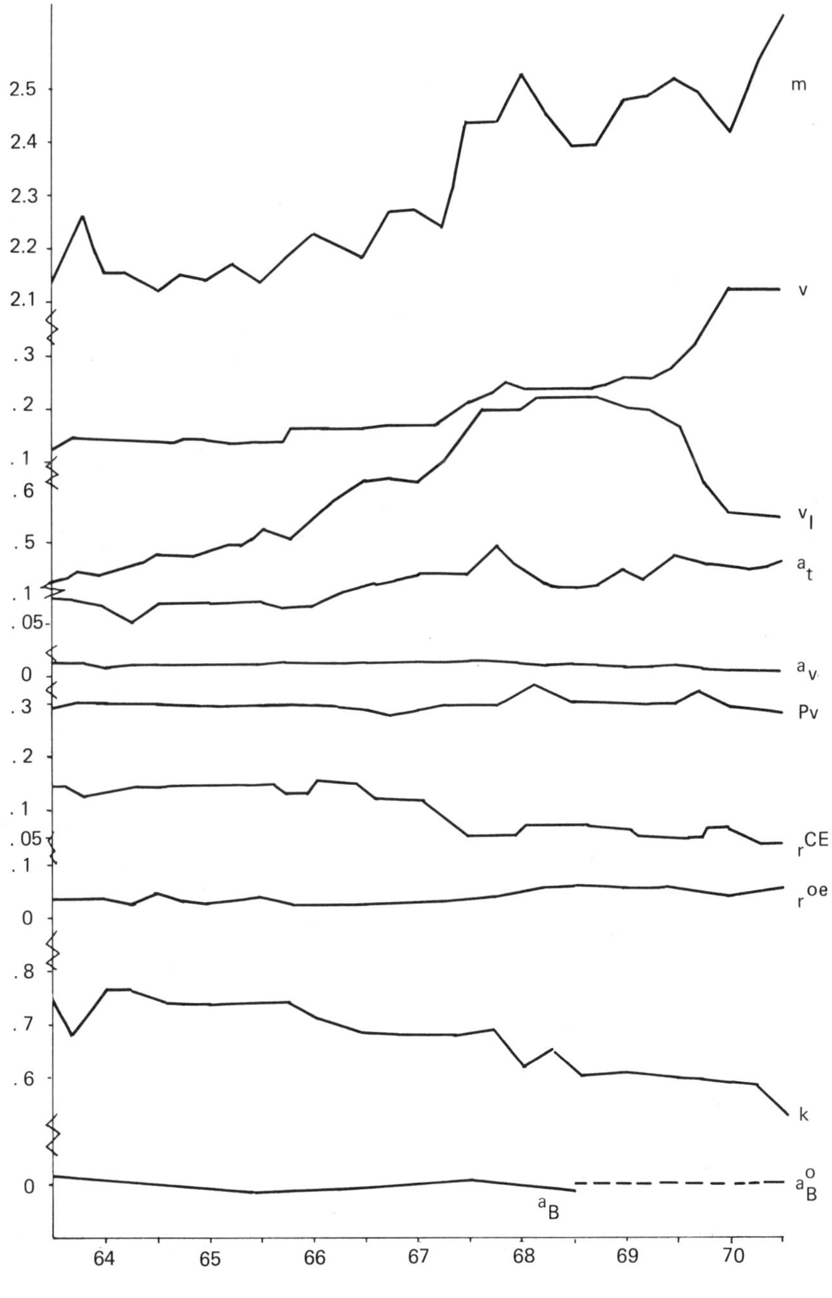

Graphik 4: m^+ und Allokationsparameter ohne Berücksichtigung der Auslandsparameter

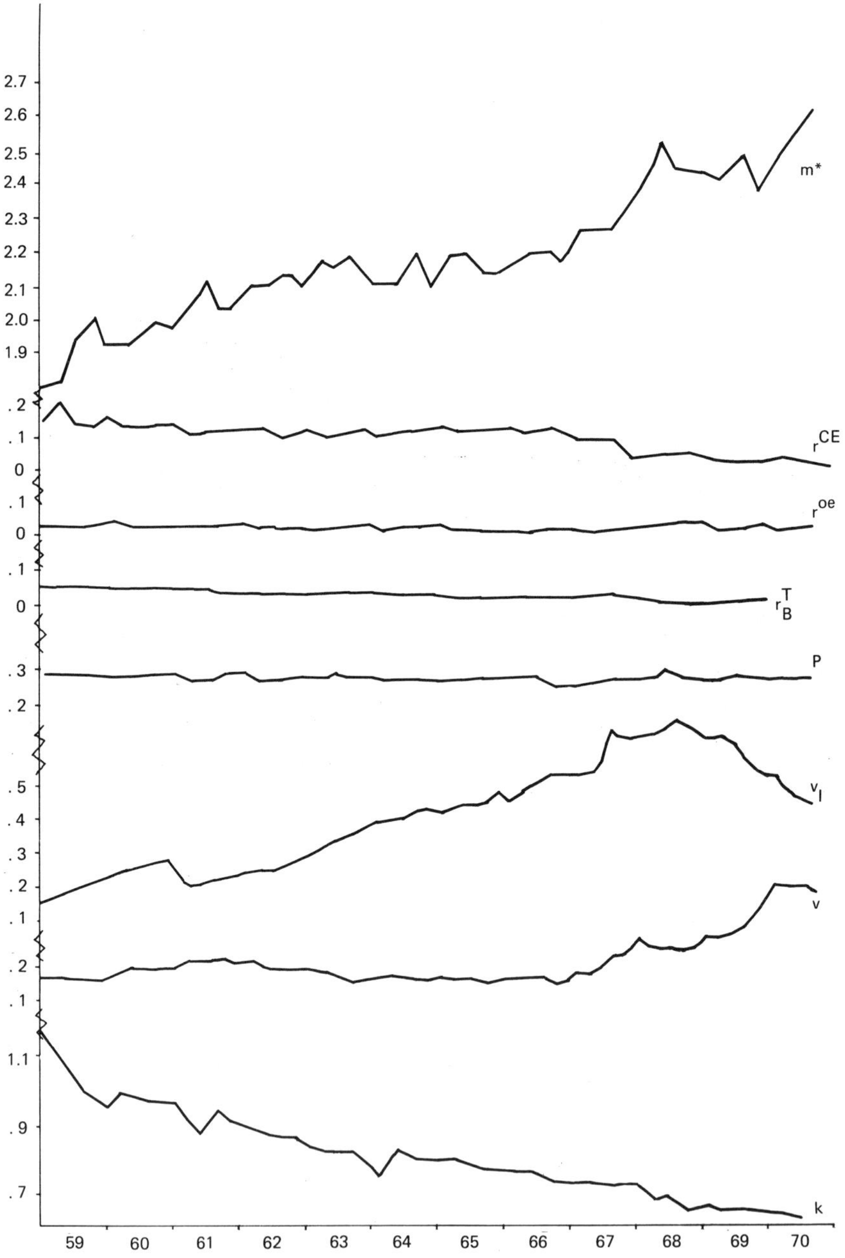

Graphik 5: Der Depositenmultiplikator und seine Komponenten, Periode 63 iv – 70 iv

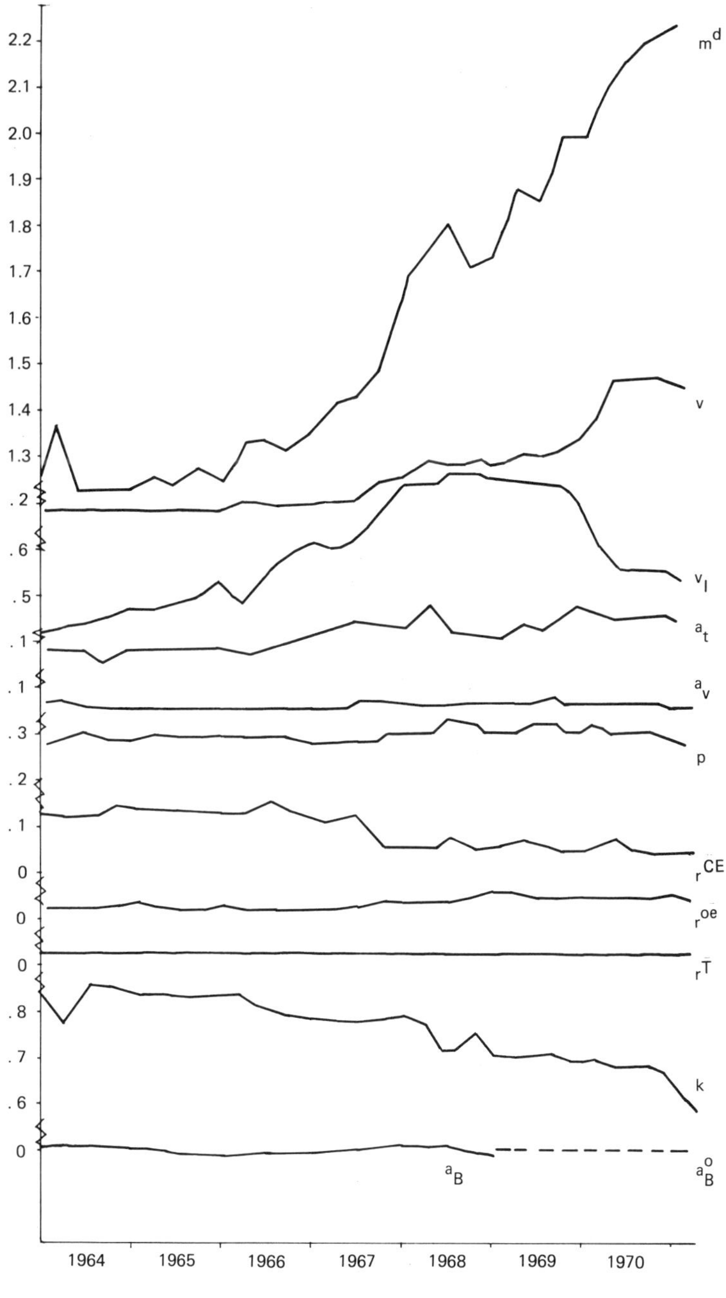

Graphik 6: Die Wachstumsraten des Geld- und Depositenmultiplikators

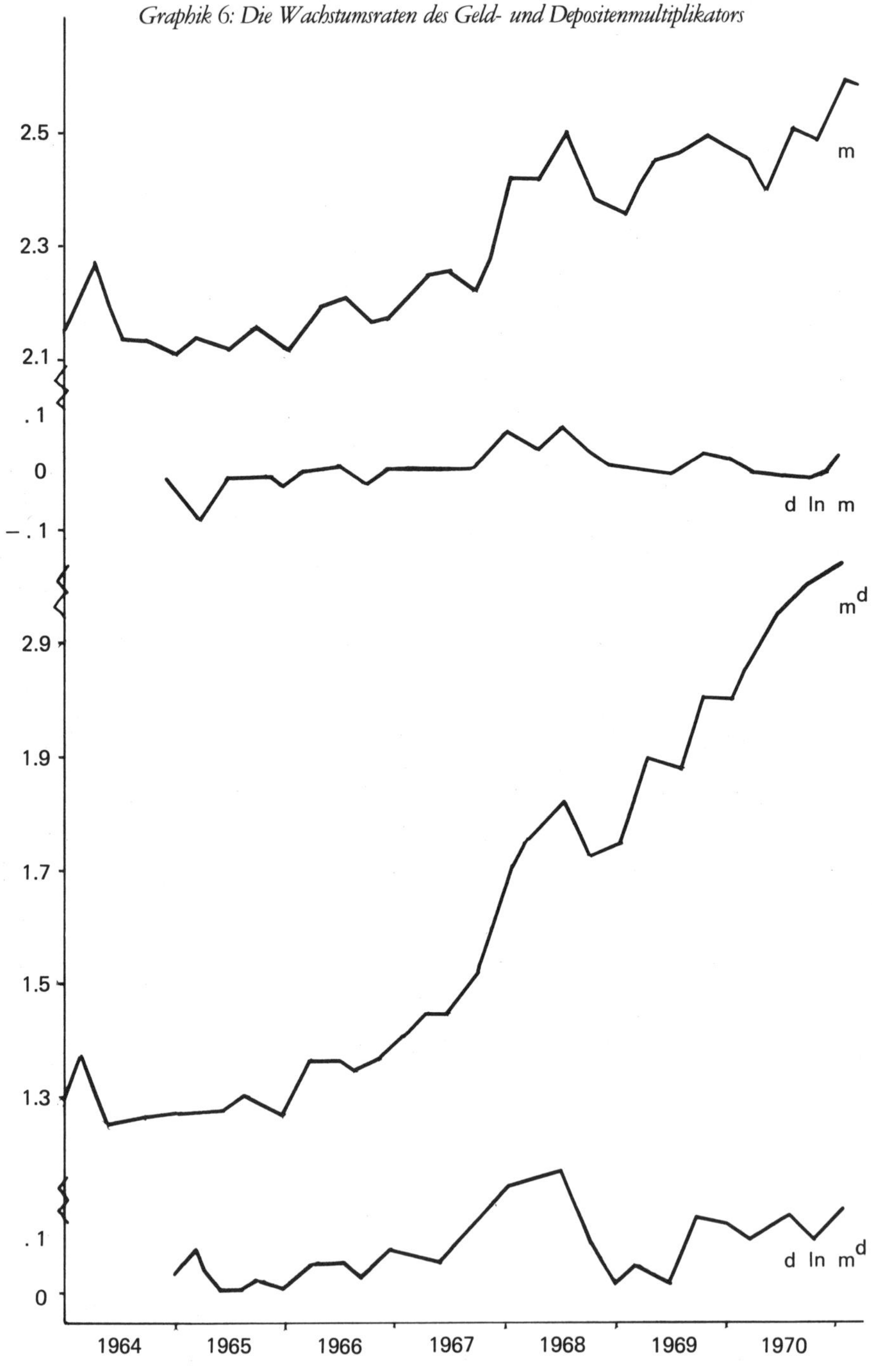

Tabelle 13

Anteil von A_B^{ct} an D_B in v. H.

	60	61	62	63	64	65	66	67	68
a_B	.00	.82	.57	1.15	.00	-1.18	.21	1.31	-1.75
i_{dNF} $-i_{EU}$	-.48	-.10	-.43	-.13	-.29	-.83	-1.52	-1.43	.46

Ab 68/IV ist die a_B^0-Regelung in Kraft, die gesetzlich a_B auf 0 fixiert.

Die auch im Zeitraum 60/68 fast ausgeglichene Position der Banken ist durch die Zinssdifferenz $i_{dNF} - i_{EU}$ nicht voll zu erklären. Denn liegt - wie in den Jahren 66 und 67 i_{dNF} etwa 1.5 Punkte unter i_{EU}, sollte a_B entsprechend niedrig, normalerweise sogar negativ sein, da die Banken unter solchen Bedingungen per Saldo Kapital exportieren. Gleichfalls kann das hohe $a_{B\,63}$ nicht aus der minimalen Zinsdifferenz von .13 erklärt werden.

Diese Beobachtungen erklären sich aus den in 2.22 erwähnten Restriktionen in Bezug auf den kurzfristigen Kapitalverkehr der Banken mit dem Ausland.

Der negative Wert von $a_{B\,68}$ erklärt sich aus den Abwertungsspekulationen hinsichtlich des französischen Franc im zweiten Halbjahr 68 und aus den Aufwertungsspekulationen in Bezug auf die DM.

Aufgrund der Restriktionen, die für den kurzfristigen Kapitalverkehr der Banken mit dem Ausland bestehen, ist die Reaktion von a_t, dem Quotienten aus der Summe aller Termineinlagen von Non-Résidents bei französischen Banken und den Termineinlagen der Résidents in ausländischer Währung einerseits und dem Termineinlagenvolumen in *FF*, gehalten von Résidents, andererseits, auf die Zinsdifferenz zwischen Interventionssatz der Banque de Franc i_{dNF} und dem Eurogeldsatz nicht sehr ausgeprägt. Die Regressionsanalyse ergibt:

$$\ln a_t = 3.3405 - .5398 \ln i_{dNF}/i_{EU}$$

Standardabweichung	1.2225	.5516
t-Ratio	2.7325	.97855

$$r^2 = .034$$

Durbin-Watson: .37591 Freiheitsgrade: 28

Offenbar erklärt die Regressionsanalyse lediglich 3 % der Bewegung von a_t; die ausgewiesene Elastizität $E(a_t, i_{dNF}/i_{EU}) = -.5398$ ist wegen der geringen t-Ratio und der hohen Standardabweichung nicht signifikant. Das negative Vorzeichen kann mit weniger als 50 % Wahrscheinlichkeit akzeptiert werden: es entspräche dem in Gleichung 2.10 postulieren. Der Grund für die Nicht-Signifikanz ist in den vorgenannten Restriktionen zu suchen.

Der Bruch im a_t-Verlauf im 2. Quartal 68 ist auf die französische Währungskrise im Mai–Juni 68 zurückzuführen.

Die Entwicklung des Zeitdepositenquotienten v wird durch die Variation des entsprechenden Depositenzinses erklärt:

$ln\ v =$	$-.59693$	$+ 1.07902\ ln\ i_t$
Standardabweichung	.18160	.15802
t-Ratio	3.28711	6.82853
$r^2 = .52611$		

Durbin Watson: .37255 Freiheitsgrade: 42

Der hier verwendete Zins für Zeitdepositen entspricht dem gesetzlich fixierten Zins für Sichteinlagen mit einer Laufzeit von einem Jahr und einem Höchstbetrag von 250 000 F.

v_1 dagegen, das die Entwicklung der Spareinlagen im Verhältnis zu den Zeiteinlagen mißt, kann durch den Spardepositenzins, der dem Zins für Zeiteinlagen in etwa entspricht, nicht erklärt werden. Dies betrifft insbesondere den Zyklus von 1967 bis 1969. Diese Bewegung allerdings kann im Zusammenhang mit der Einführung der Pflichtreserven in Frankreich zu Beginn des Jahres 1967 interpretiert werden.

Die hohen Pflichtreserven auf Sichtdepositen veranlaßt die Banken, von natürlichen Personen gehaltene Sichteinlagen soweit als möglich in Spareinlagen mit niedrigerem Pflichtreservesatz zu transformieren. Die Konteninhaber stehen einer solchen Regelung indifferent gegenüber, da sich für sie aus dieser Transaktion keinerlei zusätzliche Kosten ergeben, im günstigeren Falle sogar leichte Zinsgewinne einstellen. Technisch wird diese Angelegenheit von den Banken in dieser Weise gehandhabt: der Konteninhaber kann weiterhin im Scheckverkehr über seine Einlagen verfügen. Im Bedarfsfall stellt die Bank einen kurzfristigen Kontokorrentkredit zur Verfügung, den der Depositeninhaber durch Übertragungen vom Spar- auf das Sichteinlagenkonto löscht. Zwar können solche Umbuchungen aufgrund der Décision de caractère général N° 67–08 vom 28.6. 1967[1] nicht mehr automatisch durch eine generelle Vollmacht des Konteninhabers von der Bank vorgenommen werden, doch konnte diese Bestimmung offensichtlich flexibel gehandhabt werden.

---

[1] Tout compte qui ne respecte pas les conditions définies ci-après pour les comptes sur livrets et les comptes à terme, est un compte à vue.

1. Les banques peuvent ourvrir des comptes sur livrets aux *personnes physiques.*

2. Les mouvements de ces comptes sont limité à des opérations de versement ou de retrait au profit du titulaire ou à des virements de ou à son compte ordinaire. *Chacun des ces virements* fait l'object d'une demande expresse du titulaire du compte. *Il n'est pas délivré de carnet de chèques au titre du compte sur livret.* Le montant minimum de chaque opération est de 100 F et le solde du compte ne peut, à aucun moment, être à un chiffre inférieur à 100 F.

Ein weiterer Grund für den Zyklus von v_1 liegt darin, daß die Wachstumsrate der Spareinlagen bei Banken konntinuierlicher ist als die der Sichteinlagen. Da v_1 definiert ist als Quotient aus Spar- und Termineinlagen, führt ein überproportionales Ansteigen von D^t zu einem Sinken von v_1 und umgekehrt.

Der Verlauf von r_{CE} als politischer Variabler des Trésor public weist im 2. Halbjahr 1967 einen Bruch auf. Der Grund hierfür ist, daß im Zuge der Liberalisierung des Banken- und Sparkassenwesens ab 1966 die Caisse de Dépôts et de Consignation nicht mehr gehalten war, ihre liquiden Mittel einzig beim Trésor public in Form von Sichteinlagen zu halten. Insbesondere die Caisse Nationale de Crédit Agricole wandelte wegen dieser Neuordnung im Jahre 67,7 Mrd. F. ihrer Sichteinlagen beim Trésor public in verzinsliche öffentliche Schuldtitel um.

Der Reservequotient der Banken weist nach Einführung der Pflichtreserven (1967) eine Steigung auf. Bis zu diesem Zeitpunkt reagiert r^e auf den Interventionssatz der Banque de France positiv.

Bei der Schätzung ergibt sich folgendes:

$$\Delta\ (r^o + r^T) = -.003099 + .002447\ \Delta\ i_{dNF}$$

Standardabweichung	.000646	.000578
t-Ratio	4.7946	4.2337

$$r^2 = .236$$

Durbin-Watson: 1.0108 Freiheitsgrade: 45

Die Reaktion des Reservesatzes r auf den Interventionssatz der Banque de France i_{dNF} ist in Anbetracht des Schätzparameters .002447 äußerst gering. Offensichtlich heben die Effekte aus den Opportunitätskosten und den Kosten der Zentralbankgeldbeschaffung einander nahezu auf.

Graphik 7 verdeutlicht die Zusammenhänge in der Periode der Pflichtreserven 67/70. Wegen der geringen Zahl der Beobachtungen (16) ist eine Schätzung der Abhängigkeit von β gemäß 2.16 von den relevanten Argumenten i_{dNF}, $d\ ln\ D_B$ und v nicht sinnvoll. Dennoch zeigt Graphik 7, daß β offenbar – wie postuliert – negativ auf $d\ ln\ D_B$, die nicht saisonbereinigte Wachstumsrate des Bankdepositenvolumens von Quartalsende zu Quartalsende reagiert.

Die Steigerung der Wachstumsrate von D_B im Jahre 67 von 0 auf 10 % geht mit einem Sinken von β von 1.0 auf .7 einher. Für 67/IV bis 70/I ergibt sich ein ähnliches Bild. $d\ ln\ D_B$ sinkt von 10 auf 0 %, β steigt von .7 auf .9. Analoge Beobachtungen ergeben sich für 70/I - 70/IV; während $d\ ln\ D_B$ von 0 auf 10 % steigt, sinkt β von .9 auf .6.

Graphik 7: Pflichtreservesatz und beobachteter Reservesatz der Banken und Einflußgrößen

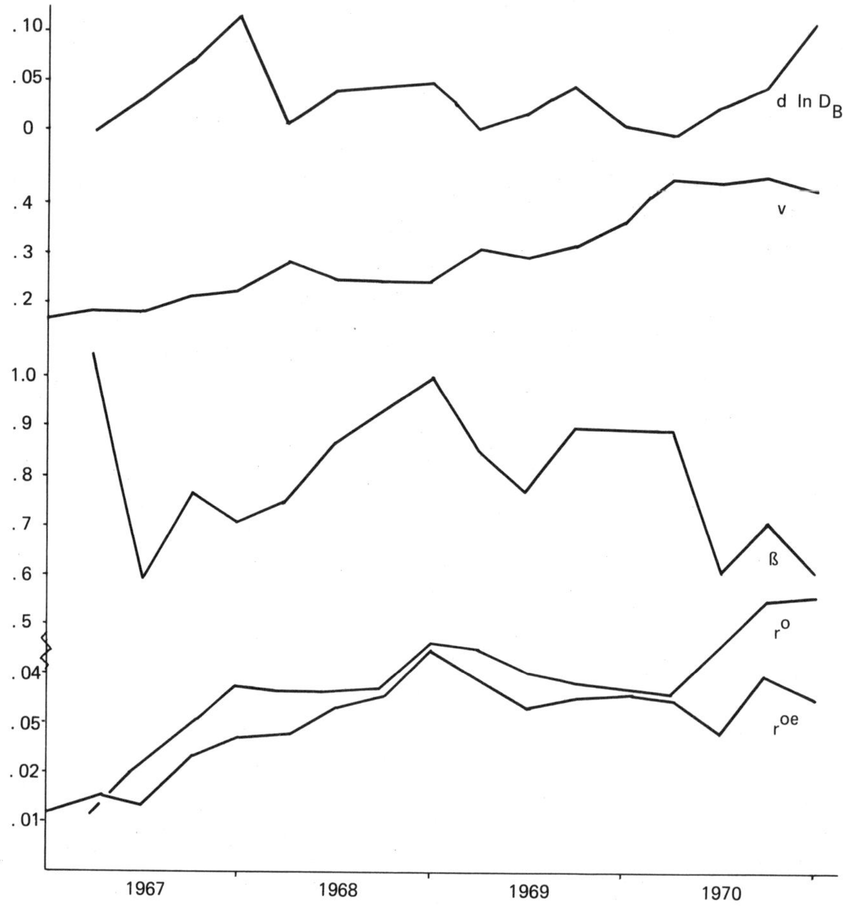

2.2 Bestimmungsfaktoren der Geldbasis

2.21 Basiskomponenten

Innerhalb der Geldbasis finden im Untersuchungszeitraum erhebliche Umschichtungen statt zwischen EX^B und E^B. Graphik 8 zeigt die Entwicklung der Bestandsgröße und ihrer Komponenten. Gemäß 3.19

$$B = A + EX^B$$

$$EX^B = LT + E^e_{os} + OT$$

Graphik 8: Die Geldbasis und ihre Komponenten (kumuliert)

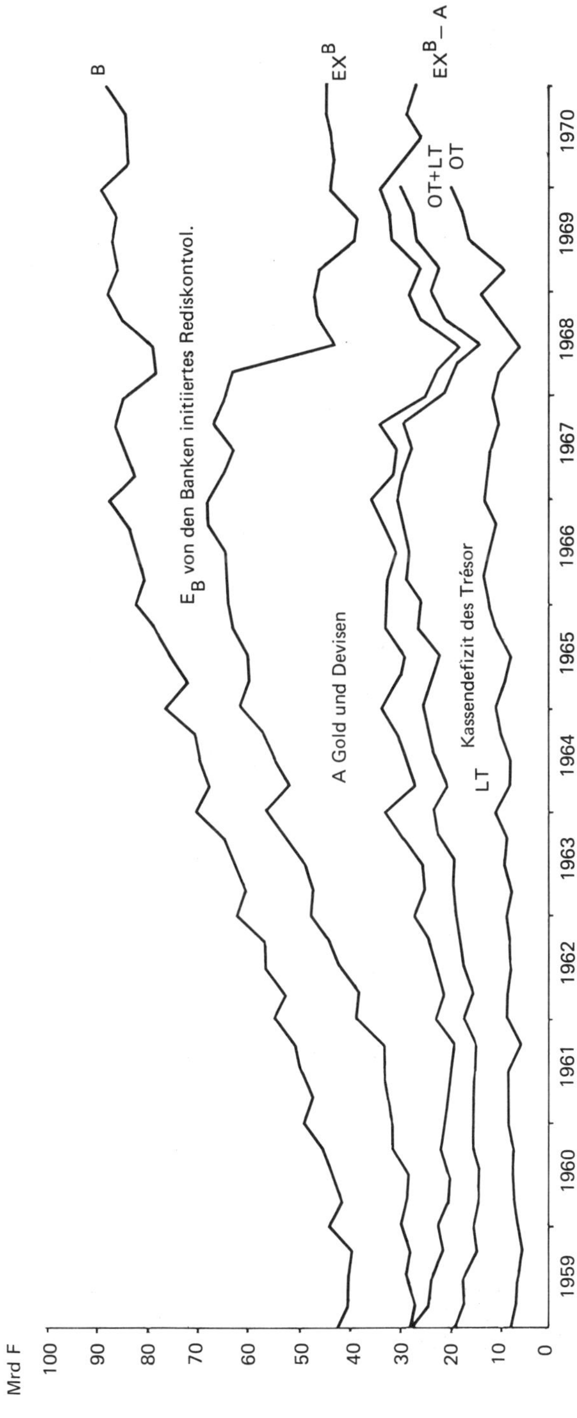

Graphik 9: Entwicklung der Geldbasis und ihrer Komponenten (prozentuale Anteile)

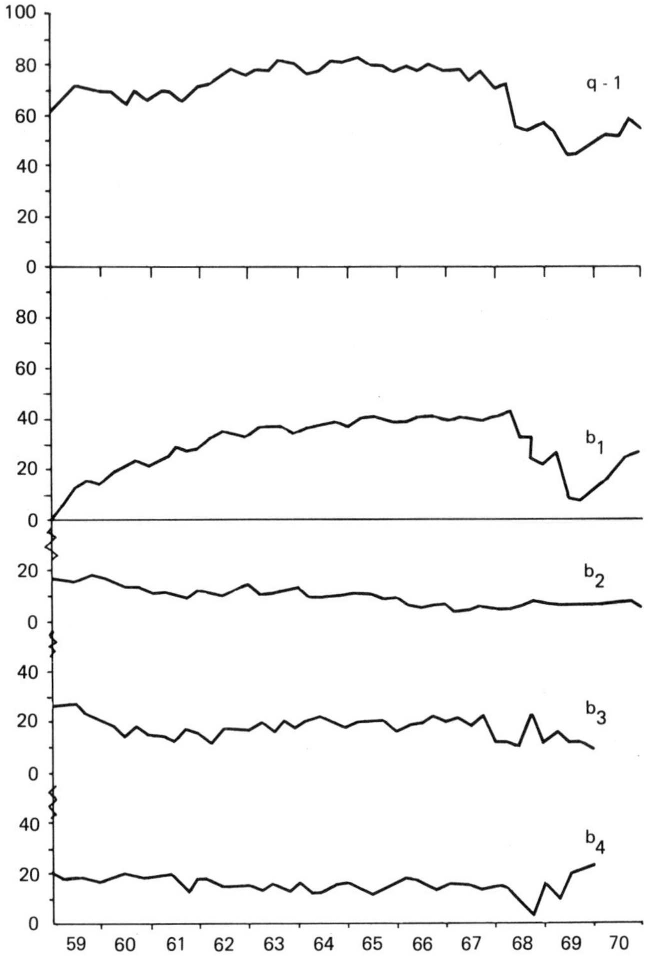

$EX^B/B = (1-q)$; $A/B = b_1$; $E^e_{os}/B = b_2$;
$LT/B = b_3$; $OT/B = b_4$

In Graphik 9 sind die jeweiligen prozentualen Anteile angegeben. Die im Zeitablauf stattgefundene Substitution zwischen endogenem (E^B) und exogenem (EX^B) Teil der Geldbasis werden im oberen Block der Graphik 9 verdeutlicht. (Bewegungen von $1-q$). Während EX^B für eine Periode von etwa 4 Jahren 80 % der gesamten Geldbasis ausmacht, sinkt dieser Anteil im Jahre 1969 auf knapp 50 %. Wie der Verteilungsparameter b_1, definiert als der relative Anteil der Auslandskomponente A an der Geldbasis, zeigt, werden die Bewegungen von EX^B durch A dominiert.

Das abrupte Sinken von A im 2. Quartal 1968 ist auf die Maistreiks in Frankreich und auf die darauf folgende französische Währungskrise zurückzuführen, deren Auswirkungen auf den Bestand der internationalen Reserven bis 1969 andauern.

Der relative Anteil der übrigen Komponenten an der Geldbasis ist vergleichsweise konstant. Lediglich b_2 weist eine leicht sinkende Tendenz auf, was offensichtlich darauf zurückzuführen ist, daß der Staat zunehmend darauf verzichtet, die Finanzierung seiner Fünfjahrespläne durch eine monetäre Expansion sicherzustellen: der Bestand der von den Spezialkreditinstituten rediskontierten mittelfristigen Kredite bleibt vergleichsweise unverändert; entsprechend muß der Verteilungsparameter b_2 bei wachsender Basis sinken. Der Verteilungsparameter b, wird durch die Liquiditätslage des Trésor public bestimmt. Die Schätzung von Gleichung 3. ergibt folgende Resultate:

$$ln\ LT = 3.14027 - .37810\ ln\ PZ + .69170\ ln\ BT_{os}$$

Standardabweichung	1.87456	.39631	.227327
t-Ratio	1.6752	.95406	3.04277

Durbin-Watson: 1.2252 Freiheitsgrade: 60

Der Wert für $E(LT, PZ) = -.3781$ ist wegen der hohen Standardabweichung und der niedrigen t-Ratio nicht signifikant. Das Vorzeichen entspricht unter der Annahme eines α-Wertes von 20 % der Hypothese: eine steigende Nettoproduktionsziffer PZ ist mit steigendem Steueraufkommen und sinkendem Kassendefizit des Trésor public verbunden. Die positive Korrelation zwischen Kassendefizit und von den Spezialkreditinstituten gehaltenen Bons du Trésor BT_{os} entspricht nicht den Erwartungen. Die ursprüngliche Hypothese lautet hier, daß das Kassendefizit um so geringer ist, um so mehr die Spezialkreditinstitute Bons du Trésor ins Portefeuille nehmen können, daß die entsprechende Elastizität also ein negatives Vorzeichen hat. Offensichtlich aber gehen hohe Kassendefizite des Trésor mit hohen Portefeuilles der Spezialkreditinstitute an öffentlichen Schuldtiteln einher. Da weiterhin BT_{os} und PZ hoch negativ miteinander korreliert sind, (-.91706) bewirkt offenbar ein niedriges PZ und demzufolge niedriges Steueraufkommen einen hohen Finanzierungsdefizit des Trésor, der durch vermehrte Emission an Bons du Trésor für Spezialkreditinstitute finanziert wird und überdies noch einen hohen Kassendefizit zur Folge hat, der durch monetär expansive Operationen mit der Banque de France abgedeckt wird. (Erhöhung der Avances à l'Etat und des Bestandes des Obligations Cautionnées).

Der Anteil der übrigen, nicht näher funktional bestimmte Komponenten an EX^B, d. h. die Sammelgröße OT, bleibt relativ konstant bei 20 %. Die leicht sinkende Tendenz erklärt sich aus der hierein eingeschlossenen Entwicklung der Prêts à l'Etat, also der Darlehen der Banque de France an den Staat, ein Posten, der unverändert

Graphik 10: Wachstumsrate des exogenen und des endogenen Teiles der Geldbasis

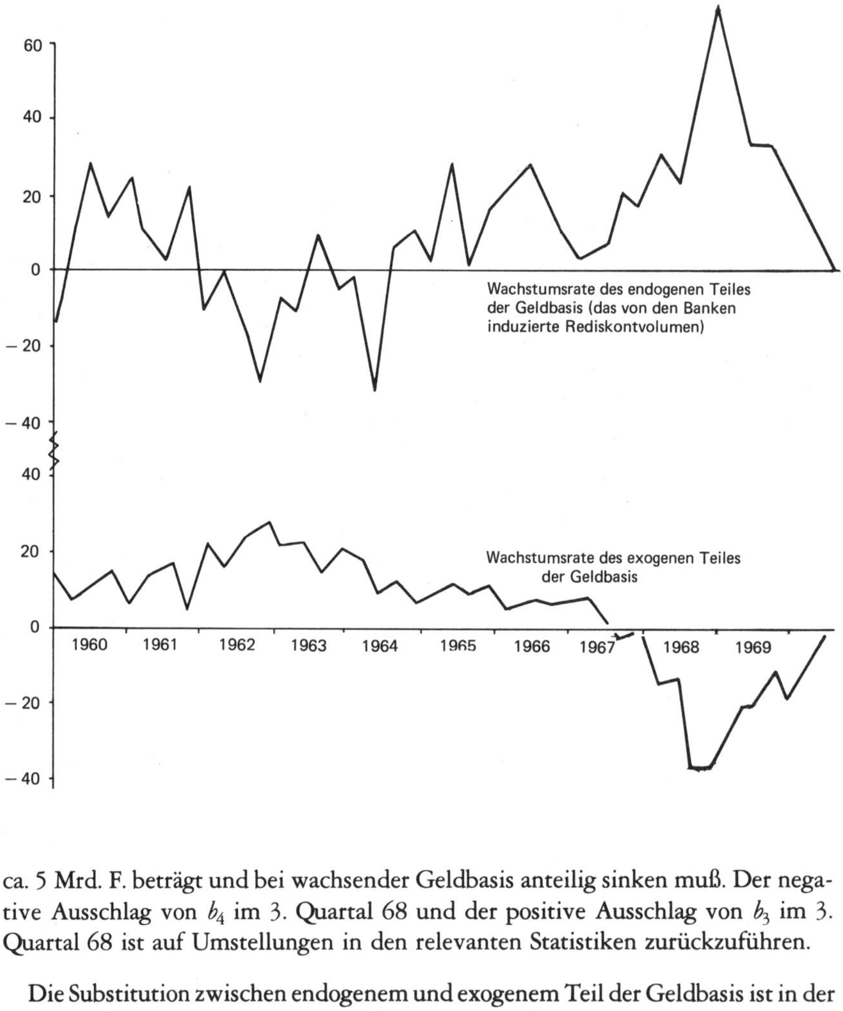

ca. 5 Mrd. F. beträgt und bei wachsender Geldbasis anteilig sinken muß. Der negative Ausschlag von b_4 im 3. Quartal 68 und der positive Ausschlag von b_3 im 3. Quartal 68 ist auf Umstellungen in den relevanten Statistiken zurückzuführen.

Die Substitution zwischen endogenem und exogenem Teil der Geldbasis ist in der Graphik 6 dargestellt. Die gegenläufige Bewegung der Wachstumsraten ist offensichtlich. Da die Wachstumsrate des Kreditvolumens relativ konstant zwischen 10 und 20 % schwankt, gibt Graphik 7 ein ungefähres Abbild der Ableitung

$$\frac{dd\ ln\ B}{dd\ ln\ EX^B} = \frac{1}{1 + m^a} \sim .3$$

Abweichungen von diesem Wert ergeben sich wegen der Bewegungen von EA^B und m^d entsprechend Gleichung 3.5.

Graphik 11: Wachstumsrate der Geldbasis und ihres exogenen Teils; Wachstumsrate des Kreditvolumens

Es muß in diesem Zusammenhang nochmals darauf hingewiesen werden, daß der üblicherweise als borrowing-ratio definierte Ausdruck $E^B/D^B = q/m^d$ nicht allein durch das Zinsdifferential $i_{dNF} - e_{EU}$ bestimmt ist, und daß weiterhin bei einem solchen Procedere die relevanten Argumente EX^B und EA^B, so wie sie in Gleichung (3.48) ausgewiesen sind, exhauriert werden.

Die Regressionsanalyse ergibt demnach auch folgendes Resultat:

$$ln\ q/m^d = -\ 1.10533 + .78598\ ln \frac{i_{dNF}}{i_{EU}}$$

Standardabweichung	.30425	.12987
t-Ratio	3.46203	6.05214

$$r^2 = .423$$

Durbin-Watson: .4069 Freiheitsgrade: 50

Das hochsignifikante Vorzeichen von

$$E\ (q/m^d),\ \frac{i_{dNF}}{i_{EU}} = .78598$$

entspricht nicht dem üblicherweise postulierten. Allemal sollte ein sinkendes q/m^d bei einem steigenden i_{dNF}/i_{EU} erwartet werden. Weiterhin deutet $r^2 = .423$ und ein Autoregressionskoeffizient der Residuen von .79306 bei einem Durbin-Watson von .4069 auf unberücksichtigte Argumente in der Funktion hin.

Da wegen der Restriktionen bezüglich des kurzfristigen Kapitalverkehrs der Banken mit dem Ausland i_{EU} nicht notwendigerweise ein systematisches Argument zur Bestimmung von q/m^d ist, noch eine weitere Schätzung:

$$q/m^d = 2.630 + 4.912\, i_{dNF}$$

Standardabweichung	.360	3.183
t-Ratio	7.288	1.544

$$r^2 = .25$$

Diese Schätzungen legen den Schluß nahe, daß Spezifizierungen der Art

$$q/m^d = q/m^d\ (i_{dNF} - i_{EU})$$

wesentliche Zusammenhänge unbeachtet lassen (vgl. Gleichung (3.48) und (3.50)).

Das Ergebnis dieser beiden Schätzungen rechtfertigt das in Abschnitt 3 verwendete Modell, nämlich den endogenen Teil der Geldbasis explizit über den Kreditmarkt zu bestimmen.

2.22 Die bankgängigen, verzinslichen Aktiva

Graphik 8 zeigt die Entwicklung von EA^B und seiner Komponenten im Zeitablauf, 8a die relativen Anteile der jeweiligen Assetarten, der obere Block der Graphik 8a die kumulierten Prozentwerte. Da der prozentuale Anteil der Bons du Trésor m^T/m^a und der mittelfristigen Kredite, $100 - (m^T + m_2^c/m^a)$ vergleichsweise gering ist, wird das Assetvolumen der Banken vom prozentualen Anteil der kurzfristigen Kredite $(m^T + m_2^c/m^a - m^T)$ dominiert.

Der mittlere Block weist den prozentualen Anteil der mittelfristigen Kredite am gesamten Buchkreditvolumen aus.

Zeitweise Umschichtungen sind vornehmlich durch Kreditzuwachsbeschränkungen bedingt.

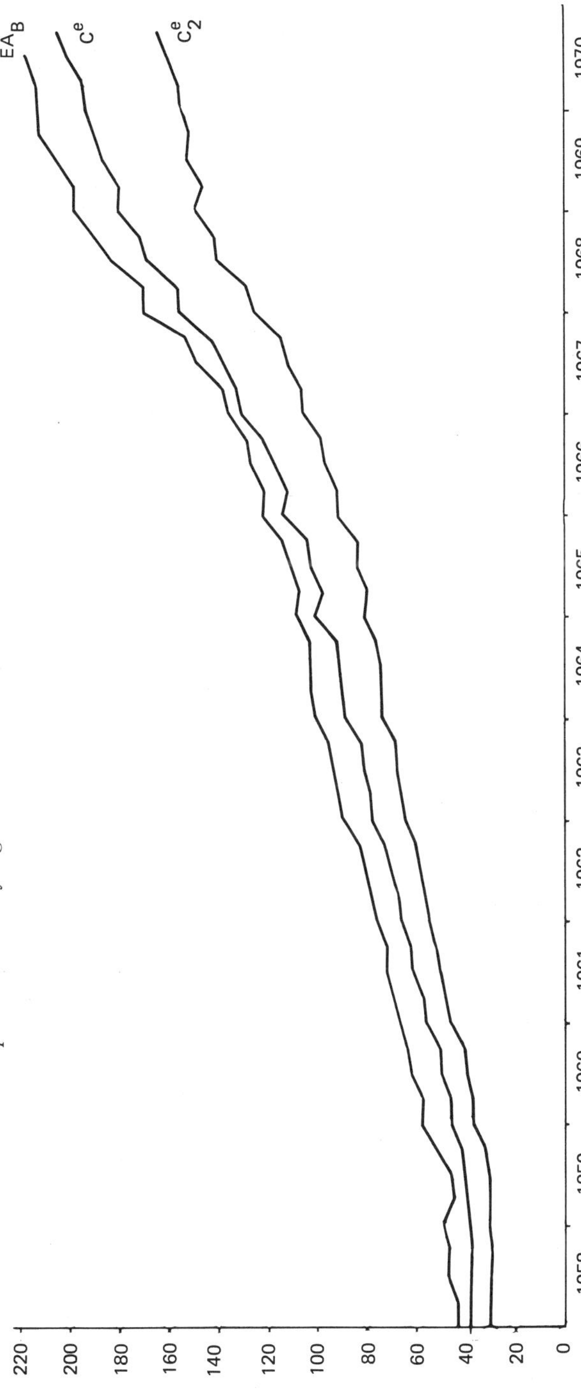

Graphik 12: Die bankfähigen verzinslichen Aktiva EA^B und Komponenten (kumuliert)

Graphik 13: Die bankfähigen verzinslichen Aktiva und Komponenten (prozentuale Anteile)

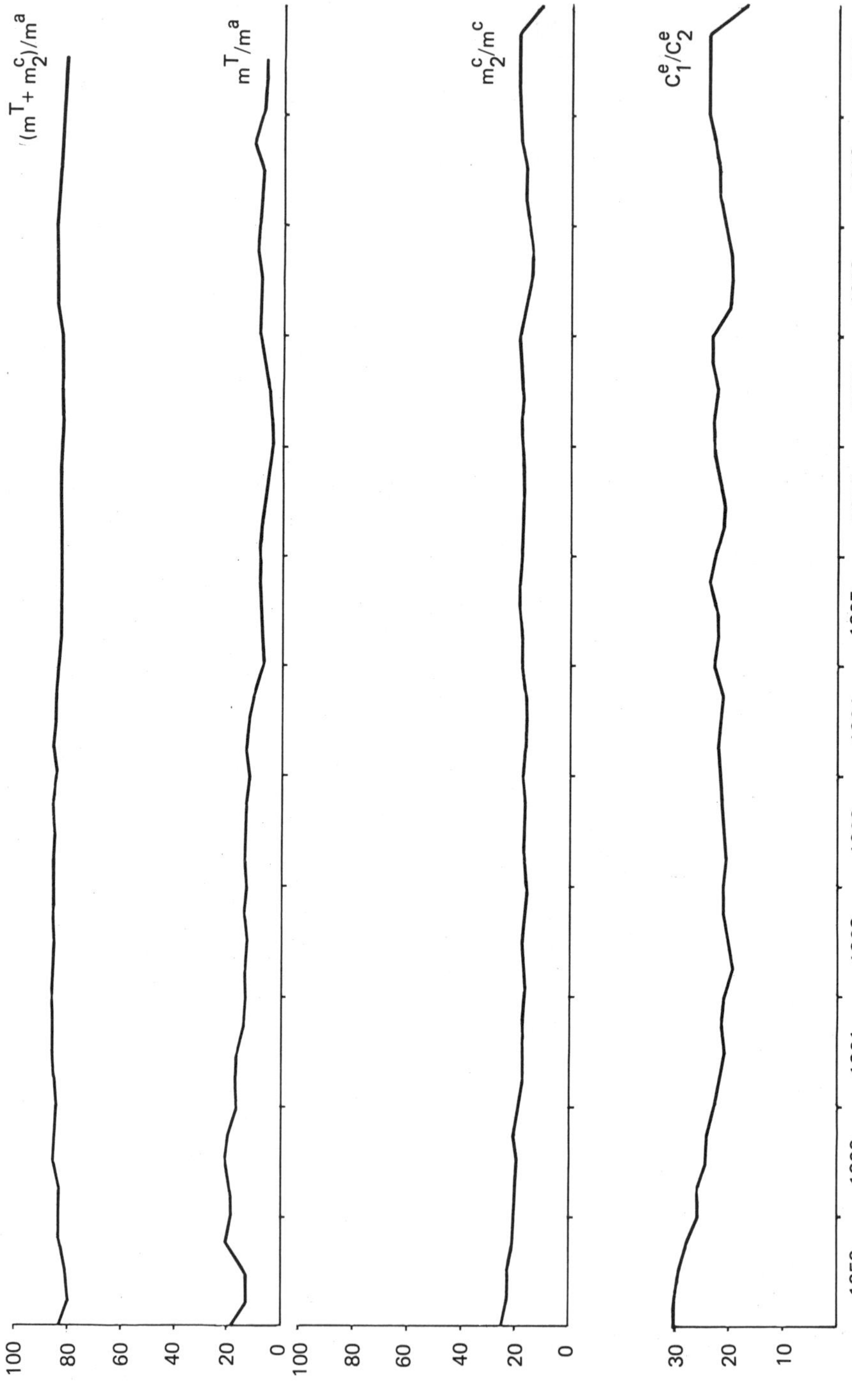

Der untere Block der Graphik weist gleichfalls auf eine relative Stabilität des Verhältnisses der mittel- zu den kurzfristigen Krediten hin.

Die Wachstumsraten der Bank- und Buchkredite werden - sofern keine Kreditzuwachsbeschränkungen bestehen - durch die Funktionen (3.43) und (3.45) bestimmt.

Die Ergebnisse der Regressionsanalyse sind in den beiden nachgestellten Tabellen zusammengefaßt.

Bei der Schätzung von $\Delta\ ln\ C_2^e$ ergibt sich für den Interventionssatz der Banque de France bei einer zeitlichen Verzögerung von 3 Quartalen $(t - 3)$ ein negativer Schätzparameter. Dies bedeutet, daß sich das kurzfristige Kreditvolumen offenbar mit einer Verzögerung von 9 Monaten an Variationen des Interventionssatzes anpaßt.

Die Vorzeichen für q_2^o und y entsprechen den Erwartungen, was insbesondere im Falle von q_2^o bedeutet, daß eine zunehmende Verschuldung der Banken bei der Banque de France im Zuge von Offenmarktgeschäften vermindernd auf das Kreditvolumen einwirkt. Die vertretene These, daß q_2^o die Gewinnsituation der Banken nachhaltig negativ beeinflußt, und daß sich von dort her ein negativer Effekt auf das Kreditvolumen einstellt, ist somit nicht widerlegt. Gleichzeitig ist dieses Ergebnis allerdings keine diskriminierende Evidenz dafür, daß nicht die „costs of harrasment", d. h. die Kosten der administrativen Belästigung bei massiver Inanspruchnahme von Rediskontierungsmöglichkeiten durch die Banken, als Resultat eines steigenden q_2^o letztendlich zu einer Verringerung des kurzfristigen Kreditvolumens geführt haben.

Die erwartete Inflationsrate, berechnet aus den mit der zeitlichen Entfernung von t_o gewichteten vorangegangenen Inflationsraten der letzten zwei Jahre, nimmt systematisch statt des positiven ein negatives Vorzeichen an.

Bei der Schätzung von $\Delta\ ln\ C_1^e$ ergibt sich zwischen der Veränderungsrate des Rediskontsatzes $\Delta\ ln\ i_d$ und $\Delta\ ln\ C_1^e$ kein signifikanter Zusammenhang.

Die schwache Reaktion der Wachstumsrate des Kreditvolumens, insbesondere das positive Vorzeichen von $\Delta\ ln\ i_d$ bei der Bestimmung von $\Delta\ ln\ C_1^e$, deutet darauf hin, daß wegen des stark angebotsbestimmten Assetmarktes relevante Argumente der Angebotsseite bei der Schätzung nicht hinreichend berücksichtigt wurden. Der hochsignifikante positive Schätzparameter $\Delta\ ln\ C_1^e\ (\Delta\ ln\ i_{dt-1})$ z. B. legt den Schluß nahe, daß der zur Dämpfung des C_1^e-Kreditvolumens angehobene Diskontsatz die Veränderung der expansiv wirkenden Argumente in der Assetangebotsfunktion nicht neutralisieren konnte.

Wird dagegen die Wachstumsrate des *gesamten* Kreditvolumens auf den zum jeweiligen Periodenende herrschenden Interventionssatz abgebildet, (i_{dNF} und i_d sind hochpositiv miteinander korreliert) ergibt sich für $\Delta\ ln\ C^e\ (i_{dNF})$ ein signifikant negatives Vorzeichen von −2.097. Im Falle von Kreditzuwachsbeschränkungen dagegen ist C^e bzw. C_2^e unmittelbar politischer Parameter der geldpolitischen Instanzen. Zunächst zu den Kreditlimitierungen in der Periode 63/I/65/II; die das gesamte Buchkreditvolumen C^e betreffen:

Tabelle 14: **Parameterschätzungen für $\Delta\ ln\ C_2^e$**

ABH. VAR	konst.	$\Delta\ ln$ $i_{dNF\,t0}$	$\Delta\ ln$ i_{dNF-1}	$\Delta\ ln$ i_{dNFt-2}	$\Delta\ ln$ i_{dNFt-3}	$\Delta\ ln$ q_2^o	$\Delta\ ln$ y	$\Delta\ ln$ p^{exp}	r^2	DW	Freihg.
$\Delta\ ln\ C_2^o$	.288	.0112	.023	.021	-.067	-.266	.157	.1.473	.700	1.317	29
Stand.-A.	.035	.049	.063	.066	.048	.084	.096	.398			
t-Ratio	8.260	.237	.368	.327	1.392	3.181	1.627	3.559			
$\Delta\ ln\ C_2^e$	.295	.042				-.280	.812	-1.432	.670	1.439	29
Stand.-A.	.034	.037				.081	.094	.393			
t-Ratio	8.619	1.157				3.444	1.940	3.647			
$\Delta\ ln\ C_2^e$	.299		.025			-.282	.170	-1.536	.660	1.370	29
Stand.-A.	.035		.036			.083	.095	.383			
t-Ratio	8.674		.689			3.412	1.788	4.012			
$\Delta\ ln\ C_2^e$	.298			-.015		-.279	.174	-1.614	.660	1.390	29
Stand.-A.	.035			.034		.086	.096	.375			
t-Ratio	8.562			.444		3.340	1.821	4.311			
$\Delta\ ln\ C_2^e$	.291				-.050	-.268	.162	-1.558	.690	1.320	29
Stand.-A.	.033				.031	.080	.091	.357			
t-Ratio	8.706				1.646	3.359	1.773	4.365			

Tabelle 14 (Fortsetzung)

Abh. Variabl.	konst.	$\Delta\, ln$ $i_d\, to$	$\Delta\, ln$ i_{dt-1}	$\Delta\, ln$ i_{dt-2}	$\Delta\, ln$ i_{dt-3}	$\Delta\, ln$ y	$\Delta\, ln$ P^{ex}	r^2	*DW*	Freihg.
$\Delta\, ln\, C_1^e$	.1769	-.08924	-.0946	.2345	.2023	.0168	-1.138	.60	1.089	32
Stand.-Abw.	.0196	-1107	.1395	.1606	.1422	.1297	.3697			
t-Ratio	9.033	.8061	.6780	1.667	1.423	.1292	3.077			

	konst.	i_{dNF}	q/m^d	$\Delta\, ln\, y$	r^2	*DW*	Freihg.
$\Delta\, ln\, C_1^e$	.2357	-2,097		.1266	.29	.777	30
Stand.-Abw.	.038	.7752		.0989			
t-Ratio	6.208	2.705		1.409			
$\Delta\, ln\, C_1^e$	.2425	-1.218	-.1909	.1397	.40	.9060	29
Stand.-Abw.	.0358	.826	.0853	.0846			
t-Ratio	6.774	1.471	2.237	1.652			

Graphik 14: Entwicklung des Buchkreditvolumens C^e

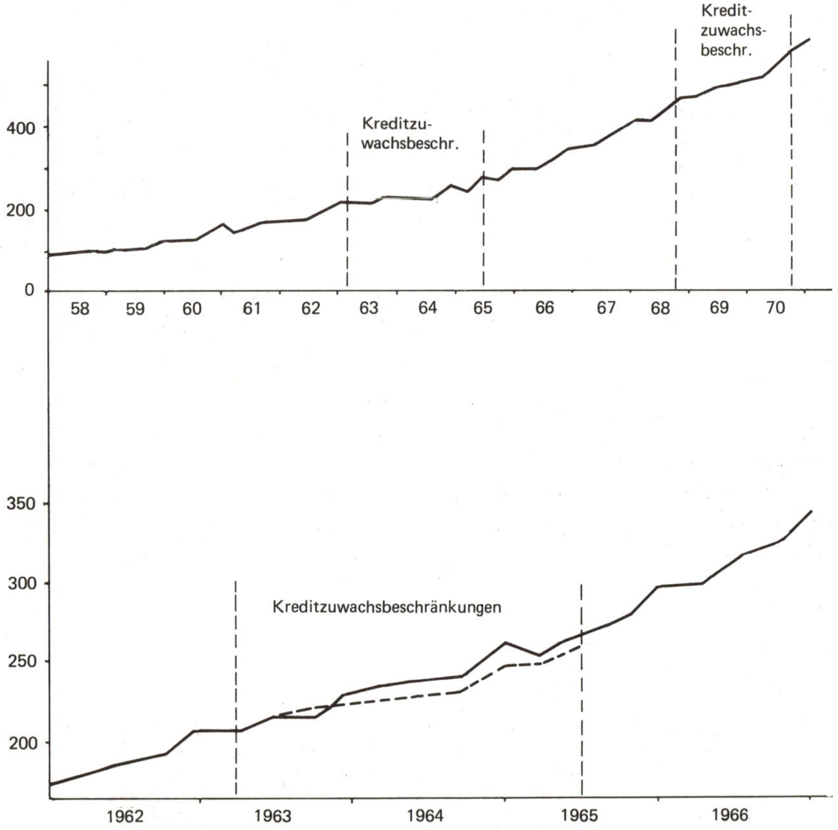

Index des Kreditvolumens der Banken (1958 = 100);
gestrichelte Linie: von den geldpolitischen Instanzen vorgesehenes Kreditvolumen.

Graphik 14 zeigt die Indexreihe des Buchkreditvolumens C^e ab 1958. Die Periode der Kreditzuwachsbeschränkungen 63/65 und 68/70 ist besonders markiert. Eine Dämpfung der Wachstumsrate $\Delta \ ln \ C^e$ läßt sich für diesen Zeitraum leicht erkennen.

Das jeweils zulässige Kreditvolumen wurde um nicht mehr als maximal 14 Punkte, also 6 % überschritten. Offensichtlich ist die Banque de France in der Lage, die vorgegebenen Restriktionen tatsächlich zu erzwingen. Weiterhin zeigt die Graphik 14, daß die Kreditzuwachsbeschränkungen recht einschneidend waren; denn während die durchschnittliche jährliche Wachstumsrate des Kreditvolumens in der Zeit von 60/I bis 62/IV 19,7 % betrug, sinkt sie für 63/I bis 65/II auf durchschnittlich 12,9 %, um dann wieder in der Phase 65/III bis 68/II auf 17,2 % anzusteigen. Die Kreditzuwachsbeschränkungen in der Zeit von 68/III bis 70/III führen wiederum zu einer Senkung der durchschnittlichen Wachstumsrate auf 13,7 %. Die durchschnittliche Abweichung der Banken vom vorgegebenen Expansionspfad beträgt in der Periode 63/65 +4,6 Punkte resp. +2 %. Allerdings müssen diese Abweichungen nicht notwendigerweise als Übertretung der Banken interpretiert werden. Dies hat folgende Gründe:

1. Die Differenz zwischen dem ermittelten und dem vorgegebenen Kreditvolumen beinhaltet statistische Meßfehler[2].
2. Die Kreditzuwachsbeschränkungen werden nicht völlig rigide gehandhabt. Überschreitungen können durch Sondergenehmigungen zugelassen werden. In der entsprechenden Vorschrift heißt es:

   „En autorisant, pour les douze mois à venir, une progression globale de 12 % de ces crédits, elle laisse aux banque les moyens de continuier d'accorder sans réserve leur encours au financement des opérations nécessaires au développement économique du pays, tel que le prevoit le IVe Plan. En particulier, alles pourront poursuivre leurs interventions dans le domaine des crédits à l'équipement et des crédits à l'exportation. J'insiste auprès d'elles pour qu'elles le fassent sans aucun esprit de réstriction. Je suis, d'ailleurs disposé à examiner les demandes de dérogation émanent d'établissements spécialisées dans ces deux ordres d'activité[3].

Gleichfalls kann für die Periode 63/65 zahlenmäßig belegt werden, daß die Banken nicht statt der limitierten Kredite andere Aktiva, insbesondere Aktien und Obligationen ins Portefeuille genommen haben.

Relation der von den Banken im Portefeuille gehaltenen Aktien und Obligationen zum Bankdepositenvolumen

Stad. zum Jahresende	63	64	65
OA/D_b	2,8 %	2,8 %	2,7 %

Gleichfalls haben die Banken im Zeitraum 63/65 nicht vermehrt Kredite an das Ausland vergeben.

---

[2] Das gesamte von den Banken vergebene Kreditvolumen ist wie folgt ermittelt:
Total des effects de commerce et des comptes débiteurs, portés par les banques (Annexe No. 7)
+ ensemble des crédits à court terme et des crédits à moyen terme, effects à court terme: Banque de France (Annexe No. 10)
+ effects représentativs de crédits à moyen terme mobilisables, distribués par les banques (Annexe No. 9)
− crédits à moyen terme, financés par les banques (Annexe No. 9).
Dies impliziert die Annahme, daß lediglich die Banken kurzfristige Kredite bei der Banque de France rediskontieren. Es ist jedoch durchaus möglich, daß solche Geschäfte in geringem Ausmaß gleichfalls von den Spezialkreditinstituten getätigt werden. Statistische Unterlagen fehlen.

[3] Lettre adressée le 27 fevrier 1963 par le Gouverneur de la Banque de France, Vice Président du Conseil National du Crédit, au Président de l'Association professionelle des Banques, Annexe du Rapport au Conseil National du Credit 1963, S. 21.

Nettoaktivposition der Banken dem Ausland gegenüber
(alle Aktiva in Mrd. F.)

Quartal	63	64	65
I.	.30	.37	.47
II.	.37	.39	.47
III.	.34	.44	.45
IV.	.36	.47	.47

Die Einführung der Kreditzuwachsbeschränkungen geht einher mit dem vom damaligen Finanz- und Wirtschaftsminister initiierten „Plan de Stabilisation"[4], dessen Ziel in einer Dämpfung der hohen Inflationsrate besteht. Sofern von quantitätstheoretischen Vorstellungen ausgegangen wird, ist ein solches Vorgehen insbesondere bei einer traditionell hohen Verschuldung der Banken bei der Banque de France durchaus sinnvoll. Die Elastizität der Geldmenge in Bezug auf das Buchkreditvolumen C^e ist - wie gezeigt - relativ hoch. $E(M, C^e) = .6135$. Die Bedingung für das Zustandekommen der gewünschten Effekte besteht allerdings in einer rigiden Kontrollmöglichkeit, die in Frankreich durch die quasi-Verstaatlichung des Bankensektors gewährleistet ist.

Die Kosten der Nichteinhaltung der Kreditlimitierungen bestehen für die Banken in einer individuellen Senkung des Plafonds d'Escompte ordinaire um 10 %[5]. Die jeweils zulässige Höhe des Kreditvolumens wird durch Rundschreiben des Gouverneurs der Banque de France im voraus für i. d. R. ein Jahr bekanntgegeben[6]. Es ist hervorzuheben, daß die vom Finanz- und Wirtschaftsministerium geleiteten Spezialkreditinstitute sich bei der Kreditvergabe gleichfalls zurückhalten.

Offensichtlich um die Versorgung der französischen Wirtschaft mit mittelfristigen Ausrüstungskrediten und Krediten zur Vorfinanzierung größerer Exportvorhaben durch Kreditzuwachsbeschränkungen nicht zu gefährden, sind bei den erneuten Kreditrestriktionen seit November 68 lediglich die kurzfristigen und alle mittelfristigen und langfristigen, nicht rediskontierbaren Kredite Gegenstand der Kreditzuwachsbeschränkungen. Hierzu ergibt sich das folgende Bild:

Allerdings zeigt sich bereits im zweiten Halbjahr 69, daß die Banken zunehmend die Kreditlinien überschreiten. Offensichtlich verursacht die individuelle Verringerung des Plafonds d'Escompte ordinaire nicht hinreichend Kosten, um solche Verhalten zu unterbinden. Aus diesem Grunde wird am 5. 2. 70 dekretiert, daß die individuelle Bank nach Bekanntwerden der Übertretung des für sie zulässigen Kreditvolumens in Höhe des Volumens und der Dauer des unerlaubt vergebenen Kredites Sichteinlagen bei der Banque de France zu halten[7].

---

[4] Compte rendu de l'intervention de M. Le Commissaire Général du Plan à la séance du Conseil National du Crédit du 12 sept. 1963.

[5] Lettre adressée le 12 sept. 1963.

[6] Lettres adressées le 27 février, 63, le 6 février 64, le 29 juillet 64, Abrogation le 25 juin 65.

[7] Décrét No. 70-109 du 5 février 1970, Journal Officiel du 6 février 1970.

Graphik 15: Indexreihe des C_2^e-Kreditvolumens

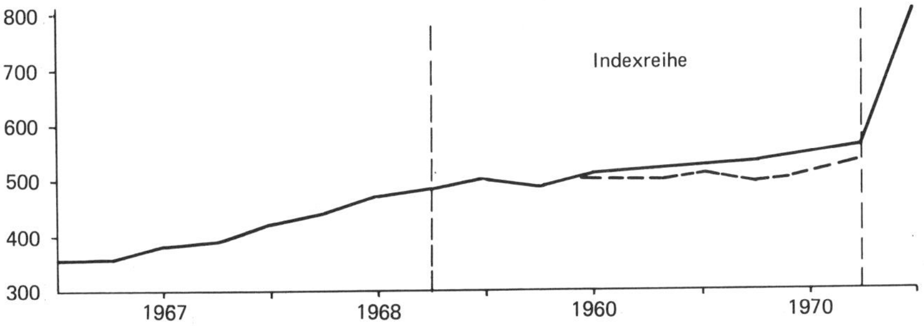

gestrichelte Linie: von den geldpolitischen Instanzen vorgegebene Indexreihe

Auch hier ist es den geldpolitischen Instanzen offensichtlich gelungen, die Wachstumsrate des C_2^e-Kreditvolumens drastisch zu senken. Während C_2^e von 66/I bis 68/III um durchschnittlich 21,8 % pro Jahr steigt, beträgt das Durchschnittswachstum für die Periode der Kreditzuwachsbeschränkungen 68/III - 70/IV 8 % pro Jahr. Wie einschneidend diese Kreditzuwachsbeschränkungen waren, zeigt die Entwicklung der C_2^e Indexreihe nach der Aufhebungen der Limitierungen ab 70/III.

Ganz wie in der Periode 63/65 werden die zulässigen Kreditvolumen durch Rundschreiben der Banque de France des Gouverneurs der Banque de France bekanntgegeben[8].

Eine Ausweichmöglichkeit auf Aktien oder Obligationen während der 68/70 Periode besteht ebenfalls nicht in nennenswertem Umfang. Die Relation dieser Wertpapiere zum Bankdepositenvolumen beträgt

68	69	70
2,3 %	2,5 %	2,6 %

Dies ist zum Teil darin begründet, daß eine Ausweitung des Angebots an Aktien und Obligationen durch Kapitalerhöhungen und Neuemissionen einer staatlichen Kontrolle unterliegt. Bemerkenswert ist allerdings in der Periode 68/70, daß Genehmigungen für Neuemissionen und Kapitalerhöhungen nicht restriktiv gehandhabt wurden, so daß kleine und mittlere Unternehmen, die keinen Zugang zum Kapitalmarkt haben, von Kreditzuwachsbeschränkungen ungleich härter getroffen werden. Offenbar wird hier mit der Geldpolitik gleichzeitig Strukturpolitik betrieben, die dazu beitragen soll, die von den französischen Planungsbehörden angestrebte Umstrukturierung der Wirtschaft von Klein- und Mittel- zu Großbetrieben zu beschleunigen.

Das 68/69 zu beobachtende Ansteigen des Anteils der Aktien und Obligationen im Bankenportefeuille und anderer Sammel-Aktiva, so schwebende Verrechnun-

---

8 Lettres adressées le 12 mars 68, le 19 décembre 69, le 8 mai 69, le 9 juillet 70.

gen (effets au cours de recouvrement) usw. veranlaßte die Banque de France, diese Aktiva mit Wirkung vom 8. 10. 69 in die Kreditzuwachsbeschränkungen einzubeziehen[9].

Hypothetisch besteht für die Banken allerdings die Möglichkeit, vermehrt mittelfristige Buchschuldtitel nachzufragen. Senken die Banken allerdings zu diesem Zweck den Zins für mittelfristige Kredite, so sinkt dieser wegen der engen Koppelung des Kreditzinses an den Rediskontsatz für mittelfristige Kredite ($i_{kmt} = \eta\, i_d$) unter die Grenzkosten der Refinanzierung dieser Kredite. Eine Ausweitung des Bilanzvolumens wird auf diese Weise für die Banken zum Verlustgeschäft.

Zwar verschiebt sich das Verhältnis der mittel- zu den kurzfristigen Krediten in der Periode 68/70 leicht zugunsten der mittelfristigen, von 20,7 % im 4. Quartal 68 auf 24,2 % im 3. Quartal 1970, doch ist dies lediglich der Nachweis dafür, daß die limitierten C_2^e-Kredite relativ zu den nicht limitierten C_1^e-Krediten gesunken sind. Eine ähnliche leichte Verschiebung der Relation mittelfristige/kurzfristige Kredite läßt sich in der Periode 63/65 feststellen (Graphik 8a). Die Erklärung hierfür liegt auf der Hand; denn im Falle von Kreditzuwachsbeschränkungen kann mit Hilfe des Portefeuilles der kurzfristigen Kredite wesentlich rascher eine Anpassung an die Limitierung erreicht werden als durch eine Manipulation der mittelfristigen.

Allein in Anbetracht der Steuerung der Geldmenge sind Kreditzuwachsbeschränkungen im speziellen französischen Fall, also insbesondere unter der Bedingung eines gering entwickelten Aktien- und Obligationenmarktes, und weiter in einer institutionellen Situation, in der durch weitestgehende Verstaatlichung des Bankensektors eine durchgreifende Kontrolle der getroffenen Maßnahmen möglich wird, ein probates Mittel zur Geldmengensteuerung. Nachteilig sind solche Maßnahmen insbesondere in Bezug auf den Wettbewerb unter den Banken, da das Kreditkontingent jeder individuellen Bank nach Maßgabe des augenblicklichen Marktanteils bestimmt wird und folglich die Marktposition jeder Bank für die Periode der Kreditzuwachsbeschränkungen auf die Ausgangsposition fixiert wird. Weitere Nachteile bestehen in der konzentrationsfördernden Wirkung dieser Maßnahmen, da kleine Unternehmen, die weder Obligationen emittieren noch Kapitalerhöhungen im aktienrechtlichen Sinne durchführen können, von Kreditlimitierungen ungleich härter getroffen werden.

Graphik 11 faßt die einzelnen Ergebnisse nochmals zusammen. Es zeigt sich, daß mit Hilfe der Kreditzuwachsbeschränkungen die Wachstumsrate von EA^B nachhaltig reduziert werden kann, insbesondere, da der Trésor public die Gelegenheit nicht ausnutzt, nun seinerseits verstärkt Bons du Trésor zu emittieren.

Allerdings bedarf gerade die Emissionspolitik des Trésor public unter ausdrücklicher Berücksichtigung der Minimalkoeffizienten und der allgemeinen Zinssituation einer weiteren Erörterung.

Zunächst zeigt Graphik 17 die Politik des Trésor public während des gesamten Untersuchungszeitraumes. Bis Ende 1966, dem Zeitpunkt der endgültigen Abschaf-

[9] Lettre adressée le 8 octobre 1969.

Graphik 16: Wachstumsrate der bankgängigen, verzinslichen Aktiva und seiner Komponenten in v. H.

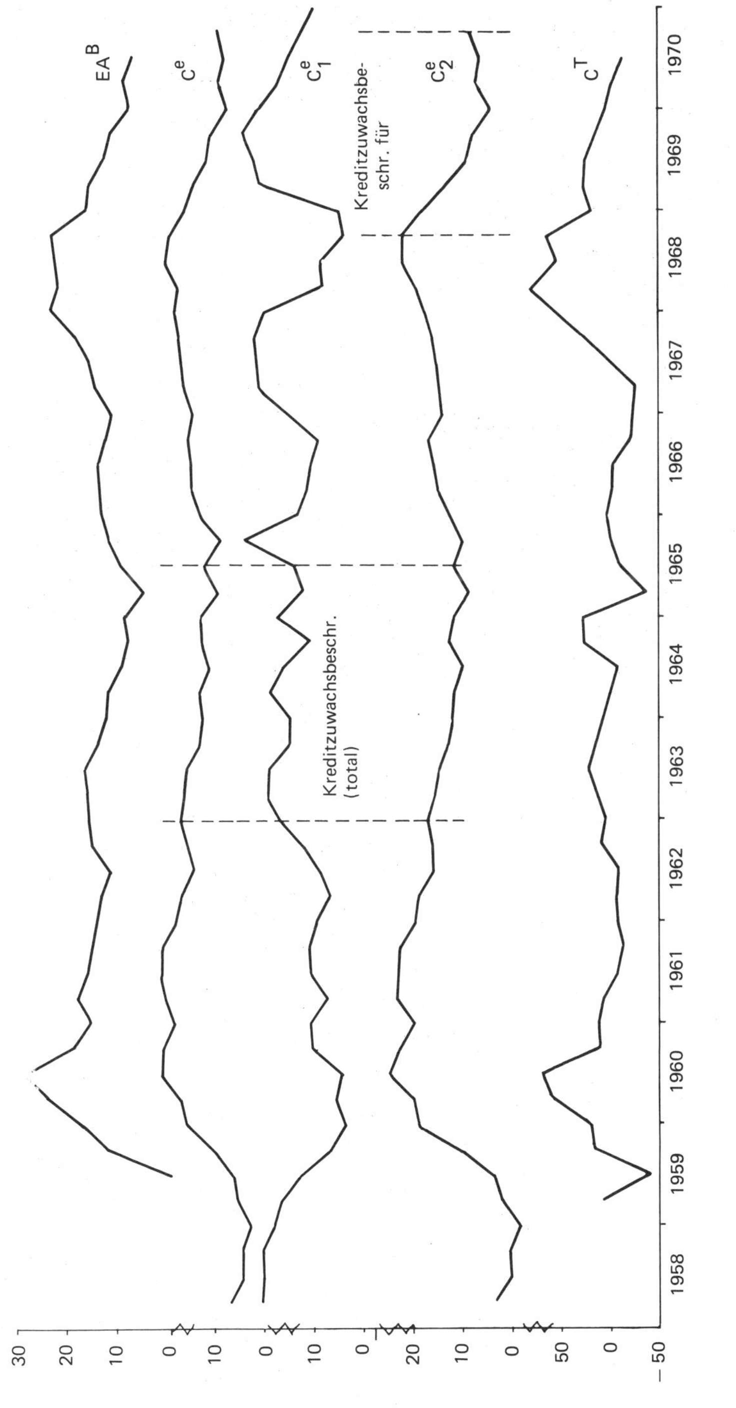

Graphik 17: Von den Banken erworbene (C^T) und rediskontierte (E_B^T) Bons du Trésor; taux d'adjudication (i_{BTB}) und Interventionssatz der Banque de France für Bons du Trésor (i_{dNFBTB})

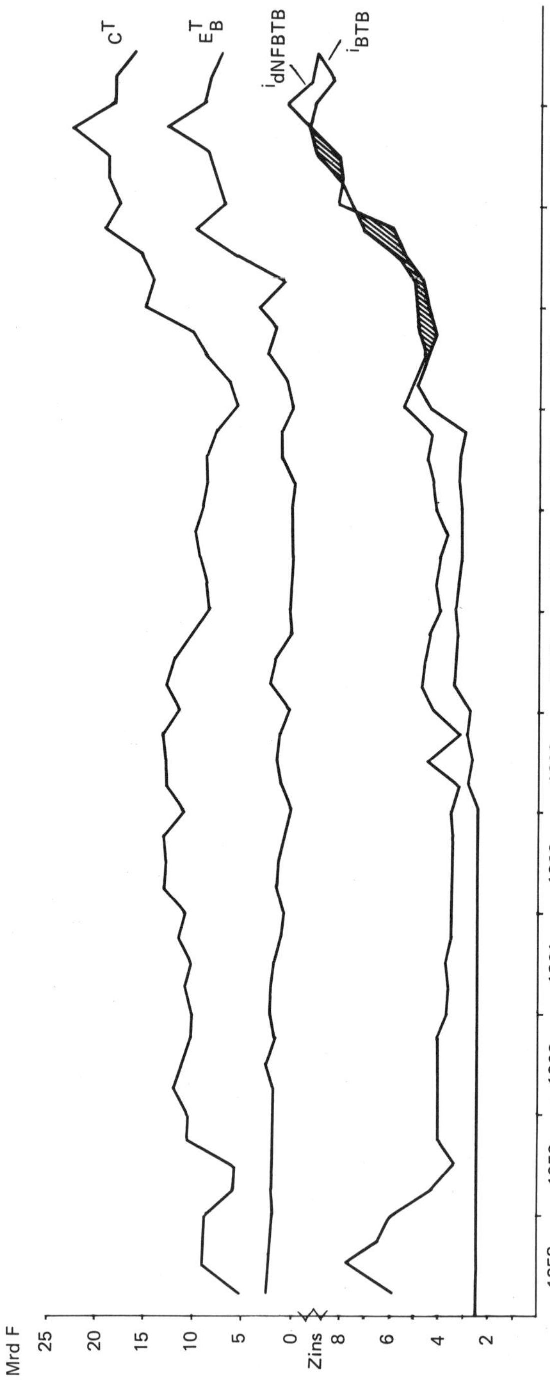

schraffierte Flächen: $i_{BTB} > i_{dNFBTB}$

Graphik 18: Coefficient de trésorerie und Plancher d'effets publics

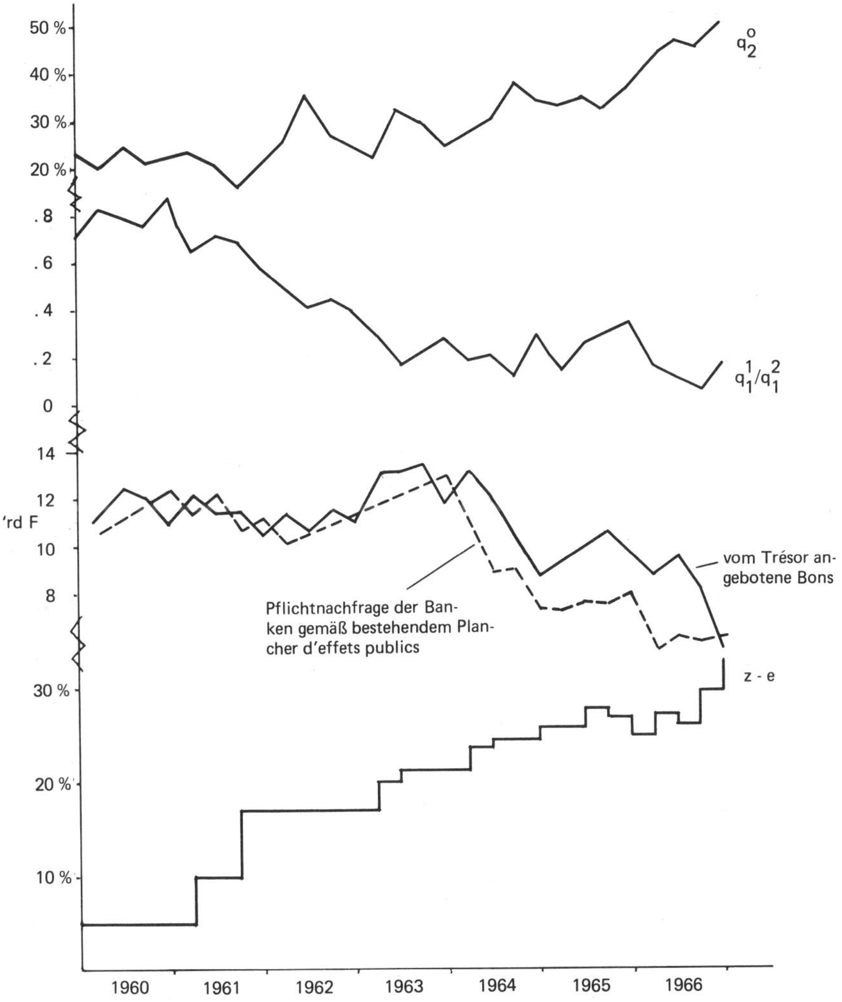

fung des plancher d'effets publics, richtet sich die Emissionstätigkeit offenbar nach der Entwicklung des Bankdepositenvolumens und nach dem jeweils gültigen plancher d'effets publics, so daß die Pflichtnachfrage der Banken die emittierten Bons du Trésor absorbiert. Entsprechend überschreitet das Volumen der rediskontierten Bons du Trésor die Grenze von 2,5 Mrd. F. nicht. Wegen dieser dem plancher angepaßten Emissionstätigkeit des Trésor steigt ab 1962, dem Zeitpunkt, nach dem die Bons frei versteigert werden, ihre Verzinsung i_{BTB} nicht wesentlich über den vor 1962 fixierten Satz von 2,5 %. Nach 1966 unterscheiden sich die Verzinsung der Bons du Trésor und der Interventionssatz der Banque de France für öffentliche

Schuldtitel nur unwesentlich voneinander. Hier zeigt sich beispielhaft, daß der Kreditzins - hier der Zins für kurzfristige Anleihen des Staates (i_{BTB}) von den Grenzkosten seiner Refinanzierung - (i_{dNFBTB}) kaum abweicht.

Graphik 18 zeigt die Auswirkungen des coefficient de trésorerie (z) bei sinkendem plancher d'effets publics (e) in der Periode 60/66. Während ($z - e$) kontinuierlich steigt, d. h. e sinkt, bietet der Trésor stets etwa soviel Bons du Trésor an, wie die Banken aufgrund des bestehenden plancher absorbieren müssen. Um den Erfordernissen des coefficient de trésorerie bei diesem zurückhaltenden Angebot des Trésor public gerecht werden zu können, sind die Banken genötigt, vornehmlich kurzfristige Kredite zu rediskontieren, um dafür mittelfristige vermehrt im Portefeuille zu halten. Dementsprechend sinkt der Quotient aus q_1^1/q_1^2 beträchtlich. (q_1^1 kennzeichnet den Anteil der mittelfristigen rediskontierten Kredite an der Geldbasis, q_1^2 den Anteil der kurzfristigen.) Der Parameter q_2^o nimmt gleichfalls erheblich zu. (q_2^o: Anteil des Offenmarktportefeuilles der Banque de France - effets négociables achetés en France - am gesamten, von den Banken initiierten Rediskontvolumen)

Graphik 19 zeigt zusammenfassend, daß die Banken sich stets in einem hohen Ausmaß bei der Banque de France im Zuge von Offenmarktgeschäften verschuldet haben und daß daher der Interventionssatz der Banque de France der relevante Grenzkostensatz der Refinanzierung kurzfristiger Kredite ist.

Die Differenz zwischen coefficient de trésorerie und plancher d'effets publics ($z - e$) bis 1966 und der darauf folgende coefficient de retenu beeinflussen maßgeblich das Verhältnis des Rediskontes der mittelfristigen zu den kurzfristigen Krediten (q_1^1/q_1^2); jede Verringerung von ($z - e$) resp. n läßt q_1^1/q_1^2 unmittelbar ansteigen, da die Banken soweit als möglich die Gelegenheit nutzen, sich durch Rediskont mittelfristiger Kredite kostengünstig zu refinanzieren. Dies um so mehr, als die relative Größe des Plafonds d'Escompte Ordinaire, in dessen Marge kurzfristige Kredite zum normalen Rediskontsatz mobilisiert werden können, zum Depositenvolumen PL/D_B, in der Zeit kontinuierlich sinkt.

Ist die Rediskontierungsmöglichkeit mittelfristiger Kredite wegen der Minimalkoeffizienten begrenzt und eine kostengünstige Rediskontierung kurzfristiger Kredite wegen $d\,q_1^{2PL}/dt < 0$ in nennenswertem Umfang nicht möglich, muß notwendigerweise der Anteil der Offenmarktrefinanzierungen der Banken am gesamten bankeninitiierten Rediskontvolumen, d. h. der Parameter q_2^o steigen. Aus diesem Grunde auch zeigen q_2^o und q_1^1/q_2^o eine ausgeprägt gegenläufige Bewegung.

Da nun q_2^o ein gewichtiges Argument in der Funktion zur Bestimmung des kurzfristigen Kreditvolumens C_2^e ist, wird die Bedeutung der Minimalkoeffizienten klar.

- per se bewirken sie eine traditionell hohe Verschuldung der Banken bei der Banque de France im Zuge von Offenmarktgeschäften und haben zur Folge, daß der Interventionssatz i_{dNF} maßgeblich für den Zins kurzfristiger Kredite ist.
- Eine Variation von ($z - e$) resp. n bewirkt eine gleichgerichtete Variation von q_2^o; $dq_2^o\, d\,(z - e) > 0$, $dq_2^o/dn > 0$, so daß, da $dC_2^e/dq_2^o < 0$, definitiv $dC_2^e/d\,(z - e) < 0$ und $dC_2^e/dn < 0$.

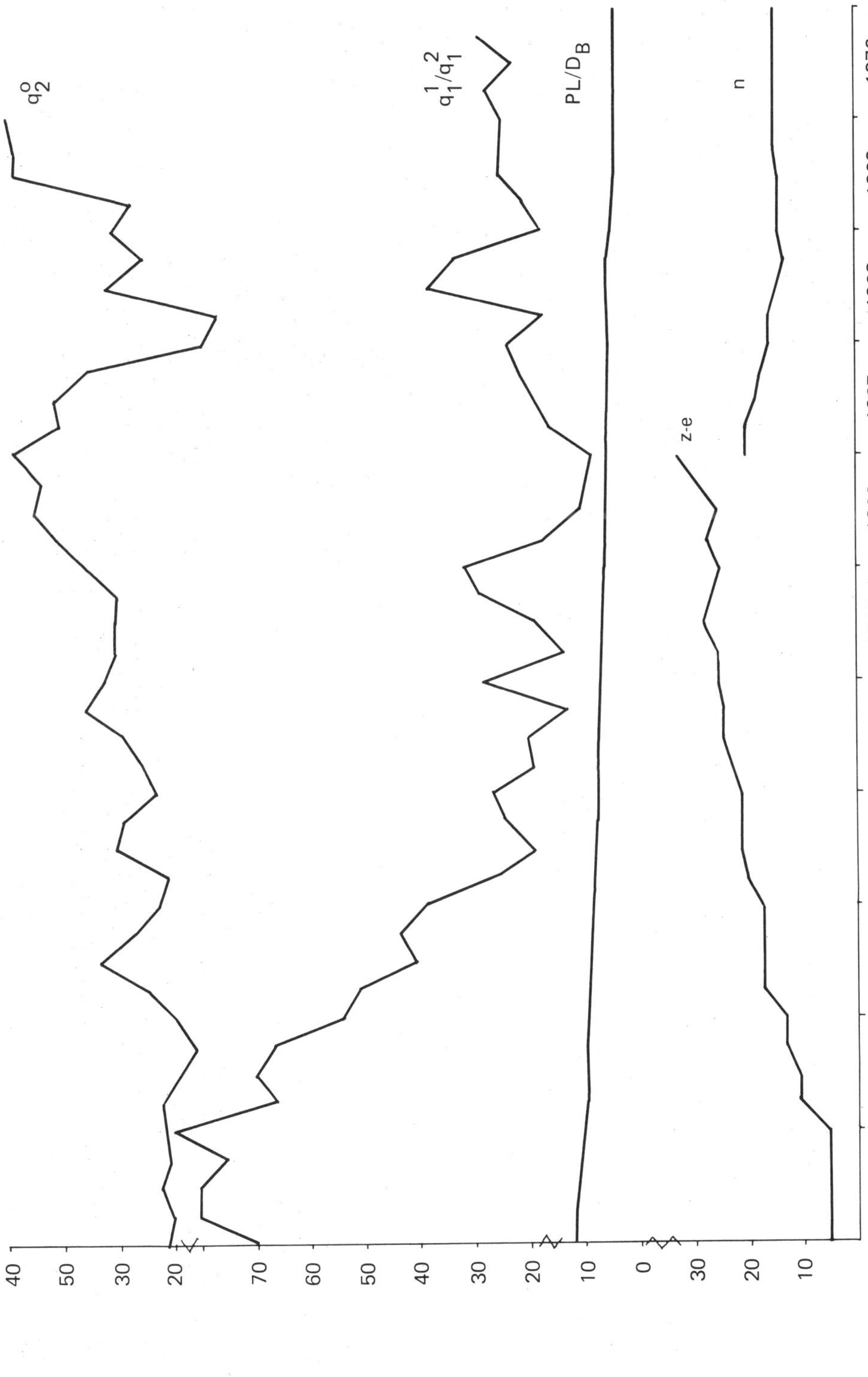

Graphik 19: Coefficient de trésorerie, coefficient de retenu und plafonds d'escompte ordinaire

Die Regressionsanalyse erbringt folgende Resultate:

$ln\ q_1^1/q_1^2 =$	$3.9984\ dz\ +$	$3.7104\ dn\ -$	$1.0256 n^t$
Standardabweichung	.3383	.3387	.1179
t-Ratio	11.8171	10.9545	8.6982

$r^2 = .6796$

Durbin-Watson: 1.40715 Freiheitsgrade: 39

Bei der Schätzung wird von der Hypothese ausgegangen, daß von Anpassungsprozessen im Jahre 67 bei der Umstellung des coefficient de trésorerie auf den coefficient de retenu abgesehen, die Elastizität von q_1^1/q_1^2 in Bezug auf $(z - e)$ und n dieselbe ist. Demnach wird für die Zeitreihe als unabhängige Variable bis 66 $(z - e)$ und daran anschließend n verwendet, $(z - e)$ resp. n werden mit n^z bezeichnet. Dies macht die Einführung von zwei dummy-Variablen notwendig. d^n mißt den Interzept, der lediglich bei Bestehen des coefficient de retenu sich ergeben würde, d^z den Interzept, wenn allein der coeffizient de trésorerie in Kraft gewesen wäre. Da n nicht die kurzfristigen speziellen Export- und *ONIC*-Kredite ins Portefeuille der Banken bindet, was bei z der Fall ist, muß notwendigerweise der Wert für d^n niedriger ausfallen als für d^z.

Die Differenz zwischen d^z und d^n, .288 erklärt sich daraus, daß die Banken bei der Anpassung an den coefficient de retenu die bis dahin gebundenen kurzfristigen speziellen Kredite zum normalen Rediskontsatz mobilisieren konnten, per Saldo also wegen des unveränderten q_1^1 und des steigenden q_1^2 der Quotient q_1^1/q_1^2 sinken muß.

Der hohe Wert für d^z, $d^n \sim 4$ ist gleichfalls von Bedeutung. Er weist darauf hin, daß bei $n^z = 0$ der Quotient q_1^1/q_1^2 hoch sein muß, also relativ viel mittelfristige und wenig kurzfristige Kredite rediskontiert werden.

$E\ (q_1^1/q_1^2, n^z) \sim -1$ deutet darauf hin, daß bei einer Senkung von n^z die zum Rediskont freigesetzten mittelfristigen Kredite tatsächlich ausnahmslos rediskontiert werden.

Gleichfalls sind die Ergebnisse der Schätzung von q_2^0 in Abhängigkeit von n^z von entscheidender Bedeutung.

$ln\ q_2^0 =$	$.3872\ +$	$.18791\ +$	$.34367\ ln\ n^z$
Standardabweichung	.28823	.28353	.10004
t-Ratio	.13432	.65135	3.42159

$r^2 = .26066$

Durbin-Watson: 1.53260 Freiheitsgrade: 39

Eine Erhöhung von $(z - e)$ resp. n wirkt sich negativ auf das Portefeuille d'Escompte der Banque de France, die Geldbasis und somit auf die Geldmenge aus.

Wegen

$$E\ (q_2^o,\ n^z) = +\ .3437$$

führt ein steigendes n^z zu einem steigenden q_2^o, wegen

$$E\ (C_2^e,\ q_2^o) = -\ .28$$

und wegen

$$E\ (M,\ C_2^e) = .4989$$

gilt für $E\ (M,\ n^z) = -\ .1714$.

3. Analyse ausgewählter Perioden

Graphik 20 verzeichnet die Wachstumsraten von Geldbasis, Geldmenge und Multiplikator. In der langen Periode dominiert die Geldbasis die Geldmenge; Schwankungen um diesen Trend werden durch die Variationen der Veränderungsrate des Multiplikators verursacht.

Die bei der Bewegung von M zu beobachtenden Zyklen werden nun mit Hilfe der Einflußgrößen

$k,\ p,\ r_{CE},\ r^T,\ a_v,\ a_t,\ v,\ v_1$ (Multiplikatorkomponenten)

$LT,\ E_{os}^e\ A,\ OT$ (Komponenten des exogenen Teiles der Geldbasis)

$C^T,\ C_1^e,\ C_2^e$ (Komponenten des umlaufenden bankfähigen Assetvolumens)

in Analogie zu Tabelle 7 erklärt.

Die für die Beiträge der verschiedenen Komponenten ausgewiesenen Werte entsprechen analytisch dem Produkt aus den in Tabelle 7 verzeichneten Elastizitäten und den Wachstumsraten der jeweiligen Einflußgrößen.

Folgende zum Teil übergreifende Perioden werden ausgewählt:

(1) 60_{I} – 61_{II}

(2) 61_{II} – 62_{IV}

(3) 61_{II} – 68_{I}

(4) 62_{III} – 63_{I}

Graphik 20: Wachstumsrate der Geldmenge, der Geldbasis und des Multiplikators

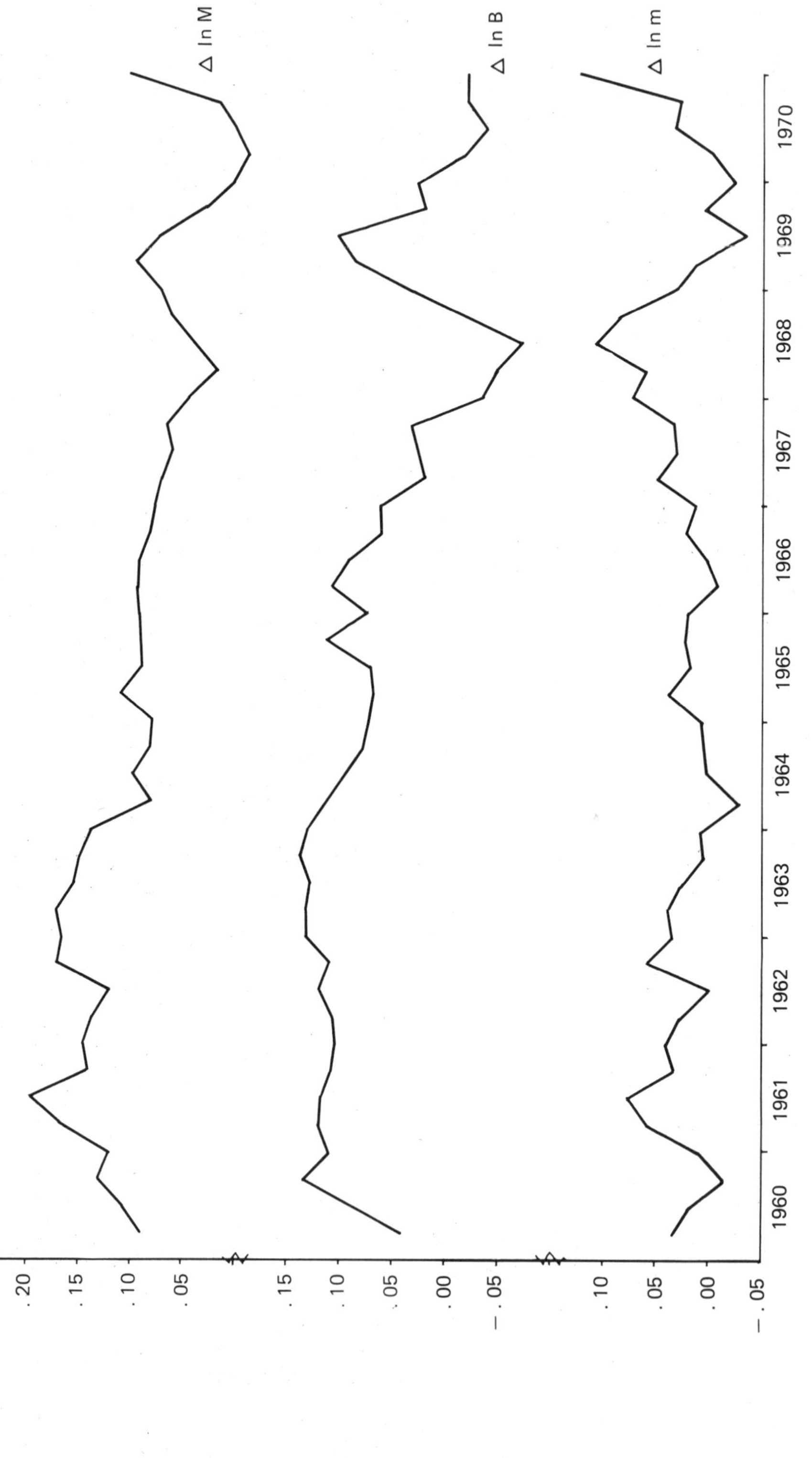

(5) 65_{II} – 68_{II}

(6) 68_{I} – 69_{I}

(7) 69_{I} – 70_{I}

Tabelle 15

Die Veränderungsrate des Multiplikators *m* und die Beiträge der Multiplikatorkomponenten in ausgewählten Perioden

	60I - 61II	61II - 62IV	61II - 68I	62III - 63I	65II - 68II	68I - 69I	69I - 70I
$\Delta\, ln$							
m	9.41	.20	13.73	-.05	17.20	1.10	-2.19
	100.00	100.00	100.00	100.00	100.00	100.00	100.00
k	6.78	1.00	9.66	4.06	7.29	3.88	.48
	72.05	500.00	70.36	-8120.00	42.38	352.73	-21.92
p	-.80	.99	1.45	-.47	1.76	0.00	-.17
	-8.50	495.00	10.56	940.00	10.23	0.00	7.76
r^{oe}	.22	-.90	-2.61	0.00	-3.77	-1.95	.85
	2.34	-450.00	-19.01	0.00	-21.92	-177.27	-38.81
r^{T}	.11	-.10	1.24	-.12	-94	1.07	-1.14
	1.17	-50.00	9.03	240.00	5.47	97.27	52.05
r_{CB}	1.84	-.80	6.17	-.79	10.25	-1.08	-1.00
	19.55	-400.00	44.94	1580.00	59.25	-98.18	45.66
a_{v}					1.38		-.09
					8.02		4.11
a_{t}					-.01		-.03
					-.06		1.37
v	-.07	.10	-.53	.01	-.41	-.07	-1.51
	-.74	50.00	-3.86	-20.00	.2.38	-6.36	68.95
v_{1}	1.32	-.10	-1.65	.2.73	-.23	-.75	.41
	14.03	-50.00	-12.02	5460.00	-1.34	-68.18	-18.72
Summe	9.40	.19	13.73	-.04	17.20	1.10	-2.20
	99.90	95.00	100.00	80.00	99.99	100.01	100.45
Rest	.01	.01	0.00	-.01	0.00	0.00	.01
	.10	.05	0.00	20.00	.01	-.01	-.45

Tabelle 16

Die Veränderungsrate des Multiplikators m^d und die Beiträge der Multiplikatorkomponenten in ausgewählten Perioden

	60I - 61II	61II - 62IV	61II - 68I	62III - 63I	65II - 68II	68I - 69I	69I - 70I
$\Delta\, ln\, m^d \cdot 100$	-2.68	.51	38.55	3.58	37.79	.85	10.19
	100.00	100.00	100.00	100.00	100.00	100.00	100.00
k	10.29	1.90	15.02	4.40	13.49	.07	.80
	-383.96	372.55	38.96	122.91	35.70	8.24	7.85
r^{oe}	.28	-.90	-2.53	0.00	-1.14	.21	.95
	-10.45	-176.47	-6.56	0.00	-3.02	24.71	9.32
r^T	.14	-.10	1.18	-.05	-6.05	-.40	-1.14
	-5.22	-19.61	3.06	-1.40	-16.01	-47.06	-11.19
r_{CE}	2.03	-.80	7.27	-.91	10.69	.05	-1.10
	-75.75	-156.86	18.86	-25.42	28.29	5.88	-10.79
a_v					4.34	.15	-.12
					11.48	17.65	-1.18
a_t					.38	-.20	.24
					1.01	-23.53	2.36
v	-14.78	-.64	8.83	-.39	11.29	1.40	14.20
	551.49	-125.49	22.91	-10.89	29.88	1164.71	139.35
v_1	-.64	1.05	8,78	.53	4.79	-.44	-3.64
	23.88	205.88	22.88	14.80	12.67	-51.76	-35.72
Summe	-2.68	.51	38.55	3.58	37.78	.84	10.19
	99.99	100.00	100.01	100.00	100.00	98.84	100.00
Rest	0.00	0.00	0.00	0.00	0.00	.01	0.00
	.01	0.00	-.01	0.00	0.00	1.16	0.00

Tabelle 17

Wachstumsraten der Geldbasis und Beiträge der Komponenten

	60I - 61II	61II - 62IV	61II - 68I	62III - 63I	65II - 68II	68I - 69I	69I - 70I
$\Delta \ln B \cdot 100$	10.20	26.03	56.07	5.23	6.51	2.59	-.37
	100.00	100.00	100.00	100.00	100.00	100.00	100.00
EX^B	5.71	11.83	19.33	2.51	-11.31	-4.87	-1.11
	55.98	45.45	34.47	47.99	-173.73	-188.03	300.00
EA^B	14.13	13.44	56.86	5.93	37.74	11.89	6.14
	138.53	51.63	101.41	113.38	579.72	459.07	-1659.46
m^{d*}	-9.64	.79	-20.12	-3.21	-19.92	-4.43	-5.40
	-94.51	2.92	-35.88	-1.07	-305.99	-171.04	1459.46
Summe	10.20	26.03	56.07	5.23	6.51	2.59	-.37
	100.00	100.00	100.00	100.00	100.00	100.00	100.00
Rest	0.00	0.00	0.00	0.00	0.00	0.00	0.00
	0.00	0.00	0.00	0.00	0.00	0.00	0.00

Tabelle 18

Wachstumsrate der Geldmenge und Beiträge von Multiplikator und Basis

	60I - 61II	61II - 62IV	61II - 68I	62III - 63I	65II - 68II	68I - 69I	69I - 70I
$\Delta \ln M \cdot 100$	23.97	21.77	59.97	7.09	18.99	9.43	-.92
	100.00	100.00	100.00	100.00	100.00	100.00	100.00
m	8.02	-.99	14.06	.78	14.43	.77	.77
	33.46	-4.55	23.45	11.00	75.99	8.17	-83.70
B	16.00	22.70	45.90	6.30	4.60	8.60	-1.60
	66.75	104.27	76.54	88.86	24.22	91.20	173.91
Summe	24.02	21.71	59.96	7.08	19.03	9.37	-.83
	100.21	99.72	99.99	99.86	100.21	98.37	90.21
Rest	-.05	.06	.01	.01	-.04	.06	-.09
	-.21	.28	.01	.14	-.21	1.63	9.79

Tabelle 15 gibt für die einzelnen Perioden die Beiträge der Multiplikatorkomponenten an. Der Verlauf von $\Delta\ ln\ m$ ist sehr stabil; die Wachstumsraten, die im wesentlichen auf das sinkende k zurückzuführen sind, oszillieren in einem 5 %-Band. Lediglich der Zyklus 1968 bildet hier eine Ausnahme. Das merkliche Ansteigen von $\Delta\ ln\ m$ von 65/II bis 68/II ist – wie die Tabelle zeigt – im wesentlichen durch die Verringerung von r^{CE}, dem Reservequotienten der Caisse de Dépôts et de Consignation, verursacht (vgl. Graphik 3).

Das kontinuierliche Ansteigen des Pflichtreservesatzes r^{o} und das erneute Ansteigen von r^{CE} ab 68/II führt zu einem Sinken von $\Delta\ ln\ m$. Es ist hervorzuheben, daß die beiden Auslandsparameter der Banken a_v und a_t, den Multiplikator kaum beeinflussen. Dies steht in Einklang mit den in Tabelle 12 ausgewiesenen Elastizitäten $E(M, a_v) = .02023$ und $E(M, a_t) = .01223$.

Tabelle 16 können die Beiträge der Allokationsparameter auf die Entwicklung von $\Delta\ ln\ m^d$ entnommen werden.

In Tabelle 17 ist der Beitrag der relevanten Einflußgrößen auf das Wachstum der Geldbasis dargestellt. Da der endogene Teil der Basis gemäß Gleichung 3.38 und die gesamte Basis gemäß Gleichung 3.51 bestimmt ist, wird der Einfluß von $m^{d*} = m^d(1 - r)$ und der des Assetvolumens explizit ausgewiesen. Die Summe der Beiträge von m^{d*} und EA^B ergibt den Beitrag des bankeninitiierten Rediskontvolumens, E^B.

Tabelle 18 verzeichnet die Beiträge von Basis und Multiplikator zum Wachstum der Geldmenge.

Tabelle 10 zeigt in Analogie zu Tabelle 12 die prozentualen Beiträge aller Einflußgrößen gemäß der Gleichungen (a) bis (e). Bei den Beiträgen der Allokationsparameter ist zu beachten, daß hier die Summe der Beiträge von m auf M und von m^d auf M über die endogene Komponente von B (Kreditmarkt) ausgewiesen ist.

Folgende Beiträge summieren sich jeweils zu 100 % auf:

(1) $m + B$

(2) $m + EX^B + EA^B + m^*$

(3) $m + LT + E^o_{os} + A + OT + EA^B + m^{d*}$

(4) $m + LT + E^e_{os} + A + OT + C^e_1 + C^e_2 + C^T + OA + m^{d*}$

(5) $LT + E^e_{os} + A + OT + C^e_1 + C^e_2 + OA + k + p + r^{oe} + r^{CE} + v + v_1\ a_v + a_t$

Tabelle 11 entspricht dem Schema von Tabelle 10; hier werden lediglich die beobachteten Veränderungsraten der Geldmenge durch die absoluten Beiträge der entsprechenden Komponenten erklärt.

Wie bereits die Graphiken 7 ($\Delta\ ln\ B$ und $\Delta\ ln\ EX^B$) und 15 ($\Delta\ ln\ M$ und $\Delta\ ln\ B$) zeigen, verlaufen die Entwicklungen der Geldmenge M und des exogenen Teiles der Geldbasis EX^B im gesamten Untersuchungszeitraum nahezu parallel.

Tabelle 19

Prozentualer Anteil der Multiplikator-, Basis- und Assetkomponenten an der Entstehung der Geldmenge in ausgewählten Perioden

	60I - 61II	61II - 62IV	61II - 68I	62II - 63I	65II - 68I	68I - 69I	69I - 70I
ΔM	100.00	100.00	100.00	100.00	100.00	100.00	100.00
E	66.75	104.27	76.54	88.86	24.22	91.20	173.91
m	33.25	-4.55	23.45	11.00	75.99	8.17	-83.70
EX^B	37.37	47.39	26.38	42.64	-42.08	-171.48	521.73
EA^B	92.47	53.83	77.62	100.75	140.41	418.67	-2885.97
m^{d*}	-63.08	3.04	-27.47	54.54	-74.11	-155.99	2538.14
E^B	29.39	56.87	50.15	46.21	66.30	262.68	-347.83
LT	-7.07	13.41	4.62	31.47	-15.37	58.34	
E^e_{os}	-8.94	10.28	-2.81	-11.23	-5.70	32.73	
A	44.44	22.09	23.74	29.79	-10.01	-237.45	
OT	*8.58*	*2.03*	*1.54*	*-10.45*	*-7.36*	*-25.10*	
C^e_2	84.74	46.85	63.17	73.39	111.74	264.60	-1892.91
C^e_1	6.47	-2.16	13.34	10.70	18.96	88.00	-1097.82
CT	1.25	13.51	2.28	16.55	9.59	64.94	11.54
k	244.65	-18.13	5.49	-961.49	4.41	14.98	222.76
p	-2.83	-22.52	2.48	103.40	7.77	0.00	-6.50
r^{oe}	6.05	18.45	-1.03	0.00	-9.32	-21.52	144.32
r^T	3.80	2.27	.48	28.20	15.30	71.89	-132.73
r_{CE}	50.07	16.25	6.79	187.92	23.26	-17.90	-319.19
v	-317.05	-3.84	-7.39	3.85	-25.07	-277.17	3570.89
v_1	-9.08	4.83	-9.26	592.38	-10.88	81.37	-914.47
a_v					-2.84	-29.64	-34.17
a_t					-.84	39.52	60.30

Tabelle 20

Absoluter Anteil der Multiplikator-, Basis- und Assetkomponenten an der Entstehung der Geldmenge in ausgewählten Perioden

	60I - 61II	61II - 62IV	61II - 68I	62III- 63I	65II - 68II	68I - 69I	69I - 70I
$\Delta\ ln\ M$	23.97	21.77	59.97	7.09	19.99	9.43	-.92
LT	-1.6946	2.9193	2.7706	2.2312	-2.9187	5.5014	
E^e_{OS}	-2.1429	2.2379	-1.6851	-0.7962	-1.0824	3.0864	
A	10.6522	4.8089	14.2368	2.1121	-1.9008	-22.3915	
OT	2.0566	0.4419	0.9235	-0.7409	-1.3976	-2.3669	
C^e_r	20.3121	10.1992	37.8830	5.2033	21.2194	24.9517	17.4147
C^e_1	1.5508	-0.4702	7.9999	0.7586	3.6005	8.2984	10.0999
C^T	0.2996	2.9411	1.3673	1.1733	1.8211	6.1238	-0.1061
k	58.6426	-3.9469	3.2923	-68.1696	0.8374	1.4126	-2.0493
p	-0.6783	-4.9026	1.4872	7.3310	1.4755	0.0000	0.0598
r^{oe}	1.4502	4.0166	-0.6177	0.0000	-1.7699	-2.0293	-1.3277
r^T	0.9109	0.4942	0.2879	1.9994	2.9055	6.7792	-1.2211
r^{CE}	12.0017	3.5376	3.1244	13.3235	4.4170	-1.6879	2.9365
V	-75.9968	-0.8359	-4.4317	0.2729	-4.7607	-26.1371	-32.8521
V_C	-2.1764	1.0514	-5.5532	41.9997	-2.0661	7.6731	8.4131
a_t					-0.0016	0.0373	-0.0011
a_v					-0.0054	-0.0280	0.0006

Offensichtlich haben der Geldmultiplikator m und weiterhin die Impulse, die vom Kreditmarkt M ausgehen, langfristig eine vergleichsweise untergeordnete Bedeutung.

Insbesondere die gesamte Kreditpolitik mit ihrer Vielzahl von Regulierungen konnte nicht verhindern, daß EX^B die Entwicklung des Geldvolumens dominiert.

Bildet man in diesem Zusammenhang $\Delta\ ln\ EX^B$ auf $\Delta\ ln\ B$ und $\Delta\ ln\ M$ ab, ergeben sich bei der Schätzung folgende Werte:

(1) $$\Delta\ ln\ M = .0914 + .2146\ \Delta\ ln\ EX^B$$

Standardabweichung	.0051	.0327
t-Ratio	18.0464	6.5647

$r^2 = .53$

Durbin-Watson: .795 Freiheitsgrad: 39

(2) $\Delta\, ln\, B = .0650 + .2773\, \Delta\, ln\, EX^B$

Standardabweichung	.0053	.3405
t-Ratio	12.3213	8.1455

$r^2 = .64$

Durbin-Watson: 1.071 Freiheitsgrade: 39

Von Interesse ist hier weniger der numerische Wert der Schätzparameter für $\Delta\, ln\, EX^B$, (er entspricht dem in Tabelle 5 analytisch ermittelten), als vielmehr das hohe r^2 in beiden Regressionen: die Wachstumsrate von EX^B erklärt zu 2/3 die Wachstumsrate von B: die von den geldpolitischen Instanzen regulierten Interaktionen auf dem Kreditmarkt haben die Dominanz von EX^B nicht durchbrochen. Eine Kreditpolitik, die darauf abstellt, möglichst gleichbleibende Wachstumsraten des Kreditvolumens zu erreichen, hat tatsächlich verursacht, daß die Bewegungen des durch die internationalen Reserven dominierten exogenen Teiles der Geldbasis voll auf die Geldmenge durchgeschlagen sind.

Dies bestätigt die zu Ende des Abschnittes 3.5 aufgestellte Hypothese, nämlich die der Dominanz von EX^B bei Stabilisierung des Kreditvolumens.

Hier zeigt sich das Dilemma einer Stabilitätspolitik, die an einer kreditpolitischen Konzeption orientiert ist. Eine Stabilisierung der Wachstumsrate der Geldmenge ist um so eher möglich, um so mehr die Effekte einer Variation des Kreditvolumens auf die Geldmenge unter ausdrücklicher Berücksichtigung aller, insbesondere der für das Bankenverhalten exogenen Einflußgrößen richtig erkannt werden.

Zusammenfassung

Ziel der Arbeit ist es, die Einflußfaktoren des Geldversorgungsprozesses zu isolieren und auf ihre Auswirkung hin zu analysieren. Allgemeines analytisches Hilfsmittel ist hierbei die Geldangebotshypothese von Brunner-Meltzer, also ein spezifisches Geldbasis-Multiplikator-Konzept. Dieser analytische Rahmen wird nun zunächst so spezifiziert, daß er alle französischen institutionellen Gegebenheiten und die in diesem Zusammenhang wirksamen geld- und kreditpolitischen Maßnahmen in sich aufnimmt. Die so erreichte Parametrisierung und Formalisierung des Systems bedingt dessen Kohärenz und ermöglicht die Berücksichtigung der vielfältigen Interdependenzen und Widersprüchlichkeiten der Geldpolitik.

Entsprechend fallen die empirischen Ergebnisse hinreichend detailliert aus. Zwei Klassen von Impulsmechanismen können unterschieden werden: Analytisch-institutionell determinierbare und Verhaltensfunktionen. Während die ersteren unmittelbar aus einem konsolidierten Bilanzsystem hergeleitet werden können, bedarf die zweite Klasse des statistischen Tests.

In diesem Rahmen nun wird die existierende Geldmenge anhand eines Kreditmarktmodells bestimmt. Die jeweilige Kreditnachfrage des Staates und der Privaten nötigt die Banken zur Refinanzierung, wobei dies auf dem Inlandsdepositenmarkt, dem Eurogeldmarkt und bei der heimischen Zentralbank geschieht. Gesetzlich fixierte Depositenzinsen, Restriktionen hinsichtlich des Kapitalverkehrs mit dem Ausland, quantitative Limitierungen des Volumens der zum normalen Diskontsatz rediskontierbaren Titel und ähnliche Vorschriften bedingen, daß sich die Banken in einem sehr hohen Ausmaß über Offenmarktgeschäfte bei der Zentralbank refinanzieren. Der hier von der Banque de France gesetzte Interventionssatz ist so maßgeblich für die Höhe des Kreditzinses. Da jedoch die Zentralbank zum einmal gesetzten Interventionssatz alles angebotene Material hereinnimmt, ihre Nachfrage nach Refinanzierungstiteln der Banken also völlig elastisch ist, kann zum herrschenden Kreditzins, der sich proportional zum Interventionssatz verhält, jede Kreditnachfrage auch ohne ein Ansteigen des Termin- und Spardepositenvolumens befriedigt werden. Da ein steigendes Portefeuille d'Excompte der Banque de France wiederum die Geldversorgung ausweitet, führen die Zyklen in der Kreditversorgung unmittelbar zu entsprechenden Geldzyklen. Dies allerdings nur solange, wie sich die Zusammensetzung der Geldbasis, bestehend aus internationalen Reserven und Rediskonten von Krediten an die heimische Wirtschaft, nicht ändert. Sinken etwa die internationalen Reserven innerhalb der Geldbasis, so muß das Portefeuille d'Escompte der Banque de France nicht um denselben Betrag wachsen, um die gleiche Kreditmenge zu finanzieren, da ja in diesem Falle Elemente der Basis unmittelbar Kredite an die heimische Wirtschaft sind, während internationale Reserven Kredite an das Ausland darstellen.

Hieraus folgt, daß die Stabilisierung des Kreditvolumens, etwa erzwungen durch Kreditzuwachsbeschränkungen, bei massiven Umschichtungsprozessen innerhalb der Geldbasis keineswegs eine Stabilisierung des Geldvolumens bedeutet. Da weiter zur Finanzierung eines existierenden Kreditvolumens um so mehr Geldbasis aufgewendet werden muß, um so höher hieran der Anteil der internationalen Reserven ist, ein Steigen der internationalen Reserven also nicht durch einen gleichgroßen Abbau der heimischen Basiskomponente kompensiert werden kann, muß notwendigerweise bei unverändertem Kreditvolumen Geldbasis und -menge die Bewegungen der internationalen Reserven nachvollziehen. Dies eben bedingt den Umstand, daß weithin eine Parallelität zwischen der Bewegung der internationalen Reserven und der der Geldversorgung beobachtet werden kann, bzw. im allgemeinen zwischen internationalen Reserven und heimischer Basiskomponente ein Substitutionsverhältnis festgestellt wird, das zwischen Null und minus Eins liegt.

Vermieden werden könnte dies, wenn beispielsweise bei einem Ansteigen der internationalen Reserven das Kreditvolumen um einen Betrag sinken würde, der in etwa dem des Zuwachses der internationalen Reserven entspräche. Dies wiederum kann ohne weitere politische Eingriffe nur dann der Fall sein, wenn das Zinsniveau steigt, was jedoch in dieser Situation nicht notwendigerweise der Fall sein muß. Vielmehr kann ja der Zustrom von Auslandsgeld auch dadurch bedingt sein, daß z. B. die Leistungsbilanz starke Überschüsse aufweist oder aber, daß das heimische Zinsniveau konstant geblieben ist, das ausländische jedoch gesunken ist. Hinzu kommt, daß das Kreditvolumen weniger durch den Zins bestimmt wird, als vielmehr durch die Entwicklung des Sozialproduktes, das zwar seinerseits wiederum das Ergebnis vorangegangener Zinsstrukturen sein mag, hinsichtlich des herrschenden Zinssatzes allerdings als exogen zu interpretieren ist.

Demnach zeigt sich auch, daß die Wachstumsraten der internationalen Reserven die der Geldmenge und insbesondere der Geldbasis dominieren. Das Bestimmtheitsmaß bei der Regressionsschätzung nimmt den Wert von 0,64 an.

Summary

The objective of this work is to isolate and to analize the determinants of the stock of money in France. General analytical means for that purpose is the Brunner-Meltzer non linear money supply hypothesis, which means a specific base-multiplier concept. At the beginning the analytical frame work is specified, so that it incorporates all French institutional arrangement and political means and measurements. This parametrization and formalization warrants the coherency of the system and renders possible to take into account the whole body of interdependencies and occuring contradictions of the French monetary policy.

Consequently, the empirical results become very detailed. Two types of impulsmechanisms are to be distinguished: First those which are determined institutionally by purely analytical means and second the behavioral functions. The first type can immediately be derived from a consolidated balance sheet system, the second type requires an empirical test.

In this frame work the existing stock of money is determined in a credit market model. The credit demand of the government and the private sector forces the commercial banks to raise funds on the domestic deposit market, on the Eurodollar market or from the domestic central bank. Legally fixed deposit interest rates, restrictions with respect to the capital transactions with non domestic markets, limitations of the volume of credits discountable at the normal discount rate, and other prescriptions lead to an enormeous volume of open market operations of the commercial banks with the Banque de France. Thus, the open market interest rate set by the Banque de France determines the credit interest rate.

Given that money market interest rate, the central bank accepts all assets supplied by banks. Its demand is fully elastic. Consequently, all credit demand is satisfied without an increase in the volume of time and saving deposits. The discount portfolio of the central bank is positively affected by these operations: the monetary base rises and accordingly the money supply. Thus, credit cycles induce money cycles. That process may be disturbed, if the composition of the monetary base, that is the relation between the domestic and the foreign source component, changes. A diminishing foreign source component does not require a one-to-one substitution by the domestic source component to finance the same amount of credits. The reason is, that the domestic source component is per se a credit for the domestic economy, whereas the foreign source component is a credit to foreign countries.

It follows that, as far as there are substitutions within the monetary base, stabilizing credit volume by means of credit rationing for instance does not mean stabilizing money stock. Since the financing of an existing stock of credits requires the less monetary base, the higher is the domestic source component, and since an increase in international reserves is consequently not matched by a drop of the same amount of the domestic source component, monetary base and money stock directly follow the movements of the foreign source component. That is the reason why in general a parallelity between international reserves and money supply is observed, respectively, why, in general, a domestic source component reaction to a foreign component change is observed at a ratio in the range between zero and minus one, although a one-to-one substitution is expected.

That instability could be avoided, if in the case of increasing international reserves, the credit stock dropps approximately by the same amount as the foreign source component increases. But to accomplish that, there is no built-in automatic reaction, for a diminishing credit volume occurs when interest rates rise or national product drops, which is not neccesarily linked with an increasing foreign source component. Increasing international balances may be induced by such a surplus in the current balance account, which is due to an unchanged domestic and a dropping foreign interest rate. A further point is, that even in a case of rising domestic interest rates the interest elasicity of credit demand is relatively low, so that the outcoming effect will not match the effects of a changing base composition.

As a matter of fact, the French case shows that the growth rate of the money stock and in particular of the monetary base, is dominated by the growth rate of the international reserves. By estimating the elasicity of the monetary base with respect to the international reserves a r^2-value of .64 is obtained.

Résumé

Le but du travail est d'isoler les facteurs principeaux affectants l'offre de la monnaie en France et d'analyser leur importance au procès monétaire. Le moyen d'analyse est l'hypothèse sur l'offre de la monnaie de Brunner-Meltzer, c'est à dire, un concept spécifique de base monétaire et de multiplicateur. Ce cadre analytique est d'abord spécifié d'une manière qu'il est capable d'incorporer toutes les dates institutionelles françaises relatives au procès monétaire et aux mésures de la politique monétaire. La cohérence du système est ainsi garantie par une formalisation et paramétrisation qui facilite la considération des interdépendences multiples et des contradictions possibles de la politique monétaire française.

Par conséquence, les résultats empiriques sont assez détaillés. Deux classes de méchanismes de transmission des facteurs affectants la masse monétaire sont à observer: C'est la classe déterminable par des moyens analytiques-institutionelles et la classe de fonctions de comportement. La première peut être dérivée d'un système des bilans consolidés tandis que la deuxième a besoin d'une estimation statistique.

Dans ce cadre la masse monétaire existante est déterminée par un modèle de marché du crédit. La demande des crédits du côté de l'état et des particuliers stipule les banques de se refinancer, ce qui peut avoir lieu au marché de déôts bacaires en France, au marché des Euodevises et à la Banque centrale domestique. Un taux d'intérêt sur dépôts bancaires fixé par la loi, des restrictions en ce qui concerne l'endettement des banques vis-à-vis de l'étrager, des limitations quantitatives du volume des titres réescomptable à un taux d'escompte normal à la Banque de France et d'autres régulations ont pour conséquence que les banques s'endettent dans une large mésure à l'open market à la Banque de France. Ainsi le taux d'intervention de la banque centrale au marché monétaire détermine le taux du crédit. Puisque la banque centrale accepte toute titre offert pour le taux une fois fixé, leur demande pour titres de refinancement est infiniment élastique; toute demande de crédit peut être satisfaite sans que le volume des dépôts à terme et des dépôts d'épargne devrait monter. Parceque un portefeuille d'escompte de la Banque de France montant exerce un effet expansif sur l'offre de la monnaie, les cycles de crédit entraînent des cycles de monnaie. Mais ca seulement à condition que la composition de la base monétaire, c'est à dire le rapport entre réserves internationales et rédescompte des crédits, ne se change pas. Si le rapport des réserves internationales tombe, le portefeuille d'escompte de la Banque de France n'a pas besoin d'augmenter du même montant pour financer un volume des crédit donné, comme dans un tel cas la base monétaire est immédiatement créditâ l'économie domestique, tandisque les réserves internationales sont des crédits à l'étrager.

Il s'en suit qu'une stabilisation du volume de crédit - par exemple effectué par un encadrement du crédit - ne stabilise pas du tout la masse monétaire s'il y a un procès de substitution au sein de la base monétaire. Puisque encore le financement d'un volume de credit existant exige d'autant plus de base monétaire que le rapport des réserves internationales est haut, il est necessaire - le volume de crédit inchangé - que la base et la masse monétaire suivent le mouvement des réserves internationales. C'est par ce fait qu'en général une parallélité entre le mouvement des réserves internationales et l'offre de la monnaie peut être observée, ou bien, que le taux de substitution entre réserves internationales et componente domestique de la base prend un valeur entre zéro et moins un, sans attendre moins un.

Cette instabilité systématique peut être évité par une diminuation du volume de crédit en cas où les réserves internationales augmentent. Mais là il n'y a pas d'automatisme, car le volume de crédit dépend du taux d'intérêt et du produit national, tandisque l'afflux de devises peut être le résultat des exédents du bilan du commerce extérieur ou bien du fait que le taux d'intérêt domestique reste inchangé tandisque les taux étrangers se sont diminués. Ensuite, le volume de crédit est moins affecté par le taux d'intérêt que par le produit national, ce qui rend - même en cas ou le taux d'intérêt joue un rôle favorable - le résultat finanl est assez redoutable.

Il s'en suit que le taux de croissance des réserves internationales domine celui-ci de la masse monétaire et en particulier de la base monétaire.

Literaturverzeichnis

1. Bücher

Ardent, Henri: Technique de la Banque, Paris 1969

Burger, Albert E.: The Money Supply Process, Belmont, Cal. 1971

Besse, Pierre, *Consigny,* P. et *Larrée,* R.: Institutions et Méchanismes Monétaires, Université de Paris, Institut d'Etudes Politiques, Paris 1969

Chaîneau, André: Méchanismes et Politique Monétaire, Paris 1968

Claassen, Emil M.: Analyse des Liquidités et Théorie du Portefeuille, Paris 1970

Cagan, Philip H.: Determinants and Effects of Changes in the Stock of Money, New York 1965

Denizet, Jaques: Monnaie et Financement, Paris 1967

Friedman, Milton and *Schwarz,* Anna: A Monetary History of the United States, 1867-1960, Princeton 1963

Guillaumont-Jeanneney, Silviane: Politique Monétaire et Croissance Economique en France, Paris 1969

Netter, Marcel: Les Institutions Monétaires en France, Paris 1969

Olivier/Wormser/Sadrin: Rapport sur le Marché Monétaire et les Conditions du Crédit, Paris 1969

2. Aufsätze

Andersen, L. C. and *Jordan,* J. L.: The Monetary Base - Explanation and Analytical Use, in: The Review of the Federal Bank of St. Louis, August 1968, S. 7-11

Brunner, Karl: A Schema for the Supply Theory of Money, in: International Economic Review, Vol. 2 (1961), S. 79-109

— Some Further Investigations of Demand and Supply Functions for Money, in: Journal of Finance, Vol. 19 (1964), S. 240-283

— Liquidity Traps for Money, Bank Credit and Interest Rates, in: Journal of Political Economy, Vol. 76 (1968), S. 1-36

— Zwei alternative Theorien des Geldangebotsprozesses: Geldmarkt-versus Kreditmarkttheorie, in: Brunner, K., Monissen, H. G., und Neumann, M. J. M., Hrsg., Geldtheorie, Köln 1973, S. 114-148

— and *Crouch,* R.: Money Supply and British Monetary Experience, in: Essays in Honor of Wilhelm Krelle, Meisenheim 1967, S. 77-112

— und *Meltzer,* Allan: Ein monetaristisches Rahmenwerk für die aggregative Analyse, in: Brunner, K., Hrsg., Proceedings of the First Konstanzer Seminar on Monetary Theory and Monetary Policy, in: Beihefte zu Kredit und Kapital 1, 1972, S. 31-88

Chaîneau, André: L'Econométrie de la Monnaie, in: Cahiers du Groupe d'Etudes des Problèmes Economiques, Rouen 1966, S. 191-215

Claassen, Emil M.: Le Multiplicateur de la Création de Monnaie, in: Economia Internationale, Vol. XX und XXI, 1967, S. 599-629, 1968, S. 199-211 und S. 436-462

David, Jaques H.: Le Comportement du Système Bancaire et l'Evolution de la Masse Monétaire, in: Banque de France, Bulletin Trimestriel, N° 1, 1971, S. 43-58

Fratianni, M.: Bank Credit and Money Supply Process in an Open Economy, A Model Applicable to Italy, in: Metroeconomica, Vol. XXIV (1972), S. 24-69

Meltzer, Allan: The Behaviour of the French Money Supply 1938-1954, in: Journal of Political Economy, Vol. 67 (1959), S. 275-296

3. Amtliche Informationsschriften und Statistiken

Banque de France: Le Conseiller du Gouverneur, Les Instruments de la Politique Monétaire en France, Paris 1968, Mise à Jour au 31 Octobre 1969

– Direction Générale des Etudes et du Crédit, Le Problème du Réglage de la Liquidité en France, Paris 1967

– Direction Générale des Services Etrangers, Euro-Dollars et Euro-Emissions, Paris 1968

– Service d'Information, Le Système des Réserves Obligatoires, Note d'Information N° 10, Paris 1972

– Service d'Information, Le Marché Monétaire, Note d'Information N° 2, Paris 1971

– Service d'Information, La Centralisation des Risques, Note d'Information N° 9, Paris 1972

– Bulletin Trimestriel, N° 1 bis 4, Paris.

Conseil National du Crédit: Rapport Annuel, 1958-1973

– Annexes au Rapport Annual, Jahrgänge 1958 bis 1973

Ministère de l'Economie et des Finances, Direction du Trésor et Banque de France, Direction Générale des Services Etrangers, Balance des Paiements entre la France et l'Extérieur, Jahrgänge 1958-1973

INSEE, Statistiques et Etudes Financières, Jahrgänge 1965-1973

Sachwortverzeichnis

Abwertung 38, 149

Aktien 69-71, 73, 76, 114-115, 128, 165, 167-168

Allokationsparameter (des Publikums und der Banken) 31-33, 41-43, 78, 109, 124, 126, 131-134, 137, 141, 144, 180

Ausrüstungskredite 64, 71, 100, 166

Avances sur titres 71

Avances à l'Etat, s. Vorschüsse an den Staat

Banken 27-28, 59, 61-62, 70, 77-78, 81, 84, 86-87, 94, 110, 114, 125, 126, 128, 132-133, 149, 166, 168, 172

Gewinne der - 84, 97, 100, 102, 105, 107, 114, 115, 161

Banques d'Affaires 70

Banque de France 20-21, 27, 38, 53, 57-58, 61-66, 68-69, 70-71, 73-75, 78-80, 83, 86-88, 92, 96-97, 99-101, 103, 105, 109, 115, 119, 123, 125, 141, 161, 164, 166-168

Bankdepositen, s. auch Depositen 61-63, 66, 79, 100, 108, 111, 120, 123, 124, 140, 151, 171

Banques de Dépôts 70

Banque française du Commerce extérieur 38, 64

Banques inscrites 37

Banques populaires 37

Bargeldvorliebe 32, 37

Beteiligungen der Banken 70

Bons du Trésor 23, 26, 29, 56, 60-63, 65-67, 69-73, 75-76, 85-86, 100, 102, 107, 115, 121, 144, 155, 158, 168, 171-172

rediskontierte 27, 98, 200, 102, 106

- Emissionserlöse 54

Vorschüsse auf - 62

Bons sur Formule 33, 59, 62, 86, 128

borrowing-ratio 60, 77, 107, 111

Bruttosozialprodukt 87, 103, 107

Buchkredite, Buchschuld (s. auch Kredite) 70-73, 75-76, 87, 107, 110, 114, 122, 161, 164, 166, 168

Caisse de Dépôts et de Consignation (s. auch Spezialkreditinstitute) 42, 53, 57-58, 64, 151, 180

Caisse Nationale d'Epargne 38, 57

Caisse Nationale des Marchés de l'Etat 67

Cervice Centrale des Risques 69

Coefficient de retenu 65-68, 72-73, 77, 79, 82-83, 91, 95, 98-99, 128, 172, 175

Coefficient de Trésorerie 65-66, 68, 72, 74, 76, 79, 82, 91, 95-98, 101, 128, 171, 174

Commission Consultative sur le Taux des Prêts 89

Crédit agricole 37, 151

Crédit Foncier de France 57, 67

Crédit Mutuel 37

Crédit Maritime Mutuel 37

Crédit National 64

Crédit Social 38

Depositenmultiplikator (s. auch Multiplikator) 30, 43, 50-51, 78, 95, 100, 115, 123, 131, 137, 144

Depositennachfrage 78, 80, 93, 109-110, 141

Depositenmarkt 78, 110, 141

Depositenvolumen 67, 70, 72-73, 78, 81, 86, 144

Depositenzins 78, 80-81, 107, 112, 115, 125

Diskontpolitik 62-63, 119

Diskontsatz (s. auch Rediskontsatz) 62-63, 65, 67, 68, 79-80, 82, 88, 89, 91, 112, 125, 161

Effets Négociables achetés en France 67, 75, 80

Entwicklungspläne (regionale) 57
Escompte en Pension *A* und *B* 65, 68, 71-72, 79-80, 83
Eurogeldsatz 46, 60, 78, 80, 93-94, 107, 109, 125, 149
Exportgeschäft, Kredite aus - 64, 66-67, 72, 97, 100, 103, 174

Fonds de Stabilisation des Changes 53
Fünfjahresplan 57-58, 100, 107

Geldbasis 20, 24, 29-30, 52, 60-61, 74, 76-77, 107, 110-112, 114-115, 118-125, 128, 131-132, 140-144, 152, 154-156, 158, 172, 174-175, 180, 185
Geldmenge 30, 118, 120-121, 126, 128, 130-131, 140-141, 168, 174-175, 180, 185
Geldmultiplikator (s. auch Multiplikator) 26, 30, 43-44, 48, 60, 123-124, 131-132, 134, 144, 182
Gebietskörperschaften 57, 59
Gold und Devisen 20, 26

Handelswechsel 64-65, 68, 72, 79-80, 89, 105

Informationskosten 93
Inflationsrate 52, 107, 161, 163
Inlandsdepositen (s. auch Depositen) 78, 107, 125, 132
Inlandsdepositenmarkt 80
Inlandsdepositenzins 78
Interventionssatz der Banque de France 37, 46, 62-65, 66, 71, 79, 83, 86-87, 91-92, 94-95, 100, 104, 107, 109-110, 125, 128, 149, 159, 161, 171

Kapitalmarkt 70-71
Kapitalverkehr mit dem Ausland (der Banken) 34, 93, 95, 109, 113, 128-129, 144, 149, 158
Kapitalverkehrsbilanz 52, 107
Kleinsparer 79
Kredite 60, 63, 66, 70, 72, 74, 91, 98, 106, 114-115, 119, 121-122, 128-129, 156, 161, 164-167, 185
kurzfristige - 64, 66, 68, 69, 72, 98, 100, 103, 105, 155, 161, 168, 172, 174
mittelfristige - 42, 53, 64-66, 72, 74, 93, 99, 103, 109, 158, 166, 168, 172, 174
langfristige - 72
Kreditmarkt (s. auch Kapitalmarkt) 61, 84, 88, 91, 100, 106, 107, 119, 124, 128, 140, 158, 180, 182, 185
Kreditzins 37, 56, 62, 85, 88-89, 91-92, 99-100, 102-105, 107-109, 122, 116-117, 119, 125, 128, 168
Kreditzinsbandbreiten (s. auch *T*-Régime) 91-93, 104
Kreditzuwachsbeschränkungen 65, 69-70, 73, 106, 112, 114, 115, 121, 128-129, 144, 158, 161, 164-168
Kurssicherungskosten 46, 78, 80, 93

Leistungsbilanz 52
Leitzins (s. auch *T*-Régime, Kreditzinsbandbreiten) 88
Liquiditätspolitik der Banken 38

Mindestportefeuille der Banken (s. auch Minimalkoeffizienten) 56, 63, 86, 72, 100, 121
Minimalkoeffizienten (s. auch Reservesatz, coefficient de retenu, coefficient de trésorerie, plancher d'effets publics, Mindestportefeuille) 71-74, 95, 99-103, 112, 114, 172
Multiplikator (s. auch Geldmultiplikator und Depositenmultiplikator) 42, 123-124, 131-132, 144, 180
Münzerlös 28
Münzgeld im Umlauf 23
Münzen 70

Noten 70

Obligationen 69-71, 73, 76, 89, 114-115, 128, 165, 167-168
Obligations Cautionnées 21, 42, 53, 155
Obligations Foncières 57
Offenmarkt 21, 57, 61-62, 79, 96, 99, 102-104, 108, 117, 123, 128, 161, 172

Offenmarktvolumen 62
Offenmarktoperationen 62-63, 67-68, 71, 75, 78, 83, 91-92, 97-98
Offenmarktsatz s. auch Interventionssatz 68, 71, 75, 79, 97, 99, 112, 121
Organismes de Crédit coopérativ 38

Plafonds d'escompte ordinaire 65, 68-69, 75, 79, 91, 95-96, 102-103, 105, 112-114, 166, 172
Plancher d'effets publics 56, 63, 66, 68, 72-76, 86-87, 95-96, 100-103, 128, 171-172
Postscheckeinlagen 21-22, 27, 29, 54-56
- der Banque de France 53
- der Banken 66
Postscheckverkehr 32
Prêts spéciaux à la Construction 53, 58
Preisniveau 87-88, 103
Produktion
- Nettoproduktionsindex 55, 155
- Industrieproduktion 57

Realverzinsung 87, 103, 107
Rediskont (s. auch Diskont) 53, 60-64, 66, 71, 78-79, 98, 101, 103, 128, 140, 172, 174
Rediskontkontingent 65, 68
- der Banken 72
- der Spezialkreditinstitute 58
Rediskontsatz (s. auch Diskont- und Interventionssatz) 57, 60, 68, 71, 75, 79, 80, 82, 88, 91, 97, 99, 103, 105, 107, 121, 129, 161, 168
Rediskontvolumen -, das von den Banken initiierte 29, 60, 74, 102, 107, 110, 118, 120, 172
das von den Spezialkreditinstituten initiierte 29, 57, 58
Refinanzierung 61-62, 77-80, 84, 109, 115, 125, 141
Refinanzierung der Banken 80-81, 83, 87, 89, 91, 97, 102-104, 106, 111
Reserven (der Banken) 30, 36-40, 62, 70, 78, 81, 97, 110-112, 115, 117-118, 120-121, 129, 133, 150-151, 180

Sichteinlagen (s. auch Depositen bei Banken) 30, 37, 71, 132, 150
SNCF 67
Sozialministerium 86
Sozialversicherungsträger 86
Spareinlagen (s. auch Spardepositenvolumen) 33, 42, 53, 57-59, 133, 150-151
Spardepositenzins 57, 59, 150
Sparkassen (s. auch Caisse de dépôts et de consignation) 42, 57-59
Spezialkreditinstitute 27-28, 57-58, 67, 86, 155
Staat
- Budget 54
- Budgetdefizit 22, 24, 106
- staatliche Unternehmen 57, 59
- Darlehen an den Staat 21, 27
- Vorschüsse an den Staat 21, 27, 42, 53, 58, 155
Staatsschuld (öffentliche Schuld) 54-55, 80, 102, 115, 172
Steuern, Steueraufkommen 55, 57
Steuereinnahmen 54, 85, 106-107, 155
Steuerschuld (s. auch Obligations Cautionnées) 58

taux d'adjudication 56, 86-87
taux de liquidité 58
Termineinlagen 32-33, 133, 149, 150, 151
Transaktionskosten 93
T-Régime (s. auch Leitzins) 91-92, 103-105, 112, 116, 125
Trésor public 21, 33, 42, 58-59, 66, 70, 86-87, 102, 106-107, 115, 144, 151, 168, 172
- Konto des 22-23
- Kassendefizit des 29, 53-54
- Emmissionspolitik des 86, 112, 121
- Emmissionstätigkeit des 86, 99, 100
- langfristige Darlehen an den 22, 57

Verhaltensfunktionen 131, 144
Volkseinkommen 59
Versicherungsgesellschaften 86

Wirtschaftsministerium 89, 166

Wohnungsbau (s. auch Prêts spéciaux à la construction) 64, 100

Zentralbank (s. auch Banque de France) 77, 79, 97, 108-109, 111, 115, 118, 123, 125, 144

Zentralbankgeld 29, 68, 71, 87

Zentralbankgeldbeschaffung (s. auch Refinanzierung) 37

Zinspolitik der Spezialkreditinstitute 57

Untersuchungen über das Spar-, Giro- und Kreditwesen

Abteilung A: Wirtschaftswissenschaft. Herausgegeben von Fritz Voigt

1. **Beiträge zur Theorie des Sparens und der wirtschaftlichen Entwicklung.** 227 S. 1958. 2. unveränd. Aufl. in Vorbereitung.

2. **Die Liquiditätsverhältnisse der deutschen Sparkassen.** Von Dr. L. Sperk und Dipl.-Vw. Dr. M. Wilsdorf. 184 S. 1956. DM 22,60.

3. **Das Liquiditätsproblem bei den Girozentralen.** Von Dr. D. Golz. 193 S. 1956. DM 29,60.

4. **Auswirkungen der Mindestreservepflicht unter besonderer Berücksichtigung der Sparkassen.** Von Dipl.-Vw. Dr. E. Floss. 70 S. 1956. DM 9,60.

5. **Die Wertpapieranlage der Kreditinstitute.** Von Dr. R. Stützer. 157 S. 1957. DM 22,60.

6. **Einkommensverhältnisse und private Geldkapitalbildung in Westdeutschland 1925 bis 1953.** Von Dr. H. Osthues. 204 S. 1957. DM 33,60.

7. **Der Betriebsvergleich bei Sparkassen.** Von Dipl.-Kfm. H.-G. Bindewalt und Dr. H. Kolbeck. 244 S. 1959. DM 34,80.

8. **Die Verflechtung zwischen Sparkassen und Girozentralen.** Von Dr. A. Dick. 119 S. 1959. DM 19,—.

9. **Die Struktur des Bankwesens als Gegenstand wirtschaftsstatistischer Analyse.** Von Prof. Dr. I. Esenwein-Rothe. 329 S. 1959. DM 51,60.

10. **Die Anwendbarkeit der modernen Kreditschöpfungslehre auf die besondere Art des Sparkassengeschäfts.** Von Dr. H. Feifel. 249 S. 1959. DM 39,60.

11. **Die unterschiedlichen Auffassungen von der Wirkung des Sparens und die moderne Wachstumstheorie.** Von Dr. H. Peters. 120 S. 1960. DM 17,80.

12. **Die niedersächsischen Sparkassen.** Von Dr. W. Weidner. 212 S. 1960. DM 39,60.

13. **Bestimmungsgründe und volkswirtschaftliche Auswirkungen des Verhaltens der Sparkassen im langfristigen Wohnungsbaukreditgeschäft.** Von Dr. M. Wilsdorf. 194 S. 1960. DM 27,—.

14. **Die Mitwirkung der Hausbanken bei der Vergebung und Verwaltung öffentlicher Kredite.** Von Dr. H. Menzel. 212 S. 1960. DM 29,80.

15. **Die Zinsempfindlichkeit der deutschen Sparer.** Von Dr. B. Wissmann. 152 S. 1960. DM 27,60.

16. **Verbrauchen und Sparen.** Von Dr. A. Ghanie Ghaussy. 236 S. 1964. DM 47,60.

17. **Bestimmungsgründe des persönlichen Sparens.** Von Dr. W. Paschke. 223 S. 1961. DM 39,—.

18. **Beiträge zur Geldtheorie und Geldpolitik.** Von Prof. Dr. H.-G. Johnson. Aus dem Amerikanischen übertragen von H. Rudloff. 342 S. 1969. DM 53,60.

19. **Die Staatsaufsicht über die kommunalen Sparkassen.** Von Dr. H. Frick. 250 S. 1962. DM 46,60.

20. **Die Vereinbarungen und Zusammenschlüsse im Kreditwesen.** Von Dr. G. Buschmann. 174 S. 1963. DM 29,80.

21. **Die Rechtsgrundlagen des Reisescheckverkehrs.** Von Dr. O.-R. Heinichen. 157 S. 1964. DM 29,60.

22. **Monetäre Probleme der Konjunkturpolitik in der EWG.** Von Prof. Dr. O. Issing. 163 S. 1964. DM 29,80.

23. **Strukturwandlungen in der Anlagepolitik der Kreditbanken.** Von Dr. H.-H. Stein. 191 S. 1964. DM 34,60.

24. **Die Beziehungen zwischen moderner Wettbewerbstheorie und ökonomischer Realität im Realkreditsektor.** Von Dr. W. Dobrinski. 243 S. 1964. DM 47,60.

25. **Der Einfluß der Gemeinde auf die kommunale Sparkasse.** Von Dr. H. Clausen. 160 S. 1964. DM 29,80.

26. **Die Beziehungen zwischen der Notenbank und den Trägern der Girosysteme.** Von Dr. H. J. Rieken. 170 S. 1964. DM 29,80.

27. **Die internationale Liquidität.** Von Prof. Dr. D. J. Delivanis. 94 S. 1965. DM 17,60.

28. **Leitwährung und internationale Währungsordnung.** Von Prof. Dr. O. Issing. 374 S. 1965. DM 65,60.

29. **Analytischer Vergleich zwischen Verrechnungsscheck und Überweisung vom Standpunkt der Kreditinstitute.** Von Dr. U. Trurnit. 257 S. 1966. DM 59,60.

30. **Marktforschung der Kreditinstitute.** Von Dr. U. Weiss. 307 S. 1966. DM 64,60.

31. **Die Entwicklung der sozialen und ökonomischen Struktur der Ersparnisbildung in der Bundesrepublik Deutschland.** Von Dr. R. Exo. 410 S. 1967. DM 82,60.

32. **Die Beziehungen zwischen dem institutionellen Aufbau des Geld- und Kreditsystems und dem wirtschaftlichen Wachstum.** Von Dr. D. Spaetling. 251 S. 1966. DM 65,60.

33. **Geldversorgung, Preisniveau und reales Wirtschaftswachstum bei alternativen Grundprinzipien der geldwirtschaftlichen Ordnung.** Von Dr. H. Friedrich. 205 S. 1967. DM 46,60.

34. **Außenhandel, wirtschaftliche Expansion und Preisniveau.** Von Dr. M. Hieber. 150 S. 1967. DM 34,60.

35. **Die Bedeutung des staatlichen Sparens für die Kapitalbildung und das Wirtschaftswachstum.** Von Dr. D. Kath. 172 S. 1968. DM 34,60.

36. **Die Entwicklung des Kommunalkredits.** Von Dr. H. Gloth. 230 S. 1967. DM 52,60.

37. **Die Finanzpolitik des Deutschen Reiches im Ersten Weltkrieg.** Von Dr. K. Roesler. 237 S. 1967. DM 53,60.

38. **Die rechtliche Einordnung der Immobilienfondsgesellschaften und das Erfordernis einer gesetzlichen Sonderregelung.** Von Dr. N. Kruhme. 120 S. 1968. DM 23,60.

39. **Die Bedeutung der Finanzgebarung der öffentlichen Hand für den Geldwert in Frankreich nach 1945.** Von Dr. M.-L. Herschtel. 256 S. 1968. DM 59,80.

40. **Die Standortfrage bei Kreditinstituten.** Von Dr. J. D. Siepmann. 377 S. 1968. DM 89,80.

41. **Zahlungsverkehr und Mittelstandsidee.** Von Dr. J. Wysocki. 120 S. 1969. DM 34,60.

42. **Der Verwaltungsrat der Sparkasse.** Von Dr. H. aus der Fünten. 322 S. 1969. DM 67,80.

43. **Die Mechanismen der Zentralbankgeldschöpfung und ihre Kontrollierbarkeit durch die Zentralbank.** Von Dr. B. Gaude. 209 S. 1969. DM 46,80.

44. **Die Aufwertungsspekulation.** Von Dr. W. Steuer. 180 S. 1969. DM 39,80.

45. **Ursachen und Wirkungen der regionalen Differenzierung der privaten Spartätigkeit in Industrieländern.** Von Dr. J. Frerich. 205 S. 1969. DM 54,80.

46. **Die Beschränkungen des Wirkungsbereichs der kommunalen Sparkassen durch die horizontale und die vertikale Kommunalgliederung in Nordrhein-Westfalen.** Von Dr. K. Köhler. 145 S. 1969. DM 32,—.

47. **Vermögensbestand, Sparverhalten und Wirtschaftswachstum.** Von Dr. H. Rudloff. 192 S. 1969. DM 46,80.

48. **Theoretische Untersuchungen zum mikro- und makroökonomischen Kreditangebot.** Von Dr. G. A. Kartsaklis. 205 S. 1970. DM 54,80.

49. **Untersuchungen über den Nutzen kommunaler Wirtschaftsförderungsmaßnahmen.** Von Dr. P. Eichhorn und Dr. P. Friedrich. 98 S. mit 2 Ausschlagtaf. 1970. DM 26,80.

50. **Die Struktur des Sparens in der Bundesrepublik Deutschland von 1950 bis 1967.** Von W. Kaiser und A. Zerwas. 101 S. 1970. DM 32,—.

51. **Die Beeinflussung des Wirtschaftswachstums in Deutschland von 1883 bis 1913 durch das Bankensystem.** Von Dr. E. Eistert. 189 S. 1970. DM 48,80.

52. **Die Sicherheit der Scheckeinlösung.** Von Dr. H.-Ch. Zahrnt. IV, 324 S. 1971. DM 58,60.

53. **Zinstheoretische Grundlagen der Geldpolitik.** Von Prof. Dr. M. Willms. 112 S. 1971. DM 36,60.

54. **Die Struktur der Nachfrage von Wirtschaftsunternehmen und privaten Haushalten nach finanziellem Vermögen in der Bundesrepublik Deutschland.** Von Dr. W.-A. Prautzsch. 151 S. 1971. DM 42,60.

55. **Der Einfluß paramonetärer Institutionen auf die Vermögensbildung, das Kreditangebot und die Geldpolitik.** Von Dr. U. Schirmer. 239 S. 1971. DM 66,60.

56. **Geldtheoretische und geldpolitische Probleme des Eurodollarmarktes.** Von Dr. P. Liepmann. 169 S. 1971. DM 46,60.

57. **Zur Geldtheorie Don Patinkins.** Von Dr. J. D. Jüttner. 231 S. 1971. DM 68,60.

58. **Ansätze und Möglichkeiten der Geld- und Fiskalpolitik als Finanzierungsinstrumente einer gesamtwirtschaftlichen Entwicklungspolitik, dargestellt am Beispiel Persiens.** Von Dr. M. Kiani. 147 S. 1971. DM 38,60.

59. **Akkreditiv und Grundverhältnis.** Von Dr. S. Borggrefe. 125 S. 1971. DM 29,60.

60. **Zur Vermögenssituation der privaten Haushalte in der Bundesrepublik Deutschland.** Von H.-D. Bosch. 2 Teilbände: I: Eine vergleichende sozio-ökonomische Datenanalyse für die Jahre 1960/61 und 1969. 160 S. 1973. DM 52,60. II: Ein tabellarischer Vergleich für die Jahre 1960/61 und 1969 aufgrund statistischer Erhebungen des Deutschen Sparkassen- und Giroverbandes. 212 S. 1971. DM 39,60.

61. **Zielkonforme Ausgestaltung der Mindestreservenpolitik.** Von Dr. P. Voss. 195 S. 1972. DM 46,60.

62. **Änderungen in Bankpolitik und Bankwesen als Teil der Wirtschaftsreformen der DDR.** Von Dr. Ch. Kunze. 200 S. 1972. DM 46,60.

63. **Kurzfristige zwischenstaatliche Kapitalbewegungen in der Bundesrepublik Deutschland 1960 - 70.** Von Dr. H. Priester. 217 S. 1972. DM 66,60.

64. **Die Bestandskontenreihe im System der Volkswirtschaftlichen Gesamtrechnung.** Von Dr. W. Kaiser. 198 S. 1972. DM 56,80.

65. **Die Kreditfinanzierung im Modell der flexiblen Planung.** Von Dr. A. Riemenschnitter. 109 S. 1972. DM 29,80.

66. **Leistungsveränderungen im Rahmen der Zielkonzeption öffentlich-rechtlicher deutscher Sparkassen.** Von Dr. L. Bauer. 195 S. 1972. DM 46,60.